Hyperautomation – Der letzte Schritt vor der intelligenten Organisation

Philipp Futterknecht

Hyperautomation – Der letzte Schritt vor der intelligenten Organisation

Hyperautomation, KI und Intelligent Data Interchange als Fundament der nächsten Unternehmensgeneration

Springer Vieweg

Philipp Futterknecht
89346 Bibertal, Deutschland

ISBN 978-3-658-50440-3 ISBN 978-3-658-50441-0 (eBook)
https://doi.org/10.1007/978-3-658-50441-0

Die Deutsche Nationalbibliothek verzeichnet diese Publikation in der Deutschen Nationalbibliografie; detaillierte bibliografische Daten sind im Internet über https://portal.dnb.de abrufbar.

Planung/Lektorat: Petra Steinmueller
Springer Vieweg ist ein Imprint der eingetragenen Gesellschaft Springer Fachmedien Wiesbaden GmbH und ist ein Teil von Springer Nature.
Die Anschrift der Gesellschaft ist: Abraham-Lincoln-Str. 46, 65189 Wiesbaden, Germany

Vorwort

Stellen Sie sich bitte vor: Eine Firma, die vollständig von künstlicher Intelligenz gesteuert wird. Es gibt keine Bürogebäude mehr, keine Mitarbeiter, die täglich zur Arbeit fahren, keine Meetings oder E-Mail-Ketten. Diese Firma existiert nur noch als juristische Hülle – eine digitale Entität, die den gesamten Prozess der Wertschöpfung im Auftrag ihres Eigentümers orchestriert. Künstliche Intelligenz verhandelt mit Lieferanten, optimiert Preise in Echtzeit, steuert die Produktion, überwacht die Qualität und betreut Kunden rund um die Uhr. Jede Transaktion, jede Entscheidung und jeder Prozessschritt läuft vollautomatisch ab. Menschen greifen nicht mehr ein. Sie würden zu viele Fehler machen.

Was wie Science-Fiction klingt, je nach Perspektive düster oder utopisch, ist technologisch bereits heute in weiten Teilen möglich. Die Bausteine existieren: maschinelles Lernen für komplexe Entscheidungen, Robotik für physische Prozesse, Blockchain für vertrauensvolle Transaktionen und große Sprachmodelle für natürliche Kommunikation. Doch zwischen dem heutigen Stand der Technik und dieser visionären Zukunft liegt eine entscheidende Entwicklungsstufe – und genau diese beschreibt Philipp Futterknecht in seinem Buch über Hyperautomatisierung.

Heute stehen wir an einem Wendepunkt. Die digitale Transformation hat zwar alle Branchen erfasst, doch die meisten Unternehmen kämpfen noch immer mit denselben grundlegenden Herausforderungen: Medienbrüche zwischen Systemen, manuelle Datenübertragung, zeitaufwendige Abstimmungen und Prozesse, die bei jeder Ausnahme menschliches Eingreifen erfordern. Während wir in unserem Privatleben längst gewohnt sind, dass Technologie nahtlos und intelligent funktioniert, hinken unsere Geschäftsprozesse dieser Erwartung weit hinterher.

Hyperautomatisierung ist die Antwort auf diese Diskrepanz. Sie geht weit über die klassische Prozessautomatisierung hinaus und verbindet künstliche Intelligenz, Prozessverständnis und adaptive Systemarchitekturen zu einer neuen Generation intelligenter Automation. Erstmals wird es möglich, nicht nur einzelne Arbeitsschritte zu automatisieren, sondern ganze End-to-End-Prozesse so zu gestalten, dass sie sich selbst optimieren, aus Fehlern lernen und auf Veränderungen reagieren können.

Was mich an Philipps Ansatz besonders überzeugt, ist die Praxisnähe seiner Darstellung. Er zeigt nicht nur die technischen Möglichkeiten auf, sondern beleuchtet auch die organisatorischen, kulturellen und strategischen Herausforderungen, die mit der Einführung von Hyperautomatisierung verbunden sind. Denn letztendlich geht es nicht nur um Technologie – es geht um einen fundamentalen Wandel in der Art, wie wir über Arbeit, Verantwortung und Wertschöpfung denken.

Besonders wertvoll ist seine Analyse des „Intelligent Data Interchange" – jenes fehlenden Bausteins, der heute noch verhindert, dass Daten und Dokumente nahtlos zwischen Systemen, Unternehmen und Prozessen fließen können. Hier liegt einer der größten Hebel für Effizienzsteigerungen, den die meisten Organisationen noch nicht erkannt haben.

Die Corona-Pandemie, der Ukraine Krieg, Trumps disruptive Handelspolitik: Sie alle zeigen, wie schnell sich Unternehmen anpassen müssen. Resiliente, automatisierte Prozesse schaffen Flexibilität in unruhigen Zeiten. Unternehmen, die heute nicht in Hyperautomatisierung investieren, werden morgen nicht nur weniger effizient sein – sie werden schlichtweg nicht mehr konkurrenzfähig sein.

Dieses Buch ist mehr als eine technische Anleitung. Es ist ein Wegweiser für Führungskräfte, IT-Verantwortliche und Prozessmanager, die verstehen wollen, wie sie ihre Organisation für die Zukunft aufstellen können. Philipp Futterknecht liefert nicht nur die theoretischen Grundlagen, sondern auch konkrete Handlungsempfehlungen, Praxisbeispiele und eine klare Roadmap für die Umsetzung.

Das Gedankenexperiment der vollautomatischen Firma mag heute noch wie eine ferne Zukunftsvision erscheinen, doch es ist eine wertvolle Übung, um die Tragweite der aktuellen technologischen Entwicklung zu verstehen. Die nächste Stufe dieser Evolution – die Hyperautomatisierung – beschreibt dieses Buch. Sie ist nicht mehr Science-Fiction, sondern greifbare Realität für jene, die bereit sind, den nächsten Schritt zu gehen.

Thomas Ramge

Warum dieses Buch? – Relevanz im Kontext digitaler Geschäftsmodelle

Die digitale Transformation hat längst alle Branchen erfasst – doch an den Nahtstellen zwischen Unternehmen, Systemen und Prozessen bleibt häufig eine entscheidende Lücke: der **intelligente, automatisierte Austausch von Informationen, Daten und Dokumenten.** Genau hier entscheidet sich, ob ein Geschäftsmodell skalierbar, resilient und zukunftsfähig ist – oder ob es an manuellen Schnittstellen, Medienbrüchen und Bearbeitungsaufwänden scheitert.

Hyperautomation ist in diesem Zusammenhang kein Modewort, sondern ein zentraler Hebel für nachhaltige Effizienz und Wettbewerbsfähigkeit. Sie geht weit über klassische Automatisierung hinaus – durch die Kombination von künstlicher Intelligenz (KI), Prozessverständnis, Systemintegration und lernenden Algorithmen. Damit wird es erstmals möglich, durchgängige End-to-End-Prozesse zu realisieren, die sich dynamisch anpassen und kontinuierlich verbessern.

Ich selbst habe in den vergangenen Jahren intensiv daran gearbeitet, den Dokumentenaustausch zwischen Geschäftspartnern auf ein neues Niveau der Digitalisierung zu heben. Während heute vielerorts noch Belege manuell übertragen werden (Symbolbild vgl. Abb. 1) und Technologien wie EDI, RPA oder OCR nur begrenzte Automatisierungsgrade bieten, habe ich in Forschungsfeldern KI-gestützte Lösungsansätze untersucht, die den **gesamten End-to-End-Prozess** betrachten – ohne sich auf Teillösungen zu beschränken.

Belegverarbeitung und monotone Tätigkeiten gehören damit zunehmend der Vergangenheit an.

Doch auch wenn diese manuelle Übertragung noch Alltag ist, zeigen die Fortschritte rund um KI und Hyperautomation, dass sie bald der Vergangenheit angehört. Monotone Tätigkeiten und Belegverarbeitung verschwinden Schritt für Schritt – intelligente Systeme übernehmen.

Große Sprachmodelle (LLMs) stellen dabei eine wichtige Lösungskomponente dar und verfügen über beeindruckendes Allgemeinwissen. Doch sie stoßen bei der **spezifischen Interpretation und Transformation von fachspezifischem Tiefen-Wissen** schnell an ihre Grenzen. Genau hier setzten meine Forschungsansätze an: Sie zielten darauf ab, **kontextabhängige Inhalte** aus Daten und Dokumenten mit höchster Präzision zu verarbeiten – und damit eine zentrale Lücke in der digitalen Prozessautomatisierung zu schließen.

Abb. 1 Symbolbild für manuelle Abtipparbeit. (Quelle: KI-generiert, OpenAI, 2025)

Bisher waren leistungsfähige Automationslösungen primär Großunternehmen vorbehalten, deren hohen Transaktionen und Volumina die umfangreichen Projektkosten rechtfertigten. Mit den neuen Technologien unter dem Dach der Hyper-Automation vollzieht sich ein Paradigmenwechsel: Auch kleinere und weniger standardisierte Datenaustauschbeziehungen lassen sich nun wirtschaftlich und effizient digitalisieren – unabhängig von Größe oder Bedeutung der Geschäftspartner.

Unser Ziel in der Forschung war es, eine universelle Automationsplattform bereitzustellen, die sowohl strukturierte Formate (wie EDI, XML, CSV) als auch unstrukturierte Daten (wie PDFs oder Freitext) semantisch analysieren und verarbeiten kann. Dabei werden Datenlücken erkannt, Fehler korrigiert und die Datenqualität so optimiert, dass eine reibungslose Weiterverarbeitung im Zielsystem sichergestellt ist.

Die Vision ist klar: Zum ersten Mal in der Geschichte der Automatisierung kann **Wissen – und damit Verantwortung – an Maschinen übertragen werden.** Der Mensch bleibt übergangsweise das überwachende Glied, während Systeme Entscheidungen zunehmend selbstständig treffen.

Die Anforderung ist ebenso klar: Wir brauchen skalierbare, KI-gestützte Lösungen, die Prozessautomation neu definieren – effizient, flexibel und zukunftssicher. Nur so können Unternehmen ihr Potenzial ausschöpfen und sich für die digitale Zukunft wappnen.

Zielgruppe (IT, Business, Prozessmanagement)

Dieses Buch richtet sich an all jene, die erkannt haben, dass **Hyperautomation kein IT-Projekt, sondern ein strategischer Imperativ** ist – und die bereit sind, ihre Geschäftsprozesse, Systemlandschaften und Datenflüsse neu zu denken. Anhand konkreter Beispiele, technologischer Grundlagen und praxisnaher Anwendungsfälle wird gezeigt, wie sich intelligente Automatisierung in der Realität umsetzen lässt – mit Ansätzen aus dem intelligenten Datenaustausch (Intelligent Data Interchange (IDI) (→ siehe Abschn. 1.7) als verbindendem Element zwischen Strategie und operativer Exzellenz.

Überblick – Von Prozessoptimierung zur Hyper-Automatisierung

Seit Jahrzehnten verfolgen Unternehmen das Ziel, ihre Geschäftsprozesse effizienter, schneller und kostengünstiger zu gestalten. Klassische **Prozessoptimierung** setzte dabei vor allem auf Methoden wie Lean Management, Six Sigma oder Business Process Reengineering. Diese Ansätze haben die Effizienz gesteigert, indem sie Abläufe standardisierten, Fehler reduzierten und Ressourcen besser nutzten.

Mit dem Einzug digitaler Technologien begann jedoch ein grundlegender Wandel: Prozesse wurden nicht nur optimiert, sondern zunehmend **automatisiert.** Zunächst stand die **einfache Automatisierung** repetitiver Aufgaben im Vordergrund – etwa durch **RPA (Robotic Process Automation)** oder regelbasierte Systeme. Diese konnten jedoch nur klar strukturierte, standardisierte Tätigkeiten abbilden und stießen bei komplexeren, unvorhersehbaren Szenarien an ihre Grenzen.

Der nächste Schritt war die **End-to-End-Prozessautomatisierung,** unterstützt durch **Workflows, BPM-Systeme und API-basierte Konnektivität.** Unternehmen erkannten, dass Effizienzgewinne nicht nur in Teilprozessen liegen, sondern in der durchgängigen Vernetzung von Daten, Anwendungen und Organisationseinheiten.

Mit dem Aufkommen von **Künstlicher Intelligenz (KI)** und **Machine Learning** eröffnete sich eine völlig neue Dimension: Maschinen können erstmals nicht nur Regeln ausführen, sondern auch **Wissen anwenden, Entscheidungen vorbereiten und aus Erfahrungen lernen.** Damit verschiebt sich die Rolle des Menschen – vom Ausführenden hin zum überwachenden und steuernden Glied.

Die **Hyperautomatisierung** bildet den vorläufigen Höhepunkt dieser Entwicklung. Sie vereint Automatisierungstechnologien, KI, Process-Mining, Analytics und adaptive Architekturen zu einem **integrierten Ökosystem,** das nicht nur Prozesse automatisiert, sondern sie auch **kontinuierlich analysiert, verbessert und anpasst** (vgl. Abb. 2).

Hyperautomatisierung bedeutet damit einen Paradigmenwechsel:

- von isolierter Aufgabenbearbeitung hin zu **intelligenten End-to-End-Prozessen,**
- von rein technischer Effizienzsteigerung hin zu **strategischer Wertschöpfung,**
- und von menschlicher Ausführung hin zu einer **partnerschaftlichen Zusammenarbeit zwischen Mensch und Maschine.**

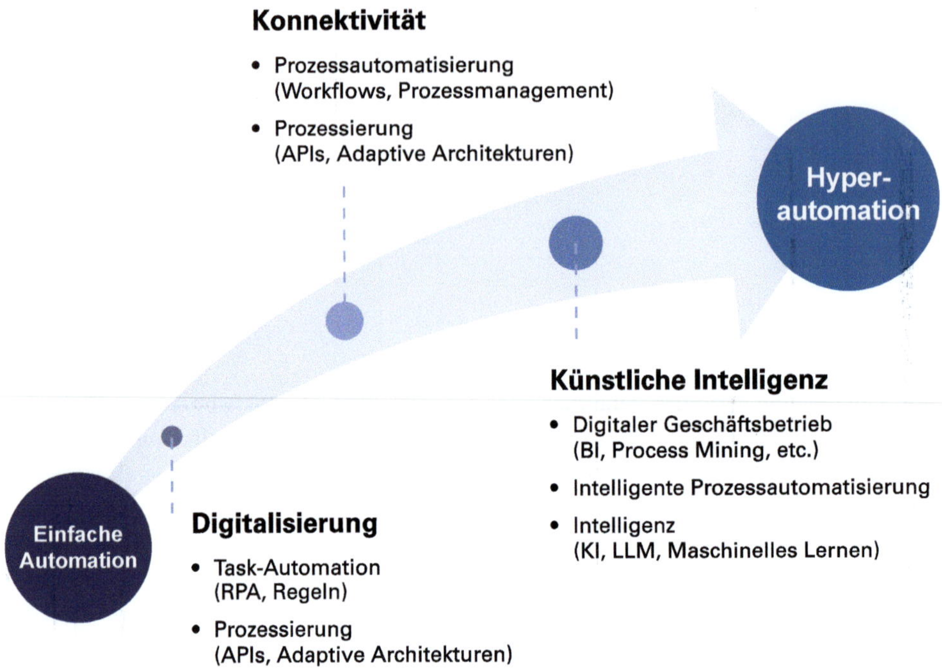

Abb. 2 Evolution von Hyper-Automation

Interessenkonflikt

Der/die Autor*in hat keine für den Inhalt dieses Manuskripts relevanten Interessenkonflikte.

Inhaltsverzeichnis

Teil I Grundlagen und strategischer Kontext

1 Hyperautomatisierung verstehen 3
- 1.1 Definition & Abgrenzung zu RPA, Workflow, klassischer Automatisierung 4
  - 1.1.1 Klassische Automatisierung (EDI, OCR, RPA) 5
  - 1.1.2 Workflow-Automatisierung 6
- 1.2 Relevanz für ERP-nahe Prozesse und dokumentenbasierte Kommunikation 8
- 1.3 Potenzialräume im dokumentenbasierten Datenaustausch 9
- 1.4 Treiber: Fachkräftemangel, Komplexität, Geschwindigkeit, Compliance – und Kostendruck 12
- 1.5 Verantwortung – Vom Mensch zur Maschine 13
- 1.6 Der Change: Kulturwandel und Mindset als Erfolgsfaktor 15
  - 1.6.1 Praxisimpuls: Technologie allein genügt nicht – die kulturelle Kluft im Arbeitsalltag 17
- 1.7 Intelligent Data Interchange (IDI) – Der fehlende Baustein der End-to-End-Hyperautomation 19

2 Die Rolle des ERP-System 23
- 2.1 ERP als Rückgrat operativer Abläufe 24
- 2.2 Typische Medienbrüche in der Realität (E-Mail, PDF, Portale, Formulare) 25
- 2.3 Klassischer vs. automatisierter Dokumentenfluss 28

3 Strategische Grundlagen für End-to-End-Automatisierung 31
- 3.1 Reifegradmodelle und Transformationspfade 32
- 3.2 Ziel- und Zukunftsbilder: Berührungslose Prozesse, durchgängige Transparenz 34
  - 3.2.1 Wunschzustand: Exponentielle Automatisierung 36
- 3.3 Organisationale Voraussetzungen, Change Management 37

Teil II Prozesse und Automatisierungspotenziale

4 Kap. 4: Prozesslandkarte & Priorisierung . . . 43
4.1 Geschäftsprozessmanagement (BPM) als Grundlage der Automatisierung . . . 44
4.2 Prozesslandkarte: Überblick über die Unternehmensprozesse . . . 44
4.3 Priorisierung von Automatisierungspotenzialen . . . 45
4.4 Differenzierung von Standard-, Varianten- und Exotenfällen . . . 46
4.5 Prognostizieren von Ergebnisse: Effizienz und Return-on-Investment (ROI) . . . 50

5 Kap. 5: Dokumentenbasierte Workflows automatisieren . . . 53
5.1 Dokumentenverarbeitung – das unscheinbare Schwergewicht . . . 54
5.2 Deep Dive in die Prozessschritte . . . 55
5.3 Technologien und Orchestration– das Zusammenspiel als Schlüssel . . . 56
5.3.1 Technologien entlang der Prozesskette . . . 56
5.3.2 Warum Orchestration unverzichtbar ist . . . 57
5.3.3 Der Blick nach vorne . . . 58
5.4 Erfolgsmetriken: Durchlaufzeit, Fehlerquote, Personaleinsatz, Kosten-Einsparungen . . . 58

6 Kap. 6: End-to-End-Prozessbeispiele aus der Praxis . . . 61
6.1 Einleitung . . . 62
6.2 Beispiel aus dem Maschinenbau – Produktkomplexität . . . 63
6.3 Beispiel aus der Medizin – Datenextraktion und Aufbau eines semantischen Modells . . . 65
6.4 Beispiel aus dem Handel . . . 66

Teil III Technologie, Architektur und Umsetzung

7 Kap. 7: Systemarchitektur & Integrationsansätze . . . 71
7.1 Einleitung . . . 72
7.2 API-First vs. Datei-basierter Austausch . . . 73
7.3 Standardprotokolle und Schnittstellentechnologien . . . 74
7.4 Event-getriebene Prozesse . . . 75
7.5 iPaaS (Integration Platform as a Service) . . . 75
7.6 RPA als Integrationsbrücke . . . 76
7.7 Agentensysteme . . . 76
7.8 Zusammenfassung – Integration in der Hyperautomatisierung . . . 78

8 Kap. 8: Datenqualität, Vertrauen und Kontextverständnis in der Hyperautomation . . . 81
8.1 Stammdaten als Automatisierungsbremse oder -treiber . . . 82
8.2 Umgang mit unvollständigen und abweichenden Daten . . . 84

8.3 Wahrheit, Authentizität und Manipulationserkennung 85
8.4 Ontologie, Semantik und Kontextlogik 88
8.5 Verständnis von Verbundenheit und Strukturen in der Datenverarbeitung 91

9 Kap. 9: Künstliche Intelligenz in der Prozessautomatisierung 95
9.1 Prozessanforderung und Lösungsintelligenz von KI 96
9.2 Extraktion und Klassifikation von Daten – Machine Learning 97
9.3 Vorhersage und Anomalie Erkennung – Predictive Funktionen 99
9.4 Generierung – Generative AI für Assistenz, Erklärungen, Interaktion 101
9.5 Sprachverständnis – LLMs bleiben eine Wahrscheinlichkeitsrechnung 102
9.6 Steigerung der Ergebnisqualitäten von KI-Ansätzen 103

Teil IV Einführung, Skalierung und Steuerung

10 Kap. 10: Einstieg in die Hyperautomatisierung 109
10.1 Pilotprojekt aufsetzen 110
10.2 Schnittstellen definieren, Stakeholder einbinden 111
10.3 Technische vs. fachliche Verantwortung 113
10.4 Pilot-Paralyse und Übergang in die Skalierung 116

11 Kap. 11: Skalierung und Standardisierung 119
11.1 Automatisierungsfabrik/CoE (Center of Excellence) 120
11.2 Standard erweitern oder Individualitäten managen 123
11.3 Wiederverwendbarkeit und Governance 125
11.4 Umgang mit Sonderfällen und Komplexität 127

12 Kap. 12: Erfolgsfaktoren & Stolpersteine 131
12.1 Einleitung 132
12.2 Grenzen der aktuellen Technologien 132
12.3 Wie man den Wandel nachhaltig in der Organisation verankert 134
12.4 Typische Hürden: Daten, Akzeptanz, Ausnahmeprozesse 136
12.5 Lessons Learned aus realen Umsetzungen 137
12.6 Mangel an Fachkräften und organisatorischer Akzeptanz 139
12.7 Viele KI-Projekte scheitern noch 140
12.8 Bewertung, Monitoring, kontinuierliche Optimierung 141

13 Kap. 13: Resilienz 143
13.1 Resilienzfähigkeit: Der unsichtbare Garant operativer Exzellenz 144
13.1.1 Einordnung von Automationsarten: Störanfälligkeit vs. Adaptivität 145
13.1.2 Reifegradmodell Resilienz 147

13.1.3 Resilienz im Vergleich – Das Radardiagramm der Automatisierungsansätze ... 150
13.1.4 Ursachenanalyse: Warum automatisierte Prozesse an Resilienz verlieren ... 152

Teil V Experten- und Praxiseinblicke

14 Experteninterviews ... 157
14.1 Einleitung ... 158
14.2 Jan Veira, Gründer von University4Industry, Podcast Digital4Leaders ... 160
14.3 Matthias Lachmann, Innovation Lab, Software Architect Lead ... 162
14.4 Dr. Martin Böhn, Senior Analyst, BARC Research ... 169
14.5 Hans-Jörg Roser, Chief Product Officer, Product-Preacher (Blog) ... 173
14.6 Zusammenfassung und Schlussfolgerungen ... 176

Teil VI Schlusskapitel

15 Kap. 15: Schlusskapitel ... 183
15.1 Ausblick, Diskussion und Weiterentwicklung ... 183

16 Anhang ... 185
16.1 Checkliste 1 – Modell zur Selbsteinschätzung (Tab. 16.1) ... 185
16.2 Checkliste 2 – Modell zur Selbsteinschätzung und Handlungsbedarf (Tab. 16.2) ... 186
16.3 Checkliste 3 – Checkliste: 5 Fragen an Stakeholder vor Projektstart ... 187

Glossar wichtiger Begriffe ... 189

Quellverzeichnis ... 191

Über den Autor

Philipp Futterknecht ist Ingenieur, Unternehmer, Forscher und Autor. Seine berufliche Laufbahn ist geprägt von einem außergewöhnlichen Spannungsfeld zwischen Technologie, Praxisnähe und wissenschaftlichem Transfer. Als Vordenker im Bereich intelligenter Prozessautomatisierung hat er den Ansatz des **Intelligent Data Interchange (IDI)** mitentwickelt – eine semantische Weiterentwicklung des klassischen Electronic Data Interchange (EDI). Mit IDI verfolgt er das Ziel, Geschäftsprozesse adaptiv, skalierbar und ohne starre Schnittstellen automatisierbar zu machen.

Schon früh begann Futterknecht, seine Leidenschaft für Technologie unternehmerisch zu gestalten. Nach ersten IT-Projekten und einem Studium im Maschinenbau mit dem Schwerpunkt Produktentwicklung sowie einem Masterabschluss gründete er 2018 gemeinsam mit Partnern ein KI-Softwareunternehmen. Als Mitgründer verantwortet er die Entwicklung der KI-basierten Cloudlösung, die Belege wie Rechnungen, Bestellungen oder Lieferscheine automatisiert verarbeitet. Grundlage dafür sind Technologien aus den Bereichen **Optical Character Recognition (OCR), Robotic Process Automation (RPA), Large Language Models (LLM)** und **Machine Learning (ML).**

Mit seiner Forschung prägt er ein neues Verständnis von Datenverarbeitung: Während klassische Systeme in festen Formaten und Protokollen denken, setzt IDI auf semantische Modelle, die Daten kontextabhängig verstehen und interpretieren. So wird es möglich, auch unstrukturierte Formate wie PDFs effizient in automatisierte Prozesse einzubinden. Besonders hervorzuheben ist das Prinzip der „passiven Anbindung“: Geschäftspartner können in ein Netzwerk integriert werden, ohne eigene technische Anbindungen vorzunehmen – ein Paradigmenwechsel in der digitalen Zusammenarbeit.

Neben seiner unternehmerischen Tätigkeit engagiert sich Philipp Futterknecht stark im wissenschaftlichen Diskurs. Er ist Mitinitiator von Pilotprojekten zur Echtzeit-Dokumentenverarbeitung, die durch das Bundesministerium für Bildung und Forschung (BMBF) gefördert wurden, und hält mehrere Patente im Bereich automatisierter Datenverarbeitung. Darüber hinaus tritt er regelmäßig als Redner in Podcasts, auf Konferenzen oder bei Fachkongressen. Sein Anspruch ist es, innovative Forschung in anwendbare Lösungen zu übersetzen und so Brücken zwischen Theorie und Praxis zu schlagen.

Sein Wirken dokumentiert er auch als Autor:

- Der ERP-Irrglaube im Mittelstand (Springer-Verlag, 2019)
- 2030 – Strategieentwicklung für Innovation Leaders (Springer-Verlag, 2021)
- Data, Disruption & Digital Leadership (Springer-Verlag, 2023)

Diese Werke verbinden wissenschaftliche Analyse mit praktischen Handlungsempfehlungen und machen komplexe Themen wie Digitalisierung, Automatisierung und strategische Innovation für Unternehmen greifbar.

Philipp Futterknecht versteht sich nicht allein als Technologieentwickler, sondern als Gestalter einer neuen Form von Zusammenarbeit zwischen Mensch und Maschine. Sein Führungsstil ist geprägt vom „Human-in-the-Loop“-Prinzip: Automatisierung wird nicht als Ersatz, sondern als Ergänzung menschlicher Entscheidungsfähigkeit gesehen. Werte wie Vertrauen, Kreativität und Teamarbeit sind für ihn zentrale Bausteine eines nachhaltigen, innovativen Wirtschaftens.

Teil I

Grundlagen und strategischer Kontext

1 Hyperautomatisierung verstehen

Zusammenfassung

Das Kap. 1 verortet Hyperautomatisierung als ganzheitlichen, KI-gestützten Ansatz, der über klassische, regelbasierte Automatisierung hinausgeht. Durch die Integration von KI/ML, IDP/IDI, Process Mining und APIs werden End-to-End-Prozesse autonomer, adaptiver und lernfähig. EDI, OCR und RPA bleiben wichtige Bausteine, zeigen jedoch Grenzen bei variantenreichen, unstrukturierten Daten und dynamischen Geschäftsmodellen; Workflow-Engines sind stark bei klaren Regeln, stoßen aber bei Datenvarianz an Grenzen. Besonders ERP-nahe, dokumentenintensive Abläufe (Order-to-Cash, Procure-to-Pay, Record-to-Report, Customer Service) leiden unter Medienbrüchen, manuellem Aufwand und fehlender Durchgängigkeit. Eine Potenzialkarte zeigt: Der größte Hebel liegt in Formaten zwischen den Welten (PDF, E-Mail, Portale), wo IDI mit Kontextverständnis, Anreicherung und Validierung 80–95 % Automatisierung ermöglichen kann. Treiber sind Fachkräftemangel, steigende Komplexität, Echtzeiterwartungen, Compliance-Druck und Kosten. Entlang einer Reifeskala verschiebt sich Verantwortung schrittweise vom Menschen zur Maschine (Level 0–5), wobei Human-in-the-Loop, Monitoring und Feedback essenziell bleiben. Erfolgsentscheidend ist der Kulturwandel: von Kontrolle zu Vertrauen, von Abarbeitung zu Gestaltung, unterstützt durch Kommunikation, Schulung und Pilotprojekte. IDI schließt schließlich die Schnittstellenlücke und macht durchgängige Hyperautomatisierung realistisch; Praxisbeispiele belegen deutliche Zeit- und Qualitätsgewinne.

P. Futterknecht, *Hyperautomation – Der letzte Schritt vor der intelligenten Organisation*, https://doi.org/10.1007/978-3-658-50441-0_1

1.1 Definition & Abgrenzung zu RPA, Workflow, klassischer Automatisierung

Hyperautomatisierung beschreibt den integrierten Einsatz moderner Technologien – darunter Künstliche Intelligenz (KI), Machine Learning (ML), Process Mining, Intelligent Document Processing (IDP) und Schnittstellen (APIs) – mit dem Ziel, End-to-End-Geschäftsprozesse möglichst autonom, adaptiv und selbstlernend zu gestalten.

Während klassische Automatisierung in der Regel auf statischen, regelbasierten Abläufen beruht, geht Hyperautomatisierung deutlich weiter: Sie automatisiert nicht nur bestehende Prozesse, sondern optimiert und transformiert diese kontinuierlich. Systeme werden dadurch in die Lage versetzt, proaktiv auf Veränderungen zu reagieren und neue Anforderungen selbstständig zu adaptieren.

Laut Gartner wandelt sich Hyperautomatisierung schnell **„von einer Option zu einer Überlebensbedingung“** (IBM 2025) und stuft veraltete Arbeitsprozesse als „Belegschaftsproblem Nr. 1“ ein. Eine kürzlich durchgeführte Umfrage zeigt, dass 85 % der Unternehmen ihre Investitionen in Hyperautomatisierung in den nächsten 12 Monaten entweder erhöhen oder aufrechterhalten werden, während über 56 % bereits vier oder mehr gleichzeitige Hyperautomatisierungsinitiativen durchführen. Die COVID-19-Pandemie hat die Einführung und Beschleunigung der Hyperautomatisierung weiter verstärkt, indem digitale Transformationsinitiativen priorisiert und vorangetrieben wurden.

Mit einem verteilten Geschäftsökosystem erleichtert Hyperautomatisierung die Entlastung von Unternehmen und deren Ressourcen, indem sich wiederholende Prozesse und veraltete Infrastrukturen automatisiert werden. Der Wandel, den Hyperautomatisierung ermöglicht, führt zu effizienteren Arbeitsweisen, geringeren Kosten und einer stärkeren Wettbewerbsposition. Eine einfache, aufgabenbezogene Automatisierung liefert nicht die funktionsübergreifenden Ergebnisse, die für fundierte Entscheidungen und unternehmensweite Resultate erforderlich sind. Hyperautomatisierung verändert ein Unternehmen, indem so viele Prozesse und Aufgaben wie möglich automatisiert werden.

Kernmerkmale der Hyperautomatisierung

- **Ganzheitlicher Ansatz:** Hyperautomatisierung betrachtet nicht nur einzelne Abteilungen oder isolierte Prozesse, sondern adressiert Abläufe bereichs- und abteilungsübergreifend.
- **Technologieintegration:** Unterschiedliche Automatisierungstechnologien werden miteinander verknüpft, um ein hohes Maß an Automatisierung für spezifische Anwendungsfälle zu ermöglichen.
- **Fokus auf Effizienz und Produktivität:** Prozesse werden beschleunigt, Fehler reduziert und Mitarbeitende von repetitiven, monotonen Tätigkeiten entlastet.
- **Treiber der digitalen Transformation:** Hyperautomatisierung ist ein wesentlicher Motor des digitalen Wandels und ermöglicht Unternehmen, ihre Geschäftsmodelle kontinuierlich weiterzuentwickeln.

Vorteile der Hyperautomatisierung

- **Erhöhte Effizienz und Produktivität:** Automatisierte Prozesse laufen schneller, stabiler und präziser ab.
- **Kostensenkung:** Die Automatisierung von Routineaufgaben reduziert den Ressourceneinsatz und schafft Spielraum für wertschöpfende Tätigkeiten.
- **Fundiertere Entscheidungen:** Datengetriebene Automatisierung verbessert Analysen und unterstützt faktenbasierte Entscheidungsfindung.
- **Steigerung der Kundenzufriedenheit:** Schnellere Reaktionszeiten und weniger Fehler sorgen für bessere Kundenerlebnisse.
- **Wettbewerbsvorteile:** Unternehmen gewinnen an Agilität und Innovationsfähigkeit, wodurch sie Marktveränderungen schneller begegnen können.

Anwendungsbeispiele

- **Schadenbearbeitung in der Versicherungsbranche:** Automatisierte Dokumentenanalyse, Schadenbewertung und Regulierung.
- **Gesundheitswesen:** Automatisierte Erfassung und Analyse von Patientendaten, Überwachung von Behandlungsprozessen und Unterstützung bei Therapieentscheidungen.
- **Industrielle Wartung:** Einsatz mobiler Geräte zur Interaktion mit ERP-Systemen (z. B. SAP), automatisierte Analyse von Wartungsdaten und Auslösung von Ersatzteilbestellungen.

> **Fazit** Hyperautomatisierung ist weit mehr als der Einsatz einzelner Tools – sie ist ein strategischer Ansatz, der Unternehmen ermöglicht, Prozesse durchgängig zu automatisieren, deren Effizienz signifikant zu steigern und die eigene Wettbewerbsfähigkeit langfristig zu sichern. Durch die intelligente Kombination verschiedener Technologien und einen konsequent ganzheitlichen Blick auf die Organisation leistet Hyperautomatisierung einen zentralen Beitrag zur digitalen Transformation.

1.1.1 Klassische Automatisierung (EDI, OCR, RPA)

Bevor Hyperautomation als nächste Stufe betrachtet werden kann, lohnt sich ein Blick zurück: Welche Technologien haben die digitale Automatisierung bislang geprägt – und wo liegen ihre Grenzen? Die drei dominierenden Ansätze sind EDI, OCR und RPA (vgl. Tab. 1.1).

Elektronischer Datenaustausch (EDI)

EDI gilt seit Jahrzehnten als Standard im B2B-Datenaustausch. Es ermöglicht strukturierten, stabilen Datentransfer zwischen Geschäftspartnern. Seine Stärke liegt in der hohen Verlässlichkeit – seine Schwäche in mangelnder Flexibilität: Schon kleine Formatabweichungen verursachen hohen Anpassungs- und Wartungsaufwand.

Tab. 1.1 Vergleich klassischer Automatisierungstechnologien

Technologie	Stärken	Grenzen
EDI	Hohe Datenqualität, stabil, etabliert	Unflexibel, teuer, lange Implementierungen
OCR	Brücke zur Digitalisierung, reduziert Papieraufwand	Keine Semantik, fehleranfällig, Nachbearbeitung nötig
RPA	Schnelle Entlastung repetitiver Aufgaben	Fragil, nicht lernfähig, beschränkt auf UI-Ebene

Optische Zeichenerkennung (OCR)
OCR digitalisiert Papier- oder PDF-Dokumente und macht sie maschinenlesbar. Es reduziert Medienbrüche, erfordert jedoch fast immer manuelle Nachbearbeitung, da Semantik und Kontext fehlen.

Robotic Process Automation (RPA)
RPA ahmt Benutzeraktionen nach (Klicks, Eingaben). Der Ansatz ist schnell implementierbar, bricht aber bei Änderungen an Oberflächen oder Prozessen leicht zusammen. Zudem bleibt er oberflächlich, da keine echte Prozesslogik verstanden wird.

▶ **Fazit** EDI, OCR und RPA haben die Grundlagen der digitalen Prozessunterstützung gelegt – doch sie bleiben fragmentarische Einzellösungen. Sie digitalisieren Teilbereiche, ohne Prozesse ganzheitlich zu integrieren. **Hyperautomation setzt genau hier an:** Sie verbindet die Stärken klassischer Ansätze mit KI, semantischer Datenverarbeitung und End-to-End-Prozessen – und überwindet damit deren Grenzen.

1.1.2 Workflow-Automatisierung

Neben klassischen Tools wie EDI, OCR oder RPA haben sich auch **Workflow-Engines** etabliert, die insbesondere für strukturierte Geschäftsprozesse genutzt werden. Sie unterstützen Unternehmen dabei, standardisierte Abläufe abzubilden, indem sie **Benachrichtigungen, Routing-Mechanismen und klar definierte Genehmigungsschritte** bereitstellen. Auf diese Weise können Verantwortlichkeiten transparent gestaltet und Prozessschritte zuverlässig nachverfolgt werden.

Die Stärke von Workflow-Systemen liegt eindeutig in ihrem **regelbasierten Ansatz:** Wenn Eingaben, Rollen und Aufgaben klar definiert sind, lassen sich Prozesse mit hoher Verlässlichkeit digitalisieren und steuern. Gleichzeitig treten jedoch auch deutliche Grenzen auf. Sobald **Dokumente nicht-standardisiert** vorliegen oder **Prozesse eine hohe Dynamik** und Datenvarianz aufweisen, stößt die starre Struktur von Workflow-Engines an ihre Grenzen. Anpassungen sind häufig mit erheblichem Aufwand verbunden, und die Systeme zeigen wenig Adaptivität, wenn Prozesse jenseits des vordefinierten Rahmens laufen.

Tab. 1.2 Vergleichstabelle Automatisierungstechnologien

Technologie	Automatisierungsgrad	Flexibilität	Wartungsaufwand	Skalierbarkeit
EDI	Hoch, aber statisch	Niedrig	Hoch bei Formatänderungen	Gering
OCR + RPA	Mittel, UI-getrieben	Mittel	Mittel bis hoch	Mittel
Workflow	Mittel, regelbasiert	Mittel	Mittel	Mittel
Hyperautomatisierung	**End-to-End, selbstlernend**	**Hoch**	**Reduziert durch Lernen**	**Sehr hoch**

An dieser Stelle setzt die **Hyperautomatisierung** an. Im Unterschied zu punktuellen oder regelbasierten Lösungen verfolgt sie einen **End-to-End-Ansatz,** bei dem Prozesse nicht nur in Teilbereichen, sondern in ihrer Gesamtheit automatisiert werden – vom Dokumenteneingang über die Verarbeitung bis hin zur Buchung und Archivierung. Anstelle starrer Formate kommt dabei **intelligente Datenverarbeitung** zum Einsatz. Durch den Einsatz von Intelligent Document Processing (IDP) und Intelligent Data Interchange (IDI) können Dokumente **kontextsensitiv extrahiert,** fehlende Informationen ergänzt und Daten semantisch korrekt zugeordnet werden. Damit lassen sich auch heterogene und unstrukturierte Eingaben bewältigen.

Darüber hinaus zeichnen sich hyperautomatisierte Systeme durch ihre **Adaptivität** aus: Machine-Learning-Modelle lernen kontinuierlich aus Interaktionen mit den Nutzern und verbessern so ihre Ergebnisse. Der Mensch bleibt in Form eines **Human-in-the-Loop-Ansatzes** eingebunden, greift aber nur dort ein, wo automatisierte Systeme an Grenzen stoßen. Dies reduziert den manuellen Aufwand erheblich, ohne die Prozessqualität zu gefährden. Ein weiterer Vorteil liegt in der **Skalierbarkeit:** Neue Partner oder Lieferanten können mit vergleichsweise geringem Aufwand integriert werden, da starre EDI-Verträge durch selbstlernende Mechanismen ersetzt werden können.

Die Unterschiede zwischen klassischen Technologien und Hyperautomatisierung lassen sich in einer Vergleichsperspektive verdeutlichen: Während EDI einen hohen, aber statischen Automatisierungsgrad bei geringer Flexibilität bietet, zeigen OCR und RPA mittelstarke Ergebnisse, die jedoch mit hohem Wartungsaufwand verbunden sind. Workflow-Systeme liegen im Mittelfeld – solide bei Standardprozessen, aber eingeschränkt bei dynamischen Anforderungen. Hyperautomatisierung hingegen kombiniert **selbstlernende Mechanismen, hohe Flexibilität, reduzierten Wartungsaufwand und eine sehr hohe Skalierbarkeit** in einem ganzheitlichen Systemansatz (vgl. Tab. 1.2).

▶ **Fazit** Klassische Automatisierungslösungen digitalisieren einzelne Prozessschritte, bleiben dabei jedoch häufig fragmentarisch, starr und wartungsintensiv. Hyperautomatisierung geht über diese Limitierungen hinaus, indem sie **KI, IDP und adaptive Workflows** integriert und somit einen **systemischen Automatisierungsansatz** ermöglicht. Sie ist kontextbezogen, selbstlernend und über Prozess-, Partner- und Dokumentengrenzen hinweg skalierbar. Gleichzeitig reduziert sie manuelle Eingriffe und IT-Aufwände deutlich und eröffnet damit eine neue Qualität der End-to-End-Digitalisierung.

1.2 Relevanz für ERP-nahe Prozesse und dokumentenbasierte Kommunikation

ERP-Systeme sind das Rückgrat der operativen Unternehmenssteuerung. Sie bündeln Prozesse aus Einkauf, Vertrieb, Buchhaltung, Produktion, Logistik und Personalwesen – und sind gleichzeitig stark datengetrieben. Jede Bewegung, jeder Vorgang, jeder Status erzeugt Daten und hängt von ihnen ab.

Das Problem Der Dateninput stammt in der Realität oft aus **externen, unstrukturierten oder heterogenen Quellen** – etwa PDF-Rechnungen, Lieferscheinen, Auftragsbestätigungen oder Freitext-E-Mails.

Die Folge:
- Medienbrüche,
- manuelle Eingriffe,
- Verzögerungen und Fehler.

Die typische Realität dokumentenzentrierter Kommunikation
Trotz aller Digitalisierungsbemühungen erfolgt der Austausch zwischen Unternehmen in vielen Fällen noch:

- per PDF-Rechnung
- per E-Mail mit Anhang
- über Lieferantenportale mit frei formatierten Eingabemasken
- in Freitext-Kommunikation bei Bestellungen oder Rückfragen

Diese Belege müssen dann manuell oder halbautomatisch in ERP-Systeme **übertragen, validiert, angereichert und verarbeitet** werden (Beispiele siehe Tab. 1.3).

Gemeinsamkeit Alle diese Prozesse beruhen auf dokumentierter Kommunikation, die erst interpretiert werden muss.

Tab. 1.3 Prozessbeispiele mit hoher Relevanz

Prozess	Typische Dokumente	Automatisierungshebel
Order-to-Cash	Kundenbestellungen, Auftragsbestätigungen	Automatische Belegerkennung, Stammdatenprüfung
Procure-to-Pay	Eingangsrechnungen, Lieferscheine	Rechnungsmatching, Kontextvalidierung
Record-to-Report	Zahlungsavis, Nebenbelege, Verträge	Buchungsvorschläge, Belegklassifikation
Customer Service	Reklamationen, E-Mail-Korrespondenz	Automatisierte Ticket-Erstellung & Routing

Die Konsequenzen ohne Hyperautomatisierung

- **Manuelle Erfassung:** bis zu 15 min pro Beleg (z. B. bei Rechnungen, Bestellungen, etc.)
- **Fehlende Durchgängigkeit:** Systeme „sehen" die Daten nicht – nur Menschen
- **Skalierungsprobleme:** mehr Geschäft = mehr Personalaufwand
- **Fehlender Echtzeitfluss:** Entscheidungsprozesse verzögert

Warum Hyperautomatisierung hier ansetzt
Hyperautomatisierung schließt die Lücke zwischen realer Kommunikation und systemischer Verarbeitung:

- Intelligente Klassifikation & Extraktion auch bei freien Formaten
- Automatisierte Vervollständigung fehlender Daten (z. B. Mengeneinheiten, USt-IDs)
- Nahtlose Anreicherung, Validierung und Integration in ERP-Prozesse

Durch den Einsatz moderner Technologien wird aus unstrukturierten Belegen ein strukturierter Datenstrom – automatisierbar, prüffähig und skalierbar.

▶ **Fazit** ERP-Prozesse sind kein Randthema, sondern das Herzstück betrieblicher Effizienz. Gerade weil sie komplex und dokumentenintensiv sind, eignen sie sich ideal für Hyperautomatisierung – vorausgesetzt, der Fokus liegt nicht am Beleg, sondern am Gesamtprozess.

1.3 Potenzialräume im dokumentenbasierten Datenaustausch

Hyperautomatisierung ist nur dann wirksam, wenn sie an den richtigen Stellen im Unternehmen ansetzt. Die Frage lautet nicht, ***ob*** automatisiert werden soll, sondern ***wo*** *genau* der größte Nutzen entsteht – technologisch, wirtschaftlich und organisatorisch. Die folgende beispielhafte Analyse zeigt auf, **welche Dokumententypen und Kanäle sich besonders für intelligente Automatisierungslösungen eignen** – und welche Technologien dort jeweils sinnvoll sind.

Die Logik der Potenzialkarte
Die folgende Darstellung (vgl. Abb. 1.1) zeigt eine vereinfachte Matrix zur Einordnung von Belegarten, Kanälen und Automatisierungstechnologien. Sie verknüpft:

- **Vertikal (Y-Achse):** Belegvolumen pro Kanal/Format
- **Horizontal (X-Achse):** Anzahl und Varianz an Kommunikationspartnern

Je weiter im mittleren Bereich (manuelle Belegverarbeitung) eine Kommunikation stattfindet, desto höher der Schmerz – und desto größer das Potenzial für Hyperautomatisierung.

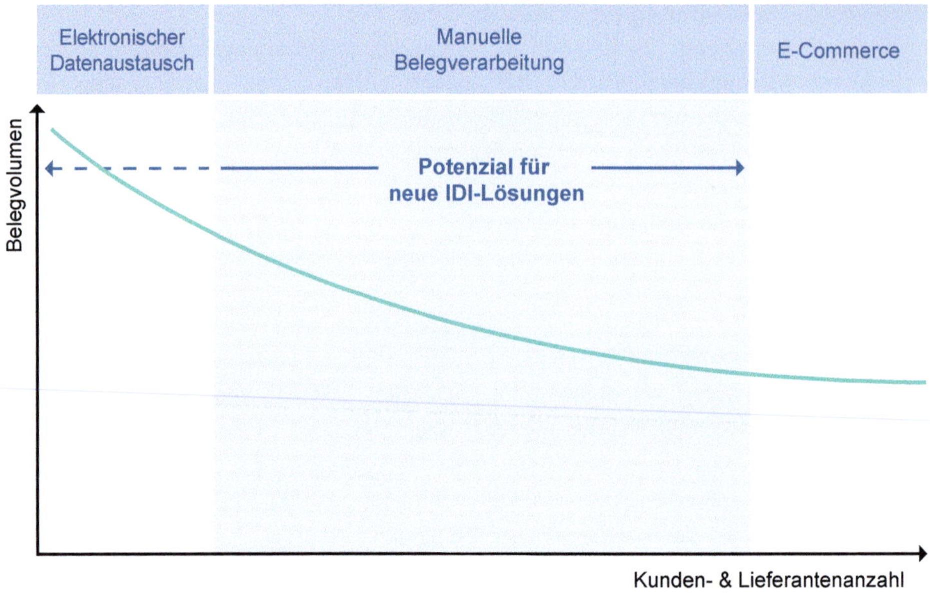

Abb. 1.1 Beispiel einer Potenzialkarte aus der Dokumentenverarbeitung im B2B-Bereich

Drei Zonen im Überblick

1. Elektronischer Datenaustausch (EDI-Zone)

- Beispiele: EDIFACT, × 12, XML-Basierte Standards
- Hohe Standardisierung, geringe Varianz
- Ideal für strategische, stabile Partnerbeziehungen
- Aber: Aufwendig, teuer, wenig flexibel bei Veränderungen

2. Manuelle Belegverarbeitung (das „Niemandsland")

- Hier befinden sich Formate und Typen wie PDF, E-Mail, Excel, Plattformen, Web-EDI
- Diese Formate und Typen verursachen hohes Volumen bei hoher Varianz
- Klassische Systeme sind überfordert (RPA, OCR, EDI)
- Hier setzt Intelligent Data Interchange (IDI) an: Kontextverstehen, Anreicherung, KI-Logik (→ siehe Abschn. 1.7)

3. E-Commerce und dynamische Kanäle

- Beispiele: Webshops, Marktplätze, Verkaufsplattformen
- Hohe Partnerzahl, niedriges Einzelvolumen
- Proprietäre Formate und komplexe Anbindungen
- Bedarf an flexiblen, API-basierten IDP/IDI-Lösungen

Tab. 1.4 Technologische Einordnung – Stärken und Grenzen

Technologie	Stärken	Grenzen
EDI	Hohe Datenqualität, stabil	Nur bei strukturierten, bekannten Partnern
OCR	Brücke zur Digitalisierung	Keine Semantik, fehleranfällig, starre Textextraktion
RPA	Automatisiert repetitive Tätigkeiten	Fragil, nicht lernfähig
IDP	Gute Extraktion auch bei PDFs	Benötigt Kontextverarbeitung + Training
IDI	Kontext, Lernen, Integration	Noch jung, benötigt Training und Vertrauen

Technologische Einordnung: Wer löst welches Problem?
Die folgende Tabelle (Tab. 1.4) ordnet zentrale Automatisierungstechnologien danach ein, welche spezifischen Probleme sie besonders gut lösen können – und wo ihre jeweiligen Grenzen liegen.

Strategische Bedeutung
Die Darstellung zeigt klar:

> Der größte Effizienzhebel liegt dort, wo der Automatisierungsgrad heute noch niedrig ist – nicht wegen fehlender Digitalisierung, sondern wegen fehlender Intelligenz.

Gerade bei kleinen Lieferanten/Kunden, nicht standardisierten Belegen oder inkonsistenten Formaten ist der Aufwand enorm – aber auch das Einsparpotenzial. Durch die Kombination aus Kontextverständnis, lernfähiger KI und automatischer Datenanreicherung kann hier ein Automatisierungsgrad von **80–95 %** erreicht werden – ohne Änderungen auf der Partnerseite.

▶ **Fazit** Die Potenzialkarte liefert in diesem Beispiel eine klare Handlungsanleitung:

- EDI und klassische Integration reichen nicht mehr aus.
- Die große Masse an Belegen liegt zwischen den Welten – in Formaten, **die menschliche Intelligenz erfordern.**
- Genau hier braucht es intelligente, adaptive Systeme, die den Unterschied zwischen „digital" und „automatisiert" überbrücken.

Unternehmen, die diese Potenziale erkennen und gezielt erschließen, erreichen Skalierbarkeit, Kostensenkung und Resilienz – ohne den Ballast individueller Integrationsprojekte.

Fragen

Wie könnte Ihre Potenzialkarte für Bereiche der Nichtautomatisierung und Automatisierung dargestellt werden?

1.4 Treiber: Fachkräftemangel, Komplexität, Geschwindigkeit, Compliance – und Kostendruck

Die zunehmende Automatisierung von Geschäftsprozessen – insbesondere an der Schnittstelle zwischen ERP-Systemen und dokumentenzentriertem Datenaustausch – ist keine rein technologische Entwicklung. Sie wird durch mehrere strukturelle Veränderungen getrieben, die Unternehmen und Organisationen aller Branchen unter Druck setzen.

- **Fachkräftemangel – Automatisierung als Antwort**
  Die Verfügbarkeit qualifizierter Fachkräfte sinkt, besonders in repetitiven, administrativen Tätigkeiten wie Belegverarbeitung. Junge Generationen lehnen monotone Aufgaben zunehmend ab. **Hyperautomatisierung** entlastet Teams, sichert Wissen systemisch ab und verschiebt Mitarbeitende in wertschöpfende Tätigkeiten – anstatt sie durch Personalmangel auszubremsen.
- **Komplexität – Grenzen klassischer Lösungen**
  Heterogene Datenquellen, inkonsistente Formate und wechselnde Partneranforderungen überfordern klassische Ansätze wie EDI, OCR oder RPA. **Hyperautomatisierung** begegnet dieser Komplexität mit KI-gestützter Anreicherung, semantischer Interpretation und flexibler Integrationslogik – statt mit starren Regeln.
- **Geschwindigkeit – Märkte verlangen Reaktion in Echtzeit**
  Kunden und Partner erwarten heute sofortige, fehlerfreie Abläufe. Manuelle Prüfungen und langsame Integrationen sind nicht mehr wettbewerbsfähig. **Hyperautomatisierung** ermöglicht die Echtzeit-Verarbeitung unstrukturierter Dokumente, automatische Validierung und Transparenz entlang der Wertschöpfungskette.
- **Compliance – Anforderungen zuverlässig erfüllen**
  Ob GoBD, Lieferkettengesetz oder ESG-Reporting: Unternehmen müssen Daten strukturiert, geprüft und revisionssicher verarbeiten. Klassische Verfahren stoßen hier schnell an Grenzen. **Hyperautomatisierte** Systeme dokumentieren, validieren und korrigieren automatisch – und erfüllen regulatorische Anforderungen technisch zuverlässig.
- **Kosten – Effizienz als Überlebensfaktor**
  Globaler Wettbewerb, volatile Märkte und steigende Löhne machen Kostensenkungen unverzichtbar. In Prozessen wie Rechnungsverarbeitung oder Stammdatenpflege liegen hohe versteckte Kosten. **Hyperautomatisierung** senkt den Personalaufwand pro Vorgang um bis zu 70 %, reduziert Fehler und erlaubt Skalierung ohne lineare Personalerweiterung – eine Grundlage für nachhaltiges Wachstum.

▶ **Fazit – Der integrative Druck zur Automatisierung** Die fünf Treiber wirken nicht isoliert, sondern verstärken sich gegenseitig: Fachkräftemangel zwingt zu Effizienz, Komplexität erfordert Intelligenz, Geschwindigkeit wird marktentscheidend, Compliance ist rechtlich verpflichtend und Kostendruck allgegenwärtig.

Unternehmen, die diese Dynamik ernst nehmen, bauen ihre Automatisierung nicht punktuell, sondern ganzheitlich – vom Dokumenteneingang bis zur Systemintegration, von der Datenlücke bis zur Entscheidungsvorlage.

1.5 Verantwortung – Vom Mensch zur Maschine

In der Reise zur End-to-End-Automatisierung ist ein zentrales Element die Fähigkeit, **Daten kontextbezogen zu transformieren und automatisieren** – also Eingaben aus unterschiedlichen Formaten, Quellen und Semantiken so umzuwandeln, dass sie systemseitig weiterverarbeitet werden können. Die folgende Abbildung (Abb. 1.2) beschreibt sechs Reifegrade der Daten-Transformation: vom rein manuellen Vorgehen bis zur vollständig autonomen Maschine und somit die Übergabe der Verantwortung an die Maschine.

Es lassen sich zwei Phasen unterscheiden:

- **Evolution Level** (Level 0–2): Mensch im Zentrum, schrittweise Technologisierung
- **Revolution Level** (Level 3–5): System übernimmt zunehmend Verantwortung

Level 0 – Manuell
- Alles passiert per Hand: Belege werden geöffnet, geprüft und abgetippt, etwa eine PDF-Rechnung ins ERP.
- Hoher Aufwand, fehleranfällig, nicht skalierbar

Level 1 – Programmierung
- Erste Regeln und Skripte kommen ins Spiel. Entwickler schreiben Mappings, die einfache Transformationen und Automatisierungen abbilden.
- Wenig flexibel, hohe Pflegeaufwände

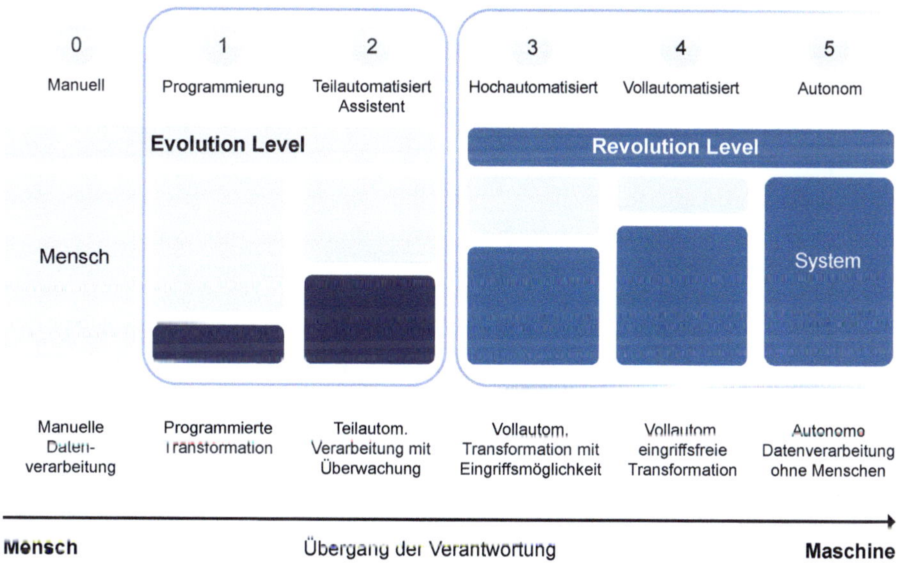

Abb. 1.2 Übergang der Verantwortung – von Mensch zur Maschine

Level 2 – Teilautomatisiert/Assistent

- Nutzer können mit vorgefertigten Modulen selbst Transformationen und Automatisierungen konfigurieren.
- Mensch bleibt in der Schleife – insbesondere **zur Überwachung** und zur Fehlerbehandlung.

Level 3 – Hochautomatisiert

- Systeme übernehmen bestimmte Anwendungsfälle eigenständig automatisiert, etwa Belege für definierte Geschäftspartner und Belegarten.
- Mensch greift nur noch im Ausnahmefall ein
- Systeme **erkennen eigene Grenzen** und fordern Unterstützung an

Level 4 – Vollautomatisiert

- Der Prozess läuft komplett maschinell, **ohne menschliche Eingriffe** – weder Überwachung noch Freigabe.
- Beispiele: automatische Verbuchung standardisierter Rechnungen, vollautomatische Auftragsannahme

Level 5 – Autonom

- Die höchste Stufe: Systeme passen sich selbstständig an neue Kontexte an, erkennen Abweichungen und reagieren darauf – ohne menschliches Zutun.
- KI-gestützt, semantisch, lernfähig

Was sich ändert – Schlüsselmerkmale entlang der Reifeskala

Die nachfolgende Tabelle (Tab. 1.5) zeigt, wie sich Schlüsselmerkmale entlang der Reifeskala verändern – von einer evolutionären Stufe, in der der Mensch zentrale Aufgaben übernimmt, hin zu einem revolutionären Niveau, in dem Maschinen zunehmend Verantwortung tragen.

Tab. 1.5 Schlüsselmerkmale Reifeskala

Kategorie	Evolution Level (0–2)	Revolution Level (3–5)
Verantwortlichkeit	Mensch überwacht, steuert und korrigiert	Maschine übernimmt – Mensch wird optional
Technologischer Fokus	Skripte, Templates, Regeln	Dynamische Systeme, KI, Feedback-Mechanismen
Flexibilität	Eingeschränkt – starre Prozesse	Hoch – adaptiv und kontextsensitiv
Skalierbarkeit	Linear mit Personalressourcen	Exponentiell – parallel & dauerhaft verfügbar
Rolle des Menschen	Operativ notwendig	Strategisch, kuratierend, nur bei Ausnahmefällen

Bedeutung für die Praxis
Die Skala ist kein Selbstzweck. Ziel ist nicht, alles sofort auf Level 5 zu bringen, sondern die Prozesse zu identifizieren, die von höherer Automatisierung am meisten profitieren – etwa solche mit hohem Volumen, klaren Regeln oder vielen Medienbrüchen.

Damit wird deutlich: Hyperautomatisierung geht weit über RPA oder Workflows hinaus. Sie erfordert Systeme, die Verantwortung übernehmen, Fehler antizipieren und auf neue Kontexte reagieren.

▶ **Fazit** Der Übergang von manueller zu autonomer Daten-Transformation markiert einen fundamentalen Wandel:

- Weg vom Menschen als Inputgeber hin zum Menschen als Gestalter
- Von statischen Regeln zu lernenden, dynamischen Systemen
- Von isolierten Workflows zu ganzheitlichen E2E-Abläufen

Diese Grafik ist damit nicht nur ein technischer Reifegrad-Indikator, sondern ein **kultureller und organisatorischer Kompass** auf dem Weg zur intelligenten Organisation.

1.6 Der Change: Kulturwandel und Mindset als Erfolgsfaktor

Die Einführung von Hyperautomatisierung ist nicht nur ein technisches oder prozessuales Projekt. Sie stellt eine **tiefgreifende Veränderung der Arbeitsweise, Denkstruktur und Verantwortungslogik** in Unternehmen dar. Wer versucht, End-to-End-Automatisierung rein „von außen" über Technologie einzuführen, scheitert meist nicht an den Tools – sondern an den Menschen.

Deshalb ist klar: **Der kulturelle Wandel ist kein weicher Faktor – er ist die harte Voraussetzung für Erfolg.**

Von Kontrolle zu Vertrauen
Viele Organisationen sind historisch auf Kontrolle, Genehmigungen und manuelle Sicherheiten aufgebaut. Das liegt nahe: Prozesse wie Rechnungsprüfung, Auftragsfreigabe oder Stammdatenpflege sind risikobehaftet – und Fehler können teuer werden.

Hyperautomatisierung verlangt jedoch einen Mindset-Wechsel:

- **Vertrauen in Systeme,** die dynamisch Entscheidungen treffen
- **Loslassen von manuellen Routinen,** die bisher als Sicherheitsanker galten
- **Akzeptanz von Geschwindigkeit,** auch wenn nicht jeder Schritt nachvollzogen scheint

Das bedeutet nicht blinde Automatisierung – sondern ein **strategischer Shift vom Einzelvorgang zur Prozessverantwortung.** Menschen gestalten Systeme, anstatt sich in Details zu verlieren.

Typische Hürden im kulturellen Wandel

- **„Das haben wir immer so gemacht.“**
  → Hohe Pfadabhängigkeit und Status-Quo-Verteidigung in operativen Bereichen
- **„Ich verliere die Kontrolle.“**
  → Unsicherheit über die Rolle des Menschen im automatisierten Prozess
- **„Wer haftet, wenn etwas schiefläuft?“**
  → Klare Verantwortlichkeiten fehlen oder sind unklar verteilt
- **„Das versteht doch keiner mehr.“**
  → Angst vor Intransparenz bei KI-gestützten Entscheidungen

Diese Reaktionen sind normal – aber sie dürfen nicht unbeantwortet bleiben. Ein aktives Change Management, transparente Kommunikation und gezielte Schulungen sind unerlässlich, um Ängste abzubauen und Akzeptanz zu schaffen.

Der Mensch bleibt – aber in neuer Rolle

Hyperautomatisierung verdrängt keine Menschen, sie **verlagert** deren Beitrag:

- Vom manuellen Abarbeiten → zum kuratierenden Steuern
- Vom Kontrollieren → zum Gestalten
- Vom Datensuchen → zur Auswertung und Interpretation

Insbesondere operative Fachkräfte (Einkauf, Vertrieb, Buchhaltung, Logistik) profitieren langfristig von der Automatisierung, **wenn sie befähigt werden,** die neuen Systeme mitzugestalten.

Empowerment ist der Schlüssel Wer automatisiert, muss Menschen in den Mittelpunkt rücken – mit Perspektive, Training und Gestaltungsraum.

Neue Kompetenzen für eine neue Arbeitswelt

Mit dem kulturellen Wandel gehen auch neue Anforderungsprofile einher. Künftig gewinnen folgende Fähigkeiten an Bedeutung:

- Prozessverständnis statt nur Systemkenntnis
- Datenkompetenz und analytisches Denken
- Kommunikation zwischen IT und Fachbereich
- Umgang mit KI, Automatisierungstools und Dashboards

Der Begriff des **Citizen Developers** gewinnt in diesem Zusammenhang an Bedeutung: Fachanwender, die mit Low-Code-Tools einfache Automatisierung selbst umsetzen können – und so aktiv zum Wandel beitragen.

Tab. 1.6 Erfolgsfaktoren und Wirkung im Kulturwandel

Faktor	Wirkung
Top-Management-Commitment	Signalisiert strategische Relevanz
Pilotprojekte mit Vorbildcharakter	Machen Wandel sichtbar und greifbar
Kommunikation mit Nutzenfokus	Zeigt Vorteile für einzelne Rollen auf
Beteiligung statt Verordnung	Schafft Ownership im Team
Lernangebote und Coaching	Fördert Kompetenzerwerb und Selbstwirksamkeit

Erfolgsfaktoren für den Kulturwandel

Die folgende Tabelle (Tab. 1.6) fasst zentrale Erfolgsfaktoren zusammen, die den Kulturwandel unterstützen und durch ihre jeweilige Wirkung maßgeblich zum Gelingen beitragen.

> **Fazit – Der Wandel beginnt im Kopf** Hyperautomatisierung ist kein IT-Projekt – sie ist ein kultureller Transformationsprozess.
>
> Technologie kann Prozesse beschleunigen, aber **nur ein verändertes Mindset kann sie nachhaltig verankern.** Deshalb müssen Kultur, Kommunikation und Kompetenzentwicklung von Anfang an integraler Bestandteil jeder Automatisierungsstrategie sein.
>
> **Wo Menschen sich mitgenommen fühlen, wächst nicht Widerstand – sondern Begeisterung.**

1.6.1 Praxisimpuls: Technologie allein genügt nicht – die kulturelle Kluft im Arbeitsalltag

Fallbeispiel: Einführung einer KI-basierten Lösung zur automatisierten Rechnungsverarbeitung

Ein Drogeriemarktkette mit rund 25 Mitarbeitenden in der Fachabteilung *Kosten- und Warenrechnungen* führte ein KI-gestütztes System zur automatisierten Verarbeitung eingehender Rechnungen ein. Technologisch war die Lösung leistungsfähig: Sie erkannte Inhalte zuverlässig, ordnete Daten kontextbasiert zu und bot eine moderne, webbasierte Oberfläche zur Prüfung und Freigabe.

Trotzdem stieß das Projekt auf Widerstände – **nicht wegen der Technik, sondern wegen verankerter Gewohnheiten und Bedienmentalitäten:**

Typische Rückmeldungen aus dem Fachbereich:

- **„Ich sehe die Rechnung gar nicht sofort – wo ist das Bild?“**
  → Anwender waren es gewohnt, dass das Rechnungsdokument **zentral sichtbar** ist. Das System zeigte stattdessen strukturierte Daten und Anfragen der KI – das „Vertraute“ fehlte.

- **„Warum muss ich so viel klicken, wenn das doch KI machen soll?"**
  → Der erwartete Automatisierungsgrad passte nicht zur Bedienlogik. Die Oberfläche war **interaktiv gedacht,** nicht passiv wie gewohnt. KI muss angelernt werden, die Erwartung war eine Eierlegende-Wollmilchsau.
- **„Das fühlt sich alles ganz anders an."**
  → Anwender, die jahrzehntelang mit festen ERP-Masken arbeiteten, empfanden die neue Art der Interaktion als **fremdartig, ungewohnt und unkomfortabel.**
- **„Wir wollen pro Beleg nicht so viel Zeit verlieren."**
  → Besonders bei **Kostenrechnungen** mit stark variierenden Layouts wurde die notwendige Prüfung als **zeitintensiv und unklar** wahrgenommen – ganz im Gegensatz zu den standardisierten Warenrechnungen.
- **„Das ist nicht für uns gemacht – das verstehen nur ITler."**
  → Die **Usability** war auf eine moderne Nutzerschaft ausgelegt – aber **nicht auf typische Sachbearbeiterrollen,** deren Arbeitsweise stark von festen Routinen und übersichtlichen Masken geprägt ist. ◄

Was half: Verständnis statt Push
Die Projektleitung zog Konsequenzen – **nicht durch Rückbau der Technik,** sondern durch **kulturelle und konzeptionelle Anpassungen:**

- **Ergonomie-Fokus:** Die Dokumentenansicht wurde prominenter platziert, die Klickwege gestrafft.
- **Rollenbasierte Schulungen:** Nicht nur Funktionstrainings, sondern konkrete Alltagsbeispiele halfen, Berührungsängste abzubauen.
- **Kontrastüberbrückung:** Zwischen altbekannten ERP-Prozessen und neuen Interaktionslogiken wurde bewusst vermittelt – mit Geduld und konkretem Nutzenbezug.
- **Pilotgruppen-Beteiligung:** Die Fachbereiche wurden in der Weiterentwicklung eingebunden, besonders jene mit hohem **Schmerzgrad bei unstrukturierten Rechnungen.**

► **Lektion: Der kulturelle Bruch ist größer als erwartet – aber gestaltbar** Viele Digitalisierungsvorhaben unterschätzen den **Unterschied zwischen moderner Technologie und gewachsenen Bedienlogiken.** Gerade einfache, aber stabile Routinen – etwa das Erfassen von Rechnungen über Jahrzehnte hinweg – sind tief im Tagesgeschäft verankert.

Wer hier disruptiv statt begleitend vorgeht, riskiert Ablehnung trotz objektiver Verbesserungen.

Usability, Rollenverständnis und Prozessnähe sind zentrale Erfolgsfaktoren, um Hyperautomatisierung vom IT-Tool zur gelebten Praxis zu machen.

1.7 Intelligent Data Interchange (IDI) – Der fehlende Baustein der End-to-End-Hyperautomation

Ausgangssituation: Automatisierungsgrenzen in E2E-Prozessen
Trotz massiver Fortschritte im Bereich ERP, RPA, IDP und KI kämpfen Unternehmen weiterhin mit Medienbrüchen an den Schnittstellen zwischen Geschäftspartnern, Abteilungen und Systemen. Gerade im dokumentenbasierten Datenaustausch – also in Prozessen wie Bestellung, Auftragsbestätigung, Lieferung, Rechnung und Zahlung – liegt die tatsächliche Automatisierungsquote oft unter 20 %.

Der Grund: Klassische Technologien wie **EDI, OCR, IDP** oder **RPA** stoßen bei inkonsistenten Daten, fehlenden Standards oder abweichenden Formaten an ihre Grenzen.

Paradigmenwechsel: Vom statischen EDI zur intelligenten Automatisierung
EDI, der traditionelle elektronische Datenaustausch, wurde vor über 50 Jahren entwickelt – und zeigt heute klare Schwächen:

- Aufwendige bilaterale Integrationen
- Hohe Initialkosten und lange Projektlaufzeiten
- Kein intelligenter Umgang mit fehlerhaften oder unvollständigen Daten
- Geringe Flexibilität bei dynamischen Geschäftsmodellen

IDI – Intelligent Data Interchange stellt nun eine neue technologische Kategorie dar: Eine KI-gestützte, selbstlernende Lösung zur strukturierten und semantisch korrekten Übertragung von geschäftskritischen Dokumenten – unabhängig von Format, Sprache oder Struktur.

IDI als Enabler für echte Hyperautomation
IDI ergänzt bestehende ERP-Systeme und Automatisierungswerkzeuge um die Fähigkeit, **Belege jeglicher Art intelligent und automatisiert** in End-to-End-Prozesse einzubinden.

Konkrete Funktionen:
- **Kontextbasierte Interpretation** von Belegen (z. B. Mengen, Maßeinheiten, Incoterms)
- **Anreicherung & Korrektur** unvollständiger Daten
- **Flexible Einbindung** neuer Partner – ohne aufwendige Anbindung
- **Automatisierte Validierung** und Übergabe an ERP oder Workflow-Engines

Von der Belegverarbeitung zur End-to-End-Datenkette
IDI ermöglicht die Automatisierung ganzer E2E-Prozesse – nicht nur innerhalb, sondern **zwischen** Systemgrenzen. Beispiele siehe Tab. 1.7.

Tab. 1.7 EDI vs. IDI: Vorher-Nachher-Vergleich

Prozessbereich	Vorher (EDI/OCR)	Mit IDI
Kundenbestellung	Manuelles Abtippen, E-Mail	Automatisierte Erkennung & Übergabe
Auftragsbestätigung	Kein Rückkanal	Rückmeldung durch IDI-Bot
Wareneingang	Medienbruch mit Lieferschein	Abgleich mit IDI-Extraktion & ERP
Rechnungseingang	OCR mit Fehlerquote	Kontextsensitive IDI-Verarbeitung

Der Vorteil
Prozesse laufen durchgängig, transparent und vollständig maschinenlesbar – mit minimalem menschlichem Eingriff.

Zukunftspotenzial und strategische Implikationen

- **Transparente Lieferketten:**
  IDI schafft durchgängig digitale Waren- und Informationsflüsse, die eine vollständige Rückverfolgbarkeit ermöglichen.
- **Skalierbarkeit ohne Partnerbindung:**
  Durch passive Anbindung können Partner-Dokumente verarbeitet werden, ohne dass sie selbst aktiv ein EDI-System betreiben müssen.
- **KI-gestützte Entscheidungsautomatisierung:**
  IDI speist strukturierte Daten direkt in Entscheidungsmodelle, etwa zur Bewertung von Lieferanten, Freigaben oder Zahlungsbedingungen.

▶ **Fazit: IDI als strategischer Automatisierungsbaustein** **Intelligent Data Interchange** ist kein Ersatz, sondern eine Ergänzung zu EDI, ERP, RPA und Co. – jedoch mit einem entscheidenden Unterschied:

- Es schließt die Lücke zwischen Systemgrenzen, eliminiert manuelle Brüche im Belegfluss und macht echte **End-to-End-Hyperautomation** erstmals realistisch.

Für Unternehmen, die Effizienz, Skalierbarkeit und Transparenz im gesamten Prozesszyklus anstreben, wird IDI zur Schlüsseltechnologie.

Drogeriemarktkette – Vom PDF zum Datenstrom

Eine große Drogeriemarktkette verarbeitet täglich mehrere Tausend Bestellungen und Rechnungen. Obwohl fast alle Dokumente digital vorlagen, war der Ablauf stark manuell geprägt.

Ausgangslage: Bestellungen trafen als PDF per E-Mail ein, wurden ausgedruckt, manuell ins ERP abgetippt und bei Unklarheiten telefonisch rückbestätigt.

Herausforderung:

- Hoher Personalaufwand – bis zu 15 min pro Beleg
- Unterschiedliche Formatvarianten bei Lieferanten
- Fehler und Verzögerungen bei der Bearbeitung

Lösung: Einführung von **Intelligent Data Interchange (IDI)** als semantische Zwischenschicht. Belege wurden nicht mehr technisch konvertiert, sondern inhaltlich verstanden: Produktnummern, Mengeneinheiten und Preise wurden automatisch erkannt, fehlende Daten ergänzt und direkt ins ERP überführt.

Ergebnis:

- Automatisierungsgrad von 85 % bei Bestellungen und Rechnungen
- Reduktion der Bearbeitungszeit von 15 min auf < 1 min pro Beleg
- Freisetzung von Kapazitäten für das Reklamations- und Lieferantenmanagement ◄

► **Lesson Learned** Der Durchbruch kam nicht durch klassische EDI-Erweiterungen, sondern durch die Fähigkeit von IDI, heterogene Formate **semantisch** zu verstehen und ohne Aufwand auf Partnerseite zu integrieren. Entscheidend für den Erfolg war die enge Einbindung der Fachabteilungen, die schnell erkannten, dass sie nicht ersetzt, sondern entlastet wurden.

2 Die Rolle des ERP-System

Zusammenfassung

ERP-Systeme bilden das Rückgrat operativer Abläufe: Sie konsolidieren Stammdaten, orchestrieren Workflows und sichern Transparenz über Beschaffung, Produktion, Logistik, Vertrieb und Finanzen. In der Praxis entstehen jedoch wesentliche Lücken an den Systemgrenzen: Viele relevante Prozesse laufen außerhalb des ERPs ab, Daten strömen über E-Mails, PDFs, Portale oder heterogene Partner-APIs ein – mit Medienbrüchen, manuellen Eingriffen und Intransparenz als Folge. Hyperautomatisierung schließt diese Lücken, indem sie eine intelligente, flexible Schicht zwischen ERP und angrenzenden Domänen etabliert: mit KI-basierter Entscheidungslogik, intelligenten Workflows, semantischem Datenverständnis und End-to-End-Integration. Intelligent Data Interchange (IDI) fungiert dabei als Bindeglied, das unstrukturierte und partnerindividuelle Formate kontextsensitiv interpretiert, anreichert, validiert und maschinenlesbar ins ERP überführt. Der Übergang vom klassischen zum automatisierten Dokumentenfluss reduziert Durchlaufzeiten von Minuten/Stunden auf Sekunden/Minuten, senkt Fehler- und Personaleinsatz, erhöht Compliance und schafft durchgängige Transparenz. Ergebnis ist eine skalierbare, resilientere Prozesslandschaft: Das ERP bleibt stabiler Kern, wird aber durch Hyperautomation/IDI zur aktiven Drehscheibe vernetzter E2E-Prozesse – Grundlage für Effizienz, Geschwindigkeit und nachhaltige Wettbewerbsfähigkeit.

P. Futterknecht, *Hyperautomation – Der letzte Schritt vor der intelligenten Organisation*, https://doi.org/10.1007/978-3-658-50441-0_2

2.1 ERP als Rückgrat operativer Abläufe

Enterprise-Resource-Planning-Systeme (ERP) sind seit Jahrzehnten das zentrale Steuerungsinstrument für betriebswirtschaftliche Prozesse. Sie bilden das **Rückgrat operativer Abläufe** in Unternehmen – von Beschaffung und Produktion über Logistik und Vertrieb bis hin zu Finanzen und Controlling. ERP-Systeme konsolidieren Stammdaten, orchestrieren Workflows und sorgen für Transparenz und Konsistenz entlang der gesamten Wertschöpfungskette.

ERP – stabil, aber nicht ausreichend vernetzt
In klassischen Architekturen befindet sich das ERP im Zentrum – stark strukturiert, aber in sich geschlossen. Diese Rolle wird auch in der folgenden Grafik deutlich, in der das ERP als dominante, dunkelblau gestrichelte Struktur visualisiert ist:

Obwohl das ERP-System als stabiles Fundament dient, zeigt die Abbildung (vgl. Abb. 2.1) ebenso: **Viele relevante Prozesse finden außerhalb des ERP statt.** Externe

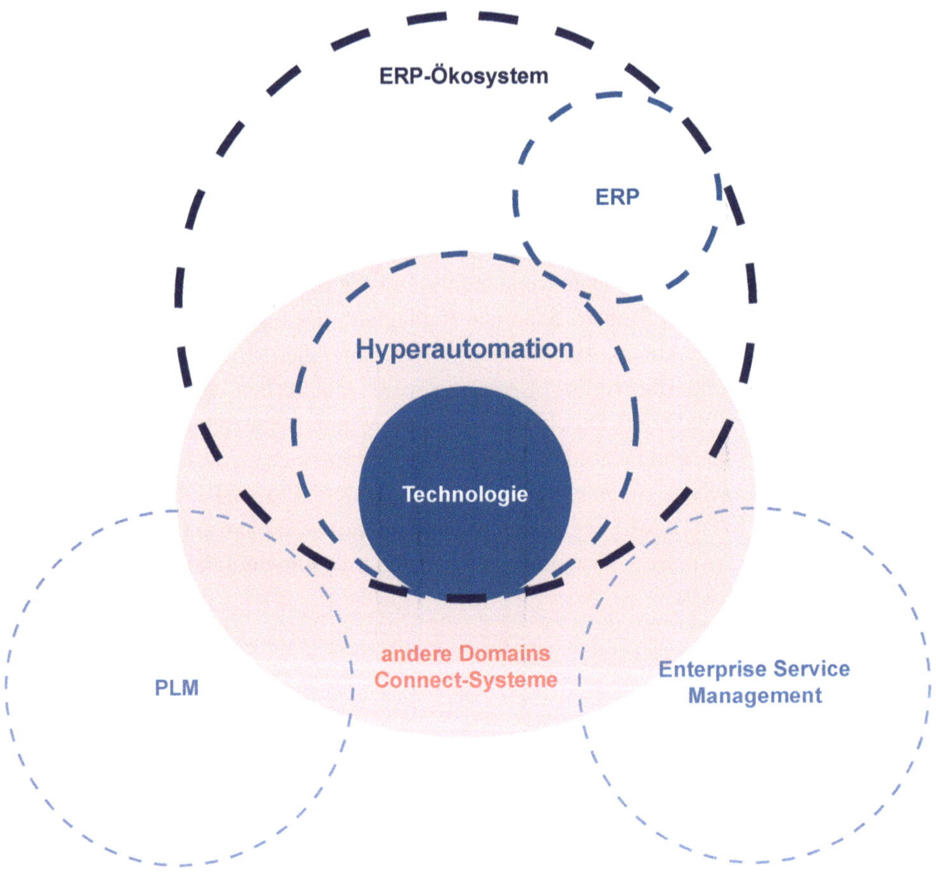

Abb. 2.1 ERP und Hyper-Automation. (Quelle: Philipp Futterknecht, Hans-Jörg Roser, 2024)

Systeme wie **PLM (Product Lifecycle Management)** oder **Enterprise Service Management** (z. B. ServiceNow) arbeiten oft isoliert oder nur über fragile Schnittstellen mit dem ERP zusammen. Darüber hinaus entstehen immer mehr Datenflüsse außerhalb klassischer Systemgrenzen – etwa durch E-Mails, PDFs, Portale oder externe Dienstleister.

Die Rolle von Hyperautomation und Technologie
Im Zentrum der hellblau eingefärbten Zone befindet sich die technologische Basis – dargestellt durch einen blauen Kreis. Diese Basis ist der Ausgangspunkt für **Hyperautomation,** die über einfache RPA-Ansätze hinausgeht. Sie umfasst:

- KI-basierte Entscheidungslogik
- Intelligente Workflows
- Automatisiertes Datenverständnis
- End-to-End-Integration über Systemgrenzen hinweg

Die **Hyperautomation-Zone** liegt bewusst **zwischen dem ERP und anderen Domänen** – sie verbindet, was zuvor getrennt war. Damit wird deutlich: Das ERP bleibt wichtig, aber es benötigt eine **intelligente, flexible Erweiterung,** um Datenflüsse aus anderen Systemen in strukturierter Form zu integrieren.

IDI als Bindeglied der operativen Realität
Die rote, gestrichelte Beschriftung **„Andere Domains – Connect-Systeme“** unterstreicht die zentrale Herausforderung heutiger ERP-Umgebungen:

Wie lassen sich unstrukturierte Datenquellen und externe Systeme intelligent und skalierbar mit dem ERP verbinden?

An dieser Stelle kommt Intelligent Data Interchange (IDI) ins Spiel (→ siehe Abschn. 1.7)

Damit wird das ERP vom reinen Transaktionssystem zur **reaktiven Drehscheibe einer End-to-End-Automatisierung.**

> ▶ **Fazit** ERP-Systeme bleiben das **Rückgrat operativer Abläufe** – doch erst durch intelligente Ergänzungen wie Hyperautomation und IDI entsteht ein zukunftsfähiges, vernetztes Gesamtsystem. Die Grafik macht deutlich: Die operative Realität ist komplexer und dezentraler geworden. Es braucht Technologien, die diese Realität nicht nur akzeptieren, sondern nutzbar machen – und das ERP wieder in eine aktive, vernetzte Rolle bringen.

2.2 Typische Medienbrüche in der Realität (E-Mail, PDF, Portale, Formulare)

Obwohl viele Unternehmen bereits in ERP-Systeme, Workflow-Engines und Integrationslösungen investiert haben, entstehen im operativen Alltag weiterhin erhebliche **Medienbrüche.** Diese treten insbesondere dann auf, wenn externe Geschäftspartner Informatio-

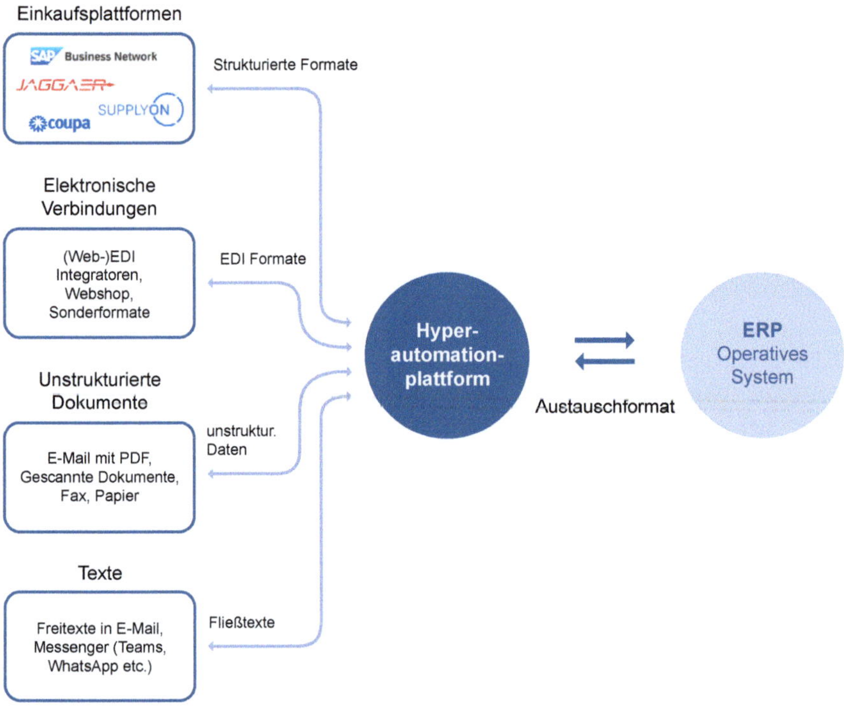

Abb. 2.2 Typische Eingangskanäle in der Industrie

nen nicht strukturiert übermitteln – sondern auf Wegen, die technologisch oder semantisch inkompatibel mit dem internen System sind.

Die Abbildung (vgl. Abb. 2.2) zeigt beispielhaft die Vielzahl an Eingangskanälen, über die Daten und Dokumente in Unternehmen eintreffen – und wie sie durch eine **Hyperautomation-Plattform** vereinheitlicht und dem **ERP-System** strukturiert zugeführt werden:

Vier Kanäle des Medienbruchs

1. **Einkaufsplattformen und Portale**
   Systeme wie SAP Business Network, JAGGAER, Coupa oder SupplyOn arbeiten mit strukturierten Daten – allerdings in jeweils eigenen Datenmodellen, Formaten und Protokollen. Diese Vielfalt erschwert eine durchgängige und standardisierte Integration erheblich. Besonders komplex wird es durch partnerindividuelle Einschränkungen: Je nach Geschäftspartner können beispielsweise bestimmte Prozessschritte erlaubt oder unterbunden sein (z. B. Preisänderungen), Feldwerte optional oder zwingend erforderlich sein – oder Inhalte abweichen, obwohl sie formal dem gleichen Formattyp entsprechen.

Solche **unvorhersehbaren Verhaltensweisen auf Ebene der Formate, Inhalte und Prozesslogiken** lassen sich mit klassischen Mapping-Ansätzen kaum beherrschen. Stattdessen erfordern sie **neuartige Mechanismen,** die in der Lage sind, dynamisch auf abweichende Strukturen und semantische Unterschiede zu reagieren – etwa durch kontextuelle Analyse, Regelwerke oder lernende Systeme.

2. **Elektronische Verbindungen (EDI & WebEDI)**
   Trotz jahrzehntelanger Verbreitung bleiben EDI-Verbindungen fragmentiert. Unterschiedliche Formate, Sonderlösungen und manuelle Web-Portale führen dazu, dass **ein hoher Integrations- und Wartungsaufwand je Partner** notwendig ist. Zudem stoßen diese Formate bei Ausnahmen oder nicht standardisierten Prozessen schnell an Grenzen.
3. **Unstrukturierte Dokumente (PDF, FAX, Papier)**
   Der Großteil des Belegaustauschs findet nach wie vor per **E-Mail mit angehängtem PDF,** als gescanntes Dokument oder sogar als Fax statt. Diese Medien sind aus menschlicher Sicht lesbar – für Maschinen jedoch **unstrukturiert und mehrdeutig.** Hier beginnt typischerweise der manuelle Aufwand im ERP: Abtippen, Kontrollieren, Rückfragen.
4. **Freitext-Kommunikation (E-Mail, Messenger)**
   In vielen Fällen – etwa bei Bestellungen, Terminabsprachen oder Rückfragen – erfolgt die Kommunikation **rein textbasiert:** in E-Mails, Chatverläufen oder Messenger-Nachrichten. Diese Inhalte sind operativ relevant, aber systemisch nicht erfasst. Daraus resultieren erhebliche Informationsverluste oder Nacharbeiten.

Die Rolle der Hyperautomation-Plattform

Zwischen diesen vielfältigen Eingangskanälen und dem operativen ERP-System steht die **Hyperautomation-Plattform** als zentrale Veredelungsinstanz. Ihre Aufgabe:

- Daten aus verschiedenen Quellen und Formaten **konsolidieren**
- Inhalte **semantisch analysieren** und **kontextualisieren**
- **Fehler, Inkonsistenzen** und **Lücken** erkennen und **beheben**
- Die **Übergabe an das ERP-System** in einheitlicher, maschinenlesbarer Form ermöglichen

Nur durch diese zentrale Instanz wird es möglich, **strukturierte und unstrukturierte Quellen gleichermaßen zu verarbeiten** – ohne dass manuelle Zwischenschritte oder eigene Integrationsprojekte notwendig sind.

▶ **Fazit** Die Realität in Unternehmen ist geprägt von **heterogenen Datenflüssen,** bei denen klassische Automatisierungslösungen schnell an ihre Grenzen stoßen. Eine Hyperautomation-Plattform fungiert als **Übersetzer, Vermittler und Beschleuniger** – und schafft die Voraussetzung für einen durchgängig digitalen End-to-End-Prozess. Die Reduktion typischer Medienbrüche ist somit kein Detailproblem, sondern ein zentraler Hebel für operative Exzellenz.

2.3 Klassischer vs. automatisierter Dokumentenfluss

Ausgangslage: Dokumente als Herzstück operativer Abläufe

Im betrieblichen Alltag sind Dokumente – ob Bestellungen, Lieferscheine, Auftragsbestätigungen oder Rechnungen – zentrale Träger von Information und Auslöser konkreter Geschäftsvorgänge. Ihre Verarbeitung entscheidet über Effizienz, Kosten, Durchlaufzeiten und letztlich Kundenzufriedenheit.

Doch der **Weg, wie diese Dokumente ins Unternehmen gelangen und verarbeitet werden,** unterscheidet sich fundamental – je nachdem, ob es sich um einen klassischen oder einen automatisierten Dokumentenfluss handelt.

Klassischer Dokumentenfluss: Medienbrüche, manuelle Eingriffe, Intransparenz

In vielen Unternehmen läuft der Austausch von Belegen wie Rechnungen, Bestellungen oder Lieferscheinen trotz digitaler Formate noch erstaunlich analog ab:

- **E-Mail mit PDF-Anhang, Papier oder Fax** – Belege müssen manuell in ERP-Systeme übertragen werden.
- **Lieferantenportale** – Daten werden mehrfach erfasst, oft ohne direkte Integration.
- **Freitext-Korrespondenz** – Unstrukturierte Informationen erschweren die Weiterverarbeitung.

Folgen für Unternehmen:

- Medienbrüche und hoher manueller Aufwand
- Fehleranfälligkeit und Redundanz in den Daten
- Hohe Personalkosten und Verzögerungen im Prozess
- Verarbeitungsgeschwindigkeit: verzögert, asynchron
- Verantwortung liegt vollständig beim Menschen

Beispiel aus der Praxis

Eine Bestellung wird als PDF per E-Mail übermittelt. Ein Sachbearbeiter druckt sie aus, prüft sie manuell, überträgt die Inhalte ins ERP und reicht sie ggf. zur Freigabe weiter. Änderungen oder Unklarheiten erfordern Rückrufe oder E-Mail-Verläufe. Ergebnis: hoher Aufwand, schwankende Datenqualität und kaum Transparenz. ◄

Automatisierter Dokumentenfluss
Mit modernen Ansätzen – insbesondere Intelligent Document Processing (IDP) und Intelligent Data Interchange (IDI) – entsteht ein völlig anderes Bild:

- **Intelligente Klassifikation & Extraktion** auch bei PDFs oder Freitext
- **Automatische Anreicherung & Validierung** fehlender Daten (z. B. Mengeneinheiten, USt-IDs)
- **Nahtlose Integration** in ERP-Systeme oder Workflows
- **Echtzeit-Verarbeitung & Verfügbarkeit** der Daten für Entscheidungen und Analysen

Vorteile:
- Deutlich kürzere Durchlaufzeiten
- Skalierbarkeit ohne linearen Personaleinsatz
- Weniger Fehler und höhere Compliance
- Transparenz entlang der gesamten Wertschöpfungskette
- **Verantwortung übernimmt die Maschine**
- **Hoher Automatisierungsgrad** (bis zu 99 %)

Vergleich in Kürze
(Siehe Abb. 2.3 und Tab. 2.1)

> Fazit **Der Wandel vom Vorgang zum Systemfluss**
> Der Übergang vom klassischen zum automatisierten Dokumentenfluss ist weit mehr als eine technische Verbesserung. Er markiert den Wandel von isolierten Vorgängen hin zu einem kontinuierlichen, datengestützten Systemfluss.
>
> Automatisierte Prozesse sorgen nicht nur für **Effizienz, Transparenz und Skalierbarkeit**, sondern bilden die Grundlage für **echte End-to-End-Automatisierung**.
>
> Unternehmen, die diesen Schritt gehen, sichern sich nicht nur operative Vorteile, sondern schaffen die Basis für **Resilienz, Compliance und nachhaltige Wettbewerbsfähigkeit** im digitalen Zeitalter.

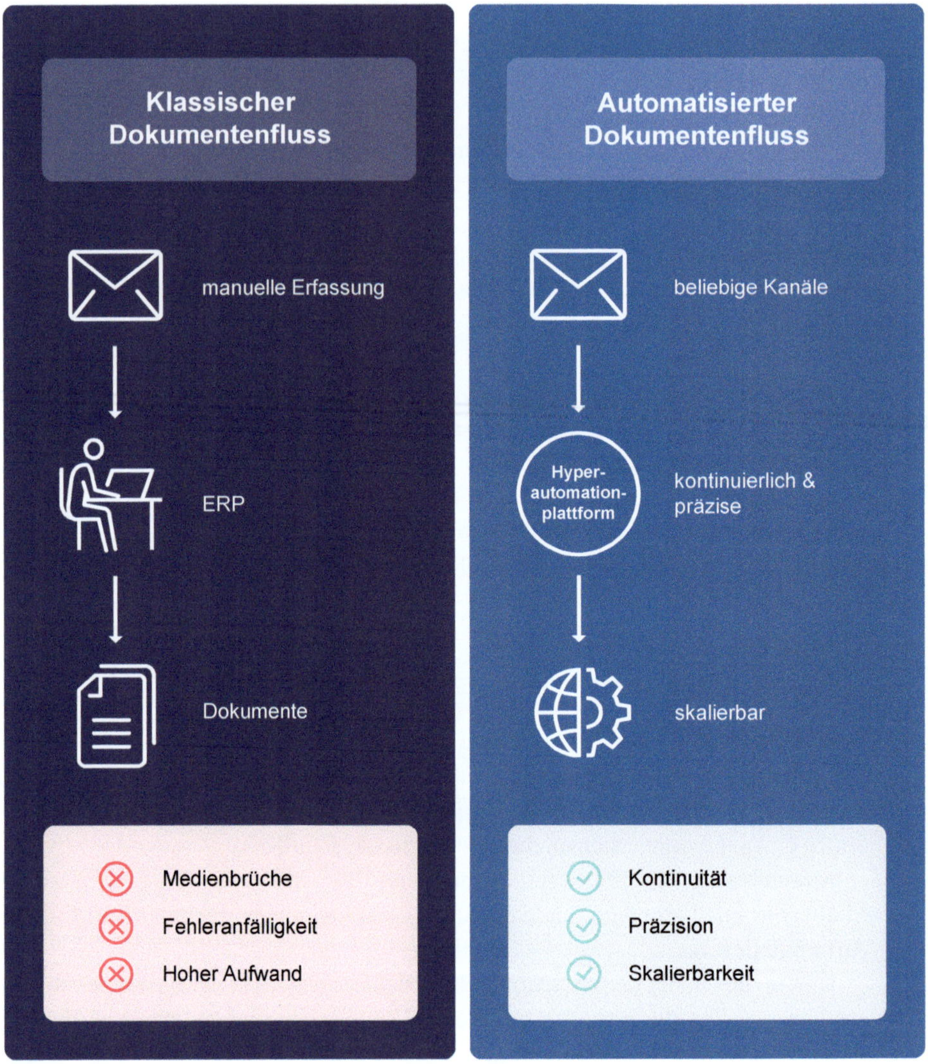

Abb. 2.3 Vergleiche automatisierter vs. klassischer Dokumentenfluss

Tab. 2.1 Vergleich in Kürze

Dimension	Klassisch	Automatisiert
Dateneingang	PDF, E-Mail, Portal, Freitext	IDP/IDI – formatunabhängig, semantisch
Bearbeitung	Manuelle Eingabe, Nachbearbeitung	Automatische Klassifikation & Validierung
Durchlaufzeit	Minuten bis Tage	Sekunden bis Minuten
Skalierbarkeit	Linear (mehr Volumen = mehr Personal)	Exponentiell (mehr Volumen = gleiche Ressourcen)
Transparenz	Gering, fragmentiert	Hoch, durchgängiger Datenfluss

3 Strategische Grundlagen für End-to-End-Automatisierung

Zusammenfassung

Kap. 3 stellt die strategischen Grundlagen für End-to-End-Automatisierung dar. Ausgangspunkt ist ein Reifegradmodell, das Unternehmen in fünf Stufen von manuellen Abläufen über teil- und systemgestützte Prozesse bis hin zu plattformbasierter und KI getriebener End-to-End-Automatisierung einordnet. Es dient als Instrument zur Selbsteinschätzung, Standortbestimmung und Ableitung von Transformationspfaden. Enterprise Architecture Management (EAM) bildet dabei den strategischen Rahmen, um Prozesse, Daten und Systeme ganzheitlich zu integrieren und Silos zu vermeiden. Zentrale Zielbilder sind berührungslose Prozesse, durchgängige Transparenz und exponentielle Automatisierung. Letztere zielt darauf, Automatisierung als Enabler für Wachstum zu nutzen – scheitert aber oft an Medienbrüchen, Ressourcenengpässen und starren Integrationslogiken. Die Überwindung dieser Barrieren erfordert flexible Onboarding-Mechanismen, adaptive Governance und skalierbare Datenintegration. Ein weiterer Schwerpunkt liegt auf den organisationalen Voraussetzungen. Technologische Adaptionsfähigkeit, kulturelle Offenheit und strukturiertes Change Management sind entscheidend, um Potenziale zu realisieren. Rogers Diffusionsmodell verdeutlicht zudem, wie Unternehmen je nach Adopter-Gruppe unterschiedliche Chancen und Risiken beim Einsatz von Automatisierung und KI tragen. Fazit: End-to-End-Automatisierung ist ein kontinuierlicher Transformationsprozess, der technologische Innovation mit organisatorischem Wandel verbindet – und so die Basis für Resilienz und nachhaltige Wettbewerbsfähigkeit schafft.

P. Futterknecht, *Hyperautomation – Der letzte Schritt vor der intelligenten Organisation*, https://doi.org/10.1007/978-3-658-50441-0_3

3.1 Reifegradmodelle und Transformationspfade

In Zeiten datengetriebener Wertschöpfung und digitaler Betriebsmodelle stellt sich nicht mehr die Frage, ob Prozesse automatisiert werden sollten, sondern **wie ganzheitlich und intelligent** diese Automatisierung erfolgen kann. Doch zwischen punktuellen RPA-Einsätzen und echten End-to-End-Automatisierungslösungen liegt ein weiter Weg. Unternehmen befinden sich dabei auf sehr unterschiedlichen Ausgangsniveaus – sowohl technisch als auch organisatorisch.

Um Orientierung zu geben, zeigt dieses Kapitel ein praxisorientiertes **Reifegradmodell für End-to-End-Automatisierung** (vgl. Abb. 3.1). Es dient als Werkzeug zur **Selbsteinschätzung,** zur strategischen Standortbestimmung und zur Ableitung konkreter Transformationspfade.

Damit die Entwicklung entlang der Reifegradstufen systematisch gelingt, ist es sinnvoll, End-to-End-Automatisierung im Rahmen des **Enterprise Architecture Management (EAM)** zu betrachten. EAM bietet den strategischen Bezugsrahmen, um Prozesse, Anwendungen, Daten und Technologien ganzheitlich zu strukturieren und die Auswirkungen von Automatisierung auf das gesamte Unternehmen zu bewerten.

Mithilfe von EAM lassen sich Automatisierungspotenziale gezielt priorisieren, Schnittstellen identifizieren und Transformationspfade planen. Gleichzeitig stellt EAM sicher, dass neue Automatisierungslösungen nicht isoliert entstehen, sondern in die bestehende Unternehmensarchitektur eingebettet werden, was Silos vermeidet und die Skalierbarkeit sowie Resilienz der Prozesslandschaft erhöht.

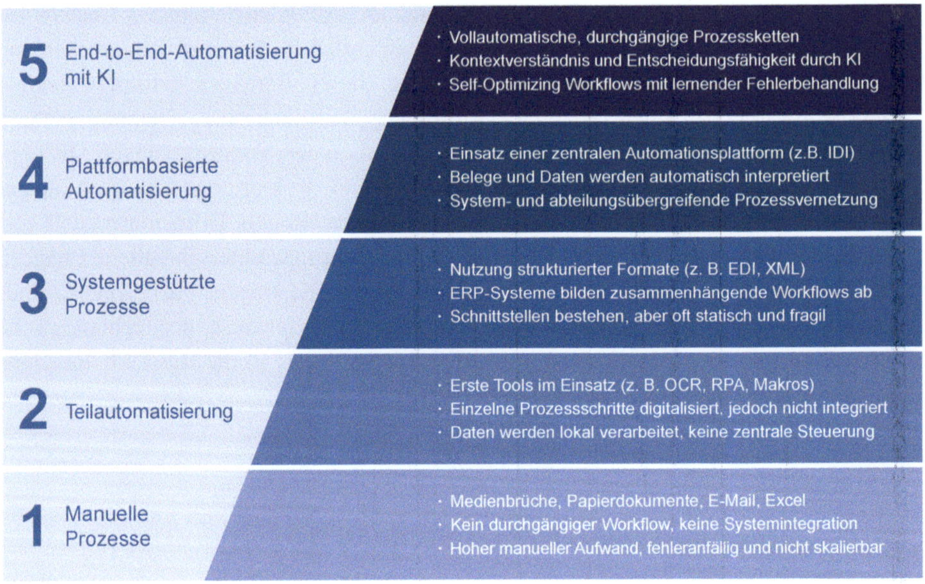

Abb. 3.1 Reifegradmodell End-to-End-Automatisierung

Das Reifegradmodell: In fünf Stufen zur intelligenten Prozesslandschaft

Das Modell unterteilt den Weg zur End-to-End-Automatisierung in fünf Stufen. Jede Stufe steht für eine charakteristische Ausprägung der Prozessautomatisierung und verweist auf typische Merkmale, Herausforderungen und Entwicklungspotenziale.

Stufe 1 – Manuelle Prozesse

- Medienbrüche, Papierdokumente, E-Mail, Excel
- Kein durchgängiger Workflow, keine Systemintegration
- Hoher manueller Aufwand, fehleranfällig und nicht skalierbar

Stufe 2 – Teilautomatisierung

- Erste Tools im Einsatz (z. B. OCR, RPA, Makros)
- Einzelne Prozessschritte digitalisiert, jedoch nicht integriert
- Daten werden lokal verarbeitet, keine zentrale Steuerung

Stufe 3 – Systemgestützte Prozesse

- Nutzung strukturierter Formate (z. B. EDI, XML)
- ERP-Systeme bilden zusammenhängende Workflows ab
- Schnittstellen bestehen, aber oft statisch und fragil

Stufe 4 – Plattformbasierte Automatisierung

- Einsatz einer zentralen Automationsplattform (z. B. IDI)
- Belege und Daten werden unabhängig vom Eingangskanal automatisch interpretiert
- System- und abteilungsübergreifende Prozessvernetzung

Stufe 5 – End-to-End-Automatisierung mit KI

- Vollautomatische, durchgängige Prozessketten
- Kontextverständnis und Entscheidungsfähigkeit durch KI
- Self-Optimizing Workflows mit lernender Fehlerbehandlung

Transformationspfade: Vom Ist- zum Zielbild

Die Weiterentwicklung im Reifegrad ist keine lineare Checkliste, sondern ein **strategischer Lernprozess**, der sowohl Technologie, Organisation als auch Kultur betrifft. Typische Transformationspfade können z. B. folgendermaßen aussehen:

- **Vom Medienbruch zur Systemintegration:** Digitalisierung von Eingangskanälen, Einführung einer zentralen Verarbeitungsplattform
- **Von Silos zur End-to-End-Verkettung:** Abteilungsübergreifende Prozessverantwortung, Workflow-Management
- **Von statisch zu adaptiv:** Einbindung kontextsensitiver Logiken, KI gestützte Verarbeitung
- **Vom Projekt zum Betrieb:** Aufbau eines Center of Excellence für Automation, Governance-Strukturen

Selbsteinschätzung: Wo steht Ihr Unternehmen?

Mithilfe des Reifegradmodells können Organisationen systematisch reflektieren:

- Welche Stufe am besten zum aktuellen Ist-Zustand passt
- Welche konkreten Hürden auf dem Weg zur nächsten Stufe bestehen
- Welche strategischen Weichenstellungen nötig sind, um Automatisierung ganzheitlich zu denken

Empfehlung: Ergänzen Sie diese Einschätzung idealerweise um eine **prozessbezogene Bewertung** (z. B. Bestellung, Rechnungseingang, Auftragsabwicklung), da Automatisierungsreife oft prozessspezifisch stark variiert.

▶ **Fazit** End-to-End-Automatisierung ist kein Sprint, sondern ein **kontinuierlicher Reifeprozess.** Entscheidend ist, realistisch zu starten, den eigenen Reifegrad ehrlich zu bewerten – und mit pragmatischen Schritten voranzugehen. Wer systematisch und plattformorientiert denkt, schafft nicht nur operative Effizienz, sondern die Basis für resiliente, zukunftsfähige Geschäftsmodelle.

Bonus
Checkliste oder Selbsteinschätzungsbogen siehe im Kap. 16 – Anhang:

→ Checkliste 1 – Modell zur Selbsteinschätzung (→ siehe Abschn. 16.1)
→ Checkliste 2 – Modell zum Handlungsbedarf (→ siehe Abschn. 16.2)

3.2 Ziel- und Zukunftsbilder: Berührungslose Prozesse, durchgängige Transparenz

Die Entwicklung einer End-to-End-Automatisierungsstrategie erfordert ein klares Ziel- und Zukunftsbild. Unternehmen stehen dabei vor der grundlegenden Frage: Geht es primär darum, die ***Vergangenheit besser zu machen,*** lediglich den Ist-Stand von Mitbewerbern zu erreichen – oder sollen Prozesse so gestaltet werden, dass sie ***künftige Anforderungen und Marktbedingungen optimal/besser abbilden?***

Klare Ziele und messbare Erfolgsgrößen sind hierbei entscheidend. Projekte ohne klar definierten Anwendungsfall oder quantifizierbare Zielgrößen scheitern regelmäßig.

Unrealistische Erwartungen, dass KI komplexe Probleme „auf Knopfdruck" löst, führen zu rascher Enttäuschung und abnehmender Unterstützung.

Die **Diskrepanz zwischen Erwartung und Realität** wird in der Literatur häufig als vermeidbarer Grund des Scheiterns beschrieben.

KI-Projekte sollten daher ein klar definiertes Geschäftsproblem adressieren, messbare Key Performance Indicators (z. B. Kostenersparnis, Umsatzsteigerung, Zeiteinsparung) aufweisen und idealerweise in einem schrittweisen Vorgehen über ein Minimum Viable Product (MVP) umgesetzt werden.

Ein Zukunftsbild ist mehr als nur eine technische Vision. Es beschreibt, wie sich die Organisation in einem neuen Ordnungsrahmen positioniert:

- Soll eine evolutionäre Optimierung erfolgen, die bestehende Abläufe schrittweise verbessert –
- oder wird ein radikaler Innovationspfad eingeschlagen, der auf einen Paradigmenwechsel hinausläuft?

Der Grad an Optimierung (Evolution) versus der Grad an Innovation (Revolution) ist damit eine zentrale strategische Weichenstellung.

Dabei stellt sich auch die Frage, wie disruptiv die Prozessgestaltung ausfallen darf oder soll. Unternehmen müssen klären, welche Voraussetzungen dafür geschaffen werden müssen – sowohl technologisch als auch organisatorisch. Noch entscheidender ist aber das „Warum“: Wozu und warum soll dieses Zielbild erreicht werden? Erst wenn das Zielbild mit einem klaren Nutzen verknüpft wird, kann es in der Organisation auch Akzeptanz und Antrieb entfalten.

Hilfreich ist es, Zukunftsbilder an drei Leitfragen auszurichten – **unter Einbeziehung realistischer Erwartungen an KI und Automatisierung:**

- **Was möchte ich gelöst haben?** Geht es um die Abbildung seltener „Exoten-Fälle“ oder um die Optimierung des Mainstreams, der das Gros der Prozesse prägt? Hierbei sollte berücksichtigt werden, welche Aufgaben KI realistisch leisten kann und wo menschliches Eingreifen weiterhin nötig ist.
- **Wie sieht mein Wunsch-Zustand aus?** Dies kann am besten durch eine iterative Vorgehensweise entwickelt werden, in der sich das Zukunftsbild Schritt für Schritt konkretisiert. Kleine, messbare Fortschritte helfen, Erwartungen zu steuern und frühe Erfolge sichtbar zu machen.
- **Wie komme ich zu diesem Zielbild?** Eine bewährte Methode ist es, eine „Zukunftsstory“ zu entwerfen, die allen Beteiligten ein greifbares Bild vermittelt, wie die Prozesse in einigen Jahren aussehen und funktionieren sollen – einschließlich der realistischen Grenzen von KI und Automatisierung.

So entsteht ein strategischer Orientierungsrahmen, der nicht nur technologische Möglichkeiten abbildet, sondern auch kulturelle, organisatorische und realistische Erwartungsaspekte integriert. Erst wenn die Zukunftsbilder berührungslose Prozesse, durchgängige Transparenz und realistische KI-Anwendungen konsequent mitdenken, können Unternehmen nachhaltige Wettbewerbsvorteile erzielen und gleichzeitig die Resilienz ihrer Prozesslandschaft stärken.

3.2.1 Wunschzustand: Exponentielle Automatisierung

Ein zentrales Zukunftsbild vieler Unternehmen ist die **exponentielle Automatisierung.** Darunter wird ein Organisationsdesign verstanden, das in der Lage ist, Automatisierungsmechanismen so skalierbar einzusetzen, dass auch bei stark wachsenden Geschäftsvolumina keine Engpässe in der Wertschöpfung entstehen. Ziel ist es, die Automatisierung nicht lediglich als punktuelle Effizienzsteigerung, sondern als ***Enabler für exponentielles Wachstum*** und nachhaltige Wettbewerbsvorteile zu begreifen.

In der Praxis zeigt sich jedoch, dass Organisationen auf **Skalierungsbarrieren** stoßen, sobald sie Automatisierung über Pilotprojekte hinaus in den produktiven End-to-End-Betrieb überführen. Diese Barrieren resultieren häufig aus:

a) **Medienbrüchen** zwischen digitalen und manuellen Prozessschritten, die zu Verzögerungen und Fehleranfälligkeiten führen,
b) **menschlichen Kapazitäts- und Arbeitspensumgrenzen,** die den Durchsatz limitieren und die Automatisierungspipeline verlangsamen,
c) sowie der Notwendigkeit, dass **Tools und Technologien kontinuierlich gewartet, trainiert und mit neuem Wissen versorgt werden müssen,** um leistungsfähig zu bleiben.

Ein illustratives Beispiel zeigt sich im Bereich elektronischer Datenaustauschsysteme (EDI). In einem Kundenprojekt konnte ein Modell entwickelt werden, das die Problematik verdeutlicht: Für die Anbindung neuer Geschäftskunden im EDI-Bereich waren in der Regel **1–3 Monate Projektlaufzeit** sowie die **Zuweisung eines IT-Spezialisten** erforderlich. Diese hohe Ressourcengebundenheit führte dazu, dass nur hochvolumige Verbindungen priorisiert wurden, während potenziell wertvolle, aber geringere Volumina erzeugende Verbindungen unbearbeitet blieben. Infolgedessen wurden die Wachstumschancen nicht ausgeschöpft und die **Skalierbarkeit der Automatisierung** signifikant eingeschränkt.

Die nachfolgende Abbildung (vgl. Abb. 3.2) illustriert dieses Phänomen:

Dieses Beispiel macht deutlich, dass exponentielle Automatisierung nicht allein eine technologische Frage ist, sondern auch eine **architekturelle und organisatorische Herausforderung.** Es gilt, Strukturen zu schaffen, die **automatisiertes Onboarding, flexible Datenintegration und adaptive Governance-Mechanismen** ermöglichen. Erst wenn Barrieren wie lange Projektlaufzeiten, Kapazitätsengpässe und manuelle Abhängigkeiten systematisch adressiert werden, kann sich der Wunschzustand einer exponentiellen Automatisierung realisieren.

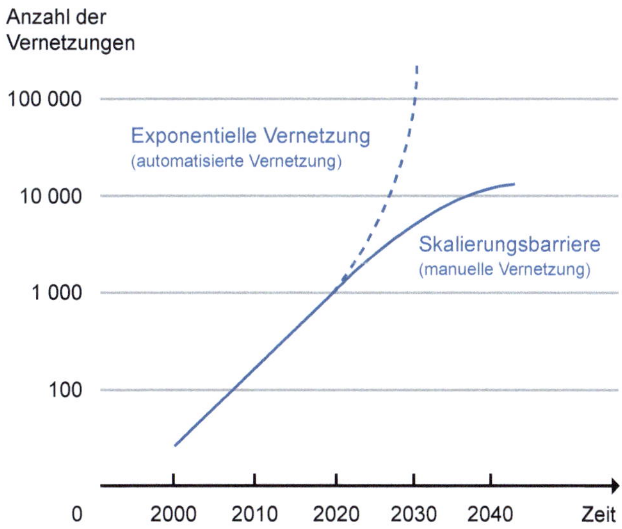

Abb. 3.2 Exponentielle Vernetzungsbarriere im EDI-Bereich

3.3 Organisationale Voraussetzungen, Change Management

Viele Unternehmen verfolgen das Ziel, durch Automatisierung effizienter zu werden und sich einen nachhaltigen Wettbewerbsvorteil zu sichern. Häufig ist dabei die Ambition, sich als **Leuchtturm-Projekt** in der eigenen Branche zu positionieren. Doch die Umsetzung solcher Ambitionen hängt weniger von der Verfügbarkeit technologischer Lösungen ab, sondern in hohem Maße von den **organisationalen Voraussetzungen** sowie der Fähigkeit, umfassende **Change-Management-Prozesse** erfolgreich zu gestalten.

Eine zentrale Fragestellung lautet daher: **Sind Organisationen tatsächlich bereit, Innovatoren zu sein?** Innovation im Kontext von Automatisierung und Künstlicher Intelligenz erfordert mehr als Investitionen in neue Technologien. Notwendig ist vor allem eine veränderte **Haltung:**

- die **Akzeptanz,** dass KI und Automatisierung völlig **neue Logiken im Prozess- und Entscheidungsdesign** erfordern,
- die **Bereitschaft,** neuartige **Verhaltensweisen und Vorgehensweisen** zu erlernen,
- sowie die Einsicht, dass die Einführung mit einem **holprigen und oftmals langwierigen Prozess** verbunden sein kann.

Die Dynamik im KI-Umfeld verdeutlicht die Herausforderung. Während das Internet rund zwei Jahrzehnte benötigte, um von einer experimentellen Technologie zu einer allgegenwärtigen Infrastruktur heranzureifen, vollzieht sich die Entwicklung bei KI inner-

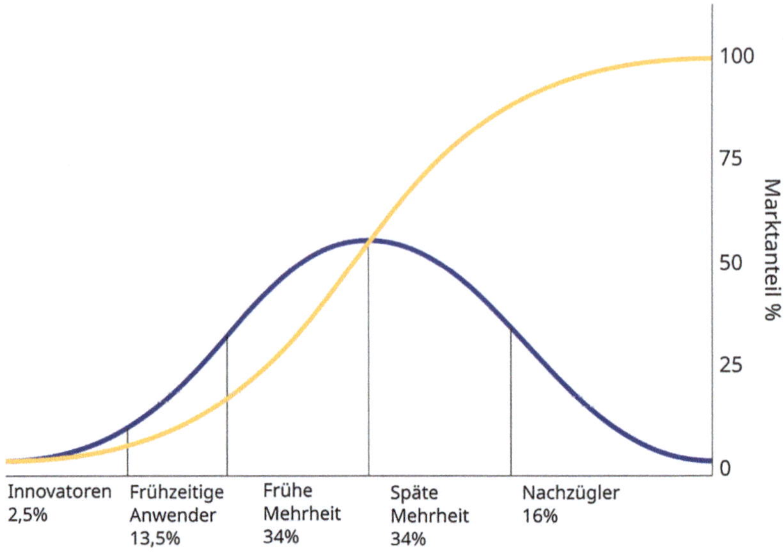

Abb. 3.3 Innovationszyklus nach Rogers (1962)

halb von **Jahreszyklen.** Fortschritte in der Modellarchitektur, Datenverfügbarkeit und Rechenleistung führen dazu, dass sich der Reifegrad relevanter Anwendungen in enormer Geschwindigkeit verschiebt. Unternehmen, die „abwarten, bis der Markt reif ist", laufen daher Gefahr, von dieser Entwicklung überholt zu werden. In disruptiven Innovationsumfeldern kann **Zögern selbst zum Risiko** werden.

Zur theoretischen Verortung eignet sich das Modell von **Rogers (1962):** zur *Diffusion of Innovations* (vgl. Abb. 3.3 und Tab. 3.1). Rogers unterscheidet zwischen unterschiedlichen Adopter-Gruppen – von den Innovatoren über Early Adopters bis hin zur späten Mehrheit und den Nachzüglern. Während sich bei klassischen Technologien ein Abwarten oftmals noch als strategisch sinnvoll erwies, ist bei hochdynamischen Technologien wie **KI die Gefahr groß,** dass Unternehmen **durch zu langes Zögern** strukturell **ins Hintertreffen geraten.**

Um dieser Dynamik gerecht zu werden, sind drei organisationale Voraussetzungen entscheidend:

- **Technologische Adaptionsfähigkeit**
  Organisationen benötigen flexible IT-Architekturen und Dateninfrastrukturen, die in der Lage sind, neue Automatisierungstechnologien schnell zu integrieren.
- **Kulturelle Offenheit und Lernfähigkeit**
  Mitarbeiter und Führungskräfte müssen bereit sein, neue Arbeitsweisen zu erproben und Fehler in frühen Phasen als Teil des Lernprozesses zu akzeptieren. Dies erfordert eine Unternehmenskultur, die **psychologische Sicherheit** bietet (vgl. Edmondson, 1999).

Tab. 3.1 Adopter-Gruppen nach Rogers im Kontext von Automatisierung und KI

Adopter-Gruppe	Charakteristika (allgemein nach Rogers)	Übertragung auf Automatisierung & KI	Chancen & Risiken
Innovatoren (ca. 2,5 %)	Hohe Risikobereitschaft, experimentierfreudig, Zugang zu Ressourcen	Pilotieren frühzeitig KI-basierte Automatisierung, investieren in experimentelle Tools und Prototypen	***Chancen:*** Technologieführerschaft, Aufbau von Know-how ***Risiken:*** Hohe Flop-Rate, Investitionsverluste bei unreifen Technologien
Early Adopters (ca. 13,5 %)	Meinungsführer, prägend für Diffusion, hohe Offenheit für Neuerungen	Setzen KI/Automatisierung in strategisch relevanten Prozessen ein, nutzen Leuchtturmprojekte für Branchenwirkung	***Chancen:*** Wettbewerbsvorsprung, Signalwirkung ***Risiken:*** Hohe Anpassungskosten, Unsicherheit bei Standards
Frühe Mehrheit (ca. 34 %)	Vorsichtig, aber offen, wenn Vorteile klar belegt sind	Einstieg, sobald „Best Practices" existieren, nutzen standardisierte KI-Tools (z. B. RPA, EDI-Automatisierung)	***Chancen:*** Geringeres Risiko, Anschluss an etablierte Standards. ***Risiken:*** Verpasste First-Mover-Vorteile
Späte Mehrheit (ca. 34 %)	Skeptisch, Anpassung aus Druck (Markt, Regulierung, Wettbewerb)	Einführung nur bei etablierten Tools, meist getrieben durch Kosten- oder Wettbewerbsdruck	***Chancen:*** Minimierte Risiken. ***Risiken:*** Strukturelle Wettbewerbsnachteile, geringere Margen
Nachzügler (ca. 16 %)	Stark traditionsgebunden, hoher Widerstand gegen Wandel	Zögern Automatisierung und KI-Einsatz bis zum letzten Moment, häufig erst bei regulatorischem Zwang	***Chancen:*** Minimale Fehlinvestitionen ***Risiken:*** Technologische Abkopplung, Verlust von Marktanteilen, Talentabwanderung

- **Strukturiertes Change Management**
  Der Übergang zu automatisierten und KI-getriebenen Prozessen lässt sich nicht allein technisch implementieren. Bewährte Change-Modelle – etwa das **Acht-Stufen-Modell von Kotter (1995)** oder das **Drei-Phasen-Modell von Lewin (1947)** – zeigen, dass ein systematisches Vorgehen notwendig ist: von der Dringlichkeitskommunikation über Pilotprojekte bis zur institutionellen Verankerung.

Die erfolgreiche Einführung von Automatisierung und KI ist somit nicht primär ein technisches, sondern ein **organisationstheoretisches und führungsbezogenes Problem.** Unternehmen, die in der Lage sind, Technologieadaption, kulturellen Wandel und Change Management miteinander zu verbinden, können den Sprung vom „Effizienzgewinner" zum **strategischen Innovator** schaffen.

Teil II
Prozesse und Automatisierungspotenziale

Kap. 4: Prozesslandkarte & Priorisierung 4

Zusammenfassung

Kap. 4 beschreibt, wie Unternehmen durch Geschäftsprozessmanagement (BPM), Prozesslandkarten und strukturierte Priorisierung Automatisierungspotenziale identifizieren und nachhaltig umsetzen können. BPM schafft Transparenz, dokumentiert Abhängigkeiten und etabliert Standards – die Grundlage für Automatisierung und kontinuierliche Verbesserung. Prozesslandkarten visualisieren Kern-, Support- und Managementprozesse, zeigen Schnittstellen sowie Medienbrüche auf und dienen als Navigationsinstrument für Optimierung. Eine strukturierte Priorisierung erfolgt anhand von Kriterien wie Prozessvolumen, Wiederholbarkeit, Fehleranfälligkeit, Schnittstellenkomplexität und Business Impact. Heatmaps oder Symbolindikatoren erleichtern die Bewertung. Entscheidend ist die Differenzierung zwischen Standardfällen (vollständig automatisierbar), Variantenfällen (KI-gestützte Unterstützung) und Exotenfällen (manuelle Bearbeitung mit Assistenz). Dieses Vorgehen optimiert den Automatisierungsgrad, senkt Risiken und schafft Transparenz. Darüber hinaus wird die wirtschaftliche Perspektive adressiert: Effizienzsteigerungen entstehen durch Zeitersparnis, Fehlerreduktion, Ressourcenschonung und Skalierbarkeit. ROI-Prognosen kombinieren direkte und indirekte Einsparungen mit Investitionskosten und Amortisationszeit. Methoden wie Business-Case-Modellierung, Szenarioanalysen und Benchmarks liefern belastbare Entscheidungsgrundlagen. Die Nutzen-Aufwand-Matrix unterstützt die Fokussierung: Quick Wins für schnelle Erfolge, strategische Großprojekte für nachhaltige Transformation und die bewusste Vermeidung von Prozessen mit ungünstigem Aufwand-Nutzen-Verhältnis. Fazit: Prozesslandkarte und Priorisierung sind zentrale Hebel, um Automatisierung wirtschaftlich tragfähig, transparent und skalierbar zu gestalten.

P. Futterknecht, *Hyperautomation – Der letzte Schritt vor der intelligenten Organisation*, https://doi.org/10.1007/978-3-658-50441-0_4

4.1 Geschäftsprozessmanagement (BPM) als Grundlage der Automatisierung

Bevor Automatisierungspotenziale erschlossen werden, müssen Prozesse systematisch verstanden und strukturiert werden. **Geschäftsprozessmanagement (BPM)** bietet die Methodik, Prozesse zu modellieren, zu analysieren und kontinuierlich zu optimieren.

Es gibt unzählige Literaturquellen und Fachwissen zu diesem Thema; wir gehen hier lediglich ***exemplarisch*** darauf ein. Der Ansatz des BPM ist dabei besonders entscheidend, da er Transparenz schafft und die Grundlage bildet, um Prozesse gezielt zu verbessern und Automatisierung nachhaltig umzusetzen.

BPM unterstützt dabei:

- **Prozesssichtbarkeit:** Alle Kern- und Supportprozesse, Schnittstellen und Abhängigkeiten werden klar dokumentiert.
- **Standardisierung:** Wiederkehrende Prozessmuster werden identifiziert – eine entscheidende Voraussetzung für Automatisierung.
- **Priorisierung:** Prozesse können nach Volumen, Wiederholbarkeit, Fehleranfälligkeit und Medienbrüchen bewertet werden.
- **Kontinuierliche Verbesserung:** KPI-basierte Feedbackschleifen ermöglichen iterative Optimierung, die Grundlage für skalierbare End-to-End-Automatisierung ist.

Die Einbindung von BPM stellt sicher, dass Workflows **unternehmensweit konsistent, nachvollziehbar und resilient** gestaltet werden und Automatisierung nicht punktuell, sondern nachhaltig erfolgt.

4.2 Prozesslandkarte: Überblick über die Unternehmensprozesse

Eine **Prozesslandkarte** visualisiert alle relevanten Abläufe des Unternehmens und schafft die Grundlage für die Priorisierung und Optimierung. Sie unterscheidet typischerweise:

- **Kernprozesse:** Wertschöpfende Prozesse, z. B. Auftragsabwicklung, Produktion, Kundenservice.
- **Supportprozesse:** Unterstützende Prozesse wie HR, IT, Controlling.
- **Managementprozesse:** Planung, Steuerung und Monitoring der Geschäftsaktivitäten.

Die Prozesslandkarte (vgl. Abb. 4.1) dient als **visuelles Navigationsinstrument,** um Zusammenhänge zwischen Prozessen, Systemen und Abteilungen zu erkennen. Sie erleichtert das Erkennen von **Medienbrüchen, Doppelarbeiten und ineffizienten Schnittstellen,** die besonders für Automatisierung relevant sind.

Abb. 4.1 Beispiel einer abstrakten Prozesslandkarte, Vulder (2025)

Praxistipp zur Darstellung der Prozesslandkarte (vereinfachte abstrakte Darstellung)

Ebenen:

- **Kernprozesse:** zentral im oberen Bereich (z. B. Auftragsabwicklung, Rechnungswesen, Kundenservice)
- **Supportprozesse:** seitlich oder darunter (HR, IT, Controlling)
- **Managementprozesse:** oben oder als überlagernde Ebene, verbunden mit Kern- und Supportprozessen

Verbindungen: Pfeile zeigen Input/Output-Beziehungen, Schnittstellen und Medienbrüche

Farbcodierung:

- Kernprozesse = Blau/Organe
- Support-/Unterstützunsprozesse = Hellblau/Hell
- Managementprozesse = Schwarz/Dunkel
- Medienbrüche oder manuelle Übergaben = Rot

4.3 Priorisierung von Automatisierungspotenzialen

Nicht jeder Prozess eignet sich gleich gut für Automatisierung. Eine strukturierte Priorisierung hilft, die **maximale Wirkung bei minimalem Aufwand** zu erzielen. Typische Kriterien sind:

- **Prozessvolumen:** Häufig ausgeführte Prozesse bieten das größte Einsparpotenzial.
- **Wiederholbarkeit und Standardisierung:** Routineprozesse lassen sich leichter automatisieren als stark variable Abläufe.

- **Medienbrüche und Schnittstellen:** Prozesse mit vielen manuellen Übergaben sind prädestiniert für digitale Workflows.
- **Fehleranfälligkeit:** Prozesse mit hoher Fehlerquote oder Compliance-Risiken profitieren besonders von Automatisierung.
- **Business Impact:** Strategisch wichtige Prozesse sichern Wettbewerbsvorteile oder Kundenzufriedenheit.

▶ Wichtiger Hinweis: Selbst technisch funktionierende KI-Systeme liefern keinen Mehrwert, wenn sie auf nicht-kritische oder ineffiziente Prozesse angewendet werden. Studien des MIT zeigen, dass über ***die Hälfte der KI-Budgets in Initiativen ohne signifikanten ROI fließt.*** Ein klarer Fokus auf „Low-Hanging-Fruits" – etwa die Automatisierung repetitiver Prozesse im Kundenservice – erhöht die Erfolgschancen deutlich.

Methodischer Ansatz:

- Prozesse gemäß BPM-Modell erfassen und klassifizieren.
- Kriterien für Automatisierungspotenzial bewerten (z. B. Punkteskala 1–5).
- Prozesse priorisieren und in **Pilotprojekte** für End-to-End-Automatisierung überführen.

Durch diesen strukturierten Ansatz wird sichergestellt, dass Automatisierung **nicht willkürlich,** sondern entlang klar definierter **strategischer und operativer Kriterien** umgesetzt wird.

Praxistipp zur Darstellung der Priorisierung für Automatisierung

- **Darstellung:** Heatmap oder Symbolindikatoren über der Prozesslandkarte
- **Kriterienvisualisierung:**
  a) **Größe der Prozessbox:** Prozessvolumen/Häufigkeit
  b) **Farbintensität:** Automatisierungspotenzial (hell = niedrig, dunkel = hoch)
  c) Icons/Symbole (Beispiel):
    i. ⚡ = hohe Fehleranfälligkeit
    ii. 🔄 = hohe Wiederholbarkeit
    iii. 🔗 = viele Schnittstellen/Medienbrüche

4.4 Differenzierung von Standard-, Varianten- und Exotenfällen

Bevor Automatisierungspotenziale umgesetzt werden können, reicht die bloße Identifikation geeigneter Prozesse nicht aus. Entscheidend ist, die einzelnen Prozessabläufe detailliert zu analysieren und zu differenzieren, um festzustellen, welche Fälle vollständig automatisiert werden können, welche intelligent unterstützt werden sollten und welche

Abb. 4.2 Differenzierung von Standard-, Varianten- und Exotenfällen in der Prozessautomatisierung

weiterhin manuell bearbeitet werden müssen. Diese Differenzierung (vgl. Abb. 4.2) bildet die Grundlage für eine nachhaltige, skalierbare und risikoarme Automatisierung.

Klassifizierung der Prozessfälle

- **Standardfälle:**
  Standardfälle sind wiederkehrende, stark strukturierte Abläufe mit hoher Prozessstabilität und geringem Abweichungspotenzial. Diese Prozesse können in der Regel vollständig durch bestehende Automatisierungstechnologien wie klassische RPA, EDI, IDP, etc. abgebildet werden. Beispiele sind standardisierte Rechnungsfreigaben oder routinemäßige Dateneingaben.
- **Variantenfälle**
  Variantenfälle zeichnen sich durch moderate Abweichungen vom Standard aus, verursacht z. B. durch unterschiedliche Datenformate, Medienbrüche oder individuelle Kundenanforderungen. Sie erfordern intelligente Automatisierungstechnologien wie KI, Machine Learning oder Natural Language Processing, um die Variabilität effizient zu verarbeiten. Ziel ist es, den manuellen Aufwand so weit wie möglich zu reduzieren, ohne die Qualität zu gefährden.
- **Exoten/Ausnahmen:**
  Exoten sind seltene, hochkomplexe oder stark individuelle Prozessfälle, die derzeit unwirtschaftlich automatisierbar sind. Für diese Fälle bleibt die manuelle Bearbeitung notwendig, idealerweise unterstützt durch Assisted Automation oder Entscheidungsvorlagen, um den Aufwand zu minimieren und Fehler zu vermeiden.

Methodik zur Differenzierung

Die Analyse erfolgt in mehreren Schritten:

- **Prozessvariantenanalyse:** Alle Abläufe eines Prozesses werden identifiziert und dokumentiert.
- **Frequenz- und Impact-Bewertung:** Standardfälle, Varianten und Exoten werden quantitativ bewertet, z. B. nach Volumen, Häufigkeit und Fehleranfälligkeit.

- **Technologiezuordnung:** Für jede Kategorie wird die geeignete Automatisierungstechnologie definiert: klassische RPA für Standardfälle, KI-basierte Lösungen für Varianten, manuelle Bearbeitung für Exoten.
- **Datendifferenzierung:** Eine Unterscheidung erfolgt zum einen nach der Art der Daten (strukturierte vs. unstrukturierte Daten) und zum anderen nach der Art ihrer Übergabe (z. B. Eingabemaske, Schnittstelle, manuelle Eingabe, Fließtext, E-Mail etc.).

Vorteile der differenzierten Betrachtung

- **Optimale Automatisierungsquote:** Ressourcen werden gezielt dort eingesetzt, wo sie den größten Nutzen bringen.
- **Minimierung von Risiken:** Prozesse werden nicht überfordert, Qualität und Compliance bleiben gewährleistet.
- **Transparenz und Resilienz:** Die gesamte Prozesslandschaft wird nachvollziehbar, Standard- und Ausnahmeszenarien werden klar definiert.

Die klare Trennung in Standard-, Varianten- und Exotenfälle ist somit ein zentraler Schritt, um Automatisierung effizient, nachhaltig und skalierbar zu gestalten.

Praxisbeispiel: Dokumenteneingangsverarbeitung

In der Dokumenteneingangsverarbeitung wurde ein Modell (vgl. Abb. 4.3) entwickelt, das verschiedene Bereiche mit ihren jeweiligen Dateneingangskanälen, die Abgrenzung der Datenbereiche sowie die jeweiligen Volumina darstellt.

Bei der Analyse zeigte sich, dass insbesondere die zentrale Lücke in der **manuellen Belegverarbeitung** – insbesondere bei Papier- und PDF-Belegen, die per E-Mail eingehen – ein erhebliches, bislang ungenutztes Automatisierungspotenzial birgt. Für diesen Bereich bietet die aktuell eingesetzte EDI-Technologie (links im Schaubild dargestellt) keine Lösung. ◄

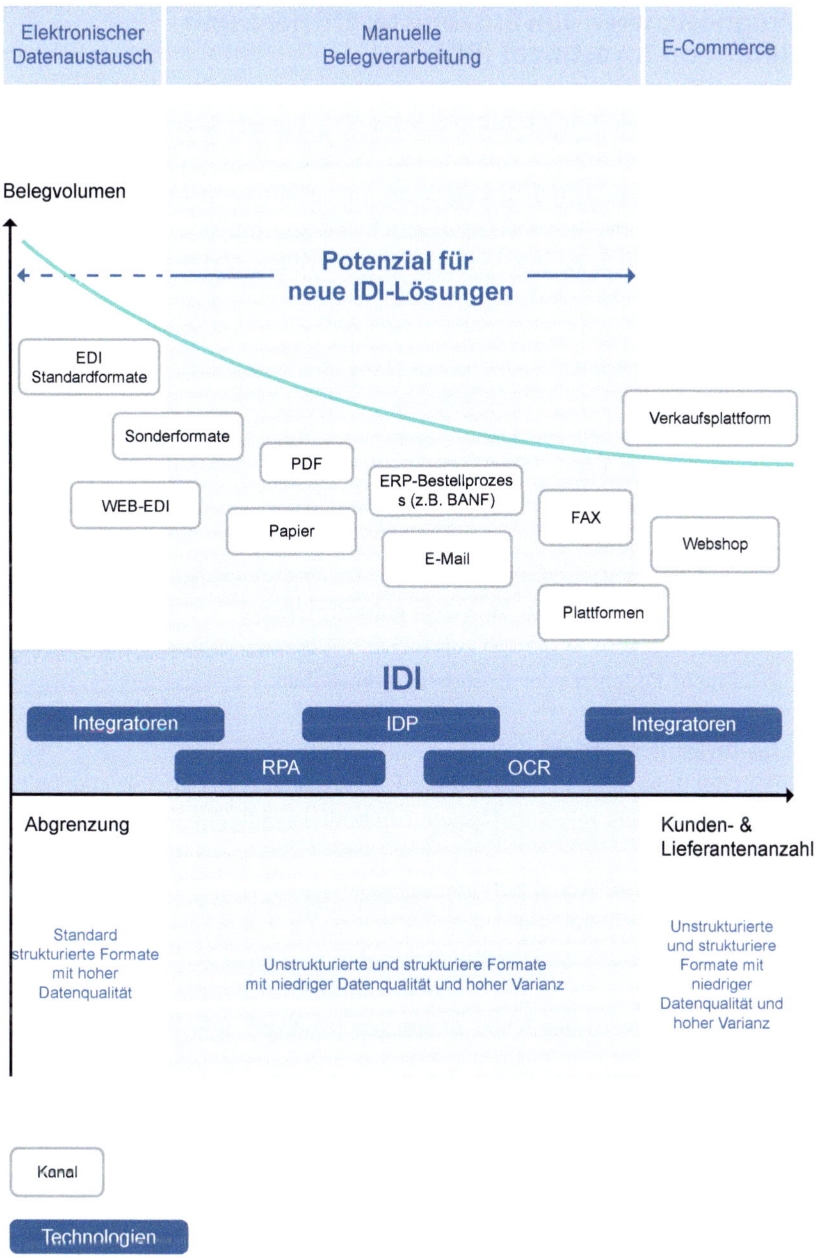

Abb. 4.3 Identifikation des Automatisierungspotential in einem Modell

4.5 Prognostizieren von Ergebnisse: Effizienz und Return-on-Investment (ROI)

Die Bewertung und Priorisierung von Automatisierungsinitiativen erfordert nicht nur eine Analyse der bestehenden Prozesse, sondern auch eine belastbare Prognose ihrer Wirkung. Dabei stehen insbesondere **Effizienzsteigerung** und **Return-on-Investment (ROI)** im Mittelpunkt. Ziel ist es, eine faktenbasierte Entscheidungsgrundlage zu schaffen, um Ressourcen gezielt auf die Prozesse mit dem höchsten Nutzenpotenzial zu lenken.

1. Effizienzsteigerung
Die Effizienzgewinne lassen sich in mehreren Dimensionen messen:

- **Zeitersparnis:** Automatisierte Abläufe reduzieren die Durchlaufzeiten und erhöhen die Prozessgeschwindigkeit.
- **Qualität & Fehlerreduktion:** Standardisierte Prozesse verringern manuelle Eingriffe und senken die Fehlerquote.
- **Ressourcenoptimierung:** Mitarbeiter werden von repetitiven Tätigkeiten entlastet und können sich auf wertschöpfende Aufgaben konzentrieren.
- **Skalierbarkeit:** Prozesse lassen sich einfacher auf höhere Volumina übertragen, ohne proportional mehr Personal oder Kosten zu verursachen.

2. Return-on-Investment (ROI)
Der ROI bildet die finanzielle Perspektive der Effizienzsteigerung ab. Für eine belastbare Prognose empfiehlt es sich, folgende Faktoren zu berücksichtigen:

- **Direkte Einsparungen:** Reduktion von Personalkosten, geringerer Aufwand für Korrekturen und Nachbearbeitungen.
- **Indirekte Einsparungen:** Bessere Kundenerfahrung, höhere Mitarbeiterzufriedenheit, kürzere Reaktionszeiten am Markt, Unterstützungsprozesse nicht mehr notwendig;
- **Investitionskosten:** Aufwendungen für Softwarelizenzen, Integration, Schulung und laufenden Betrieb.
- **Amortisationszeit:** Zeitraum, bis sich die Investition durch Einsparungen und Produktivitätsgewinne refinanziert hat.

3. Prognosemethoden
Um den ROI realistisch einzuschätzen, können verschiedene Methoden herangezogen werden:

- **Business-Case-Modellierung:** Vergleich von Ist- und Soll-Prozesskosten.
- **Szenarioanalysen:** Darstellung von Best-, Realistic- und Worst-Case-Auswirkungen.
- **KPIs und Benchmarks:** Nutzung branchenspezifischer Referenzwerte, um Annahmen zu validieren.

Abb. 4.4 Einteilung von Automationspotentialen in Nutzen- und Aufwand-Quadranten

4. Handlungsempfehlung
Unternehmen sollten Effizienz- und ROI-Prognosen frühzeitig in die Prozesslandkarte integrieren. Dadurch wird die Priorisierung objektiver und ermöglicht eine klare Fokussierung auf die „Quick-Wins" mit schneller Amortisation sowie auf strategisch bedeutsame Prozesse mit hohem Transformationspotenzial.

Die Einordnung von Prozessen in die Nutzen-Aufwand-Matrix (vgl. Abb. 4.4) liefert wertvolle Hinweise für die Umsetzung:

- **Quick Wins (hoher Nutzen, geringer Aufwand):** Diese Prozesse sollten bevorzugt umgesetzt werden, da sie mit ***geringem Ressourceneinsatz signifikante Effizienzgewinne*** bringen. Sie eignen sich, um schnelle Ergebnisse sichtbar zu machen und Akzeptanz im Unternehmen zu schaffen.
- **Strategisch wichtige Transformationsprojekte (hoher Nutzen, hoher Aufwand):** Diese Vorhaben sind für die ***langfristige Wettbewerbsfähigkeit*** entscheidend. Sie erfordern sorgfältige Planung, Pilotierung und Etappenumsetzung, entfalten jedoch nachhaltige Wirkung.
- **Geringer Mehrwert (geringer Nutzen, geringer Aufwand):** Diese Prozesse können als Ergänzung umgesetzt werden, wenn Kapazitäten vorhanden sind oder ein Lerneffekt für spätere, komplexere Vorhaben erzielt werden soll.
- **Vermeiden (geringer Nutzen, hoher Aufwand):** Prozesse in diesem Quadranten sollten nicht priorisiert werden, da Aufwand und Nutzen in keinem wirtschaftlich sinnvollen Verhältnis stehen – Ausnahmen bilden regulatorische oder strategische Zwänge.

> **Fazit** Die systematische Prognose von Effizienz und ROI ist ein entscheidender Schritt, um Automatisierungsprojekte nicht nur nach technischen, sondern auch nach wirtschaftlichen Kriterien zu bewerten. Sie schafft Transparenz über Nutzen und Risiken und stellt sicher, dass Investitionen zielgerichtet und nachhaltig wirken.

Kap. 5: Dokumentenbasierte Workflows automatisieren

5

Zusammenfassung

Kap. 5 zeigt, warum dokumentenbasierte Workflows der unterschätzte Hebel der Automatisierung sind: Weltweit werden weiterhin Milliarden Belege manuell von „quasi-digitalen" Formaten wie PDF in ERP-Systeme übertragen – mit hohem Zeit-, Fehler- und Kostenaufwand. Der dokumentierte End-to-End-Prozess gliedert sich in fünf Phasen: (1) **Klassifikation** identifiziert relevante Vorgänge und Fundstellen (Mailtext vs. Anhang). (2) **Extraktion** liest heterogene Formate (PDF, EDI, Office, CSV) und überführt Inhalte in strukturierte Daten. (3) **Validierung** prüft Plausibilitäten (Summen, Steuern, Adressen). (4) **Kontextualisierung/Anreicherung** ergänzt fehlende Informationen aus Stammdaten, Knowledge Graphs oder Retrieval-Methoden. (5) **Integration** übergibt robust an ERP/Workflows unter Beachtung domänenspezifischer Regeln. Entlang der Kette kommen spezialisierte Technologien zum Einsatz: NLP/ML für Klassifikation, OCR und layoutbewusste Modelle für Extraktion, Rule Engines und Anomalieerkennung für Validierung, MDM/Knowledge Graphs und RAG für Anreicherung, sowie APIs, ETL/iPaaS und Workflow-Engines für die Integration. **Kernthese:** Nicht einzelne Tools, sondern deren **Orchestration** stiftet Wert—durch Sequenzierung, Fehler-/Ausnahmehandling, Skalierbarkeit und Resilienz. Für Steuerung und ROI sind klare **Erfolgsmetriken** notwendig: Durchlaufzeit, Fehlerquote, Personaleinsatz (FTE) und Kostenersparnis. So wird aus der „unscheinbaren" Dokumentenverarbeitung ein zentraler Startpunkt der Hyperautomatisierung mit messbarem Business Impact.

P. Futterknecht, *Hyperautomation – Der letzte Schritt vor der intelligenten Organisation*, https://doi.org/10.1007/978-3-658-50441-0_5

5.1 Dokumentenverarbeitung – das unscheinbare Schwergewicht

Stellen Sie sich ein Großraumbüro in Bangalore vor: Dutzende Menschen sitzen nebeneinander, jeder mit zwei Bildschirmen vor sich. Links ist ein PDF geöffnet – vielleicht ein Lieferschein, eine Tankquittung oder eine Versicherungsmeldung. Rechts leuchtet die altbekannte SAP-Maske. Stunde um Stunde tippen die Mitarbeiter dieselben Daten von links nach rechts ab, Beleg für Beleg, Tag für Tag.

So unspektakulär diese Tätigkeit wirkt, so gewaltig ist ihr Umfang. Weltweit verbringen Millionen Sachbearbeiter genau mit dieser Art von Dokumentenverarbeitung ihre Arbeitszeit. Sie übertragen Informationen aus quasi-digitalen Formaten wie PDF-Dateien in die eigentlichen Unternehmenssysteme. Ein Prozess, der monoton erscheint, aber global gesehen enorme Ressourcen bindet.

Eine Untersuchung **eines deutschen KI-Softwareunternehmens** verdeutlicht die Dimension: Noch immer werden jedes Jahr rund **1200 Mrd. Belege** manuell verarbeitet – allein in Europa etwa **64 Mrd.** (vgl. Abb. 5.1).

Und es handelt sich dabei nicht um exotische Spezialdokumente, sondern um Belege aus dem täglichen Leben: Tankstellenquittungen, Lieferscheine, Produktionsnachweise, Versicherungs-Schadensmeldungen oder medizinische Anforderungsformulare. Dokumente, die eigentlich längst in der digitalen Welt zuhause sein sollten – und doch von unzähligen Menschen noch manuell übertragen werden.

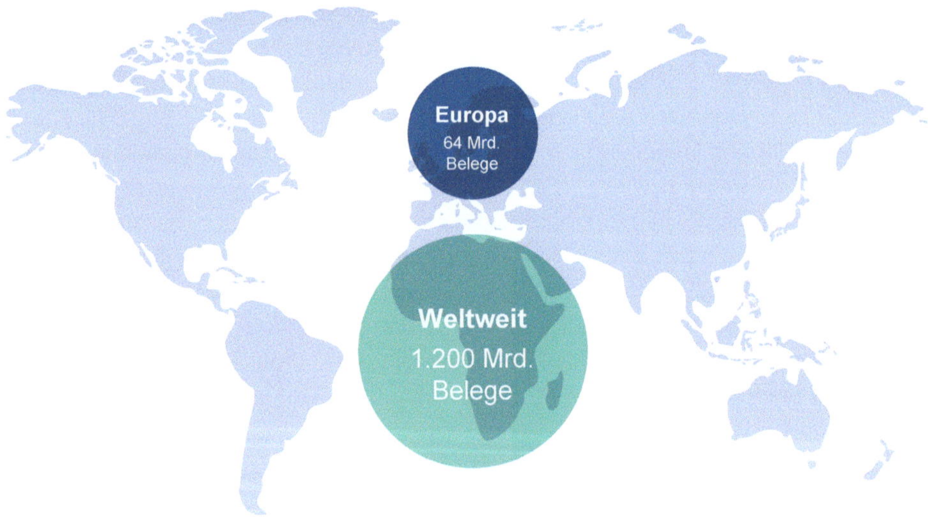

Abb. 5.1 Weltweit geschätzte Beleganzahl, die pro Jahr manuell verarbeitet wird (H&F 2025)

Genau hier liegt der Aha-Moment: Was von außen wie eine langweilige Randaufgabe wirkt, ist in Wahrheit einer der größten Hebel für Prozessautomation. Wer Dokumentenverarbeitung automatisiert, befreit Millionen Arbeitsstunden, reduziert Fehler und beschleunigt ganze Wertschöpfungsketten. Anders gesagt: Die „unscheinbare" Dokumentenverarbeitung ist der unsichtbare Gigant – und einer der entscheidenden Startpunkte für Hyperautomation.

5.2 Deep Dive in die Prozessschritte

In diesem Kapitel werfen wir einen genaueren Blick auf die typischen Verarbeitungsschritte eines KI-gestützten Dokumentenprozesses. Dazu zerlegen wir einen klassischen Anwendungsfall – den Eingang einer Bestellung in Form eines PDF-Dokuments – in seine wesentlichen Phasen.

1. Klassifikation – „Worum geht es überhaupt?"
Stellen wir uns vor: Eine neue E-Mail trifft im Postfach ein. Die erste Herausforderung besteht darin zu erkennen, ob es sich um einen Bestellvorgang handelt – oder um eine ganz andere Art von Nachricht, die für diesen Prozess nicht relevant ist.

Diese scheinbar triviale Entscheidung ist bereits komplex. Denn eine Bestellung kann direkt im E-Mail-Text formuliert sein („Bitte liefern Sie…") oder als PDF-Anlage beiliegen. Die Software muss also nicht nur erkennen *dass* es sich um eine Bestellung handelt, sondern auch *wo* sich die relevanten Daten befinden – und gleichzeitig unwichtige Inhalte herausfiltern.

2. Extraktion – „Wo stehen die Daten?"
Sobald die Klassifikation erfolgt ist, beginnt die eigentliche Extraktion. Hier kommt die Vielfalt ins Spiel: Fließtexte, PDFs, Word-Dokumente, Excel-Tabellen, CSV-Dateien oder sogar EDI-Formate – jedes davon in unzähligen Varianten und Sprachfassungen.

Die KI muss diese Formate lesen, ihre Syntax und Semantik korrekt interpretieren und die relevanten Informationen herausziehen. Nur wenn dies gelingt, kann ein konsistentes semantisches Verständnis der Inhalte entstehen.

3. Validierung – „Sind die Daten korrekt?"
Mit der reinen Extraktion ist es nicht getan. Die erfassten Daten müssen überprüft werden:

- Stimmen Summen und Steuersätze?
- Wurden Empfänger- und Rechnungsadresse korrekt zugeordnet?
- Hat der Absender möglicherweise fehlerhafte oder unvollständige Angaben gemacht?

Die Validierung sorgt dafür, dass fehlerhafte Daten nicht ungeprüft ins Zielsystem gelangen.

4. Kontextualisierung und Anreicherung – „Was fehlt noch?“
Häufig sind Bestellungen unvollständig. Nehmen wir das Beispiel eines Außendienstlers, der an den Innendienst schreibt:

> „Bitte 1 × Akkuschrauber 24 V Bosch für die Firma Mustermann GmbH, München.“

Für den Menschen reicht diese Information oft aus – er weiß, welcher Artikel gemeint ist, findet die Kundennummer heraus und ergänzt die fehlenden Details. Eine Softwarelösung muss dasselbe leisten: Sie muss Zusammenhänge erkennen, fehlende Daten herleiten und die Bestellung automatisch anreichern.

5. Integration – „Wie kommt es ins Zielsystem?“
Sind die Daten vollständig, müssen sie ins ERP- oder Zielsystem übertragen werden. Hier beginnt die nächste Hürde:

- Jedes Zielsystem kennt eigene Restriktionen und Ablehnungsregeln (z. B. „Preis darf nicht vom Angebot abweichen“).
- Standard-Transformationen sind oft definiert, doch der Umgang mit individuellen Besonderheiten erfordert spezielle Logik oder Nachlernen.
- Wird eine Restriktion verletzt, muss der Prozess damit umgehen können – andernfalls stoppt die Verarbeitung.

> ▶ **Fazit – Komplexität und Resilienz** Das Beispiel einer einzigen Bestellung zeigt bereits, wie viele Variationen und Sonderfälle auftreten können. Hinter jedem Schritt verbergen sich tausende, ja Millionen mögliche Prozessindividualitäten

5.3 Technologien und Orchestration– das Zusammenspiel als Schlüssel

Nachdem wir den Ablauf eines typischen Dokumentenverarbeitungsprozesses im Detail betrachtet haben, stellt sich die Frage: **Welche Technologien stecken eigentlich dahinter – und warum reicht es nicht aus, nur einzelne Tools einzusetzen?**

5.3.1 Technologien entlang der Prozesskette

Jeder Verarbeitungsbaustein benötigt spezialisierte Technologien:

Klassifikation
- Natural Language Processing (NLP) zur inhaltlichen Analyse von E-Mails und Dokumenten

- Machine-Learning-Modelle zur Erkennung von Dokumentarten (z. B. Bestellung vs. Rechnung vs. allgemeine Anfrage)
- E-Mail-Parsing-Engines zur technischen Trennung von Textkörper, Anhängen und Metadaten

Extraktion
- Optical Character Recognition (OCR) für gescannte oder schlecht strukturierte Dokumente
- KI-basierte Dokumentenextraktion (z. B. Transformer-Modelle für PDF-Layouts, Tabellen oder Handschrift)
- Format-Parser für strukturierte Datenquellen wie XML, CSV oder EDI

Validierung
- Regel-Engines zur Prüfung von Plausibilitäten (Summen, Adressen, Steuersätze)
- Business-Logik-Systeme (z. B. Rule-Based Engines oder Decision-Model-Notation-Systeme)
- KI-gestützte Anomalie-Erkennung für Auffälligkeiten in großen Datenmengen

Kontextualisierung & Anreicherung
- >Knowledge Graphs und Master-Data-Management-Systeme zur Identifizierung von Kunden, Artikeln oder Stammdaten
- >Semantic Search & Retrieval-Augmented Generation (RAG), um fehlende Details aus Unternehmenswissen oder externen Quellen nachzuziehen
- >Machine Learning zur Mustererkennung (z. B. welche Bestellung gehört zu welchem Kundenprofil)

Integration
- API-Gateways für den standardisierten Datenaustausch
- ETL- und iPaaS-Plattformen (Extract, Transform, Load/Integration Platform as a Service)
- Workflow-Engines, die Fehlerhandling, Retry-Mechanismen und Ausnahmebehandlungen steuern

5.3.2 Warum Orchestration unverzichtbar ist

So beeindruckend jede dieser Technologien für sich genommen ist – **die eigentliche Herausforderung liegt im Zusammenspiel.**

- Heterogenität: Unterschiedliche Technologien (OCR, NLP, API) müssen koordiniert zusammenarbeiten.
- Sequenz & Logik: Es reicht nicht, Daten zu extrahieren – sie müssen in der richtigen Reihenfolge verarbeitet und mit den richtigen Regeln angereichert werden.

- Fehler- und Ausnahmehandling: Sobald eine Restriktion verletzt wird, darf der Prozess nicht „abstürzen". Orchestration sorgt dafür, dass alternative Pfade eingeschlagen oder menschliche Mitarbeiter eingebunden werden.
- Skalierbarkeit: Milliarden Belege pro Jahr lassen sich nur bewältigen, wenn die Prozesskette automatisiert und orchestriert ist.
- Resilienz: Erst die Orchestrierung schafft die Fähigkeit, mit Abweichungen, Sonderfällen und Systemfehlern robust umzugehen.

Man könnte sagen: **Die Technologien sind die einzelnen Musiker – die Orchestration ist der Dirigent.** Erst wenn beides zusammenspielt, entsteht ein funktionierendes Orchester, das komplexe Dokumentenprozesse zuverlässig ausführt.

5.3.3 Der Blick nach vorne

Die nächste Stufe – Hyperautomation – baut genau auf dieser Erkenntnis auf:

Nicht die isolierte Technologie ist entscheidend, sondern die Fähigkeit, komplexe Technologie-Stacks nahtlos zu verbinden, zu steuern und an neue Variabilitäten anzupassen.

5.4 Erfolgsmetriken: Durchlaufzeit, Fehlerquote, Personaleinsatz, Kosten-Einsparungen

Automatisierung dokumentenbasierter Workflows ist nur dann nachhaltig erfolgreich, wenn ihre Wirkung messbar ist. Genau hier kommen klare Erfolgsmetriken ins Spiel: Sie machen den Fortschritt sichtbar, schaffen Transparenz gegenüber Stakeholdern und liefern die Grundlage für Investitionsentscheidungen.

- Durchlaufzeit: Einer der offensichtlichsten Effekte ist die Verkürzung der Bearbeitungszeit. Was zuvor Stunden oder Tage zwischen Eingang eines Dokuments und dessen Verarbeitung in ERP-Systemen beanspruchte, lässt sich in Minuten oder sogar Sekunden abwickeln. Kürzere Durchlaufzeiten wirken sich direkt auf die Geschwindigkeit ganzer Wertschöpfungsketten aus – vom Bestellwesen bis zur Schadensregulierung.
- Fehlerquote: Menschliche Datenerfassung ist fehleranfällig – Zahlendreher, unvollständige Eingaben oder falsche Feldzuordnungen summieren sich über Millionen Belege. Automatisierte Systeme reduzieren diese Quote drastisch, indem sie systematisch Validierungen und Plausibilitätsprüfungen integrieren. Weniger Fehler bedeuten weniger Nacharbeit, geringere Folgekosten und höhere Datenqualität.
- Personaleinsatz (FTE): Ein wesentlicher Treiber für den ROI ist die Reduktion manueller Arbeit. Die freiwerdende Zeit der Mitarbeiter kann für höherwertige Tätigkeiten genutzt werden – etwa für Kundenbetreuung, Analysen oder Ausnahmefälle. Statt

Menschen für stupide Dateneingabe einzusetzen, werden sie zu Kuratoren und Überwachern intelligenter Prozesse.
- Kosten-Einsparungen: Verkürzte Durchlaufzeiten, sinkende Fehlerquoten und reduzierter Personaleinsatz führen in Summe zu signifikanten Kostenvorteilen. Neben den direkten Einsparungen entstehen weitere Effekte: schnellere Rechnungsbearbeitung verbessert das Working Capital, pünktliche Lieferantenabrechnungen sichern Skonti, und höhere Prozessgeschwindigkeit schafft Wettbewerbsvorteile.

Die klare Definition und regelmäßige Messung dieser Erfolgsmetriken ist entscheidend, um Projekte vom Pilotstatus in den produktiven Maßstab zu überführen. Sie liefern nicht nur Belege für Business Cases, sondern auch Orientierung für die kontinuierliche Optimierung der Automatisierungskette.

Kap. 6: End-to-End-Prozessbeispiele aus der Praxis

6

Zusammenfassung

Kap. 6 überführt die Prinzipien der Hyperautomation in konkrete Praxisbeispiele aus Maschinenbau, Medizin und Handel. Gemeinsamkeit in allen Fällen: Unstrukturierte Eingaben – von PDF-Bestellungen über medizinische Formulare bis zu Multikanal-Bestellungen – werden in systemverwertbare Datenströme überführt und End-to-End ins ERP bzw. Zielsystem integriert. Im **Maschinenbau** liegt die Herausforderung in hochkomplexen Konfigurationsartikeln ohne Marktstandards. Statt starrer Mappings setzt die Lösung auf ein semantisches Modell, das Merkmale interpretiert, Synonyme erkennt und lernfähig neue Varianten abbildet. Ergebnis: Skalierbare, automatisierte Belegverarbeitung mit hohem Effizienzgewinn. Im **medizinischen Umfeld** erfordert die Verarbeitung internationaler Medizin-Dokumente höchste Präzision. Ein KI-basiertes Extraktionsmodell interpretiert über 100 Datenfelder kontextsensitiv, gleicht Varianzen aus, prüft Plausibilität und bindet Human-in-the-Loop ein. Die Bearbeitungszeit sinkt drastisch, die Datenqualität steigt – mit direktem Einfluss auf Versorgungssicherheit. Im **Handel** ermöglicht Hyperautomation erstmals Amazon-ähnliche Geschwindigkeit ohne Plattformbindung. KI-gestützte semantische Interpretation und kanaloffene Verarbeitung (Mail, PDF, EDI, Chat, Web-EDI) steigern die No-Touch-Quote, reduzieren manuelle Arbeit und verbessern das Kundenerlebnis. Die Beispiele zeigen, dass Hyperautomation nicht durch mehr Tools wirkt, sondern durch Semantik, Integration, Validierung und Resilienz – mit nachweisbarer Effizienz, Skalierbarkeit und Qualität.

P. Futterknecht, *Hyperautomation – Der letzte Schritt vor der intelligenten Organisation*, https://doi.org/10.1007/978-3-658-50441-0_6

6.1 Einleitung

Dieses Kapitel schlägt die Brücke von den Prinzipien der Hyperautomation (Kap. 1, 2, 3 und 4) zur Umsetzung im Alltag. Die drei Beispiele – **Maschinenbau (Produktkomplexität), Medizin (Datenextraktion & semantisches Modell)** und **Handel (Multikanal ohne Plattformzwang)** – zeigen unterschiedliche Ausgangslagen, aber ein gemeinsames Muster: Unstrukturierte Eingaben werden zu **verlässlichen, systemverwertbaren Datenströmen,** die End-to-End in ERP-Prozesse integriert sind.

Warum diese drei Beispiele?

- **Maschinenbau – Produktkomplexität ohne Marktstandards:** Konfigurationsartikel mit dynamischen Varianten lassen sich nicht mit statischen Mappings beherrschen. Der Hebel liegt im **individuellen, lernfähigen semantischen Modell** statt in Formatabsprachen.
- **Medizin – hohe Varianz & Regulierung:** Viele Felder, internationale Formate, kritische Qualität. Erfolg entsteht durch **kontextbasierte Extraktion, Validierung** und **Human-in-the-Loop** – nicht durch reine OCR.
- **Handel – skalieren ohne Plattform:** Bestellungen aus E-Mail, PDF, Chat, Web-EDI & EDI werden **kanaloffen** verarbeitet. So entsteht erstmals **Amazon-ähnliche Geschwindigkeit ohne Plattformbindung**.

Gemeinsame Muster der Hyperautomation

- **Semantik vor Syntax:** Statt „Feld-X nach Feld-Y“ zu mappen, wird **Bedeutung** erkannt (Produkte, Mengen, Preise, medizinische Felder) – inklusive Synonyme, Varianten, Kontext.
- **Validierung & Anreicherung als Qualitätsgurt:** Plausibilitätsprüfungen, Stammdaten-Checks und regelbasierte/ML-gestützte Korrekturen erhöhen **First-Pass-Yield** und Compliance.
- **Kanaloffenheit statt Zwangsstandard:** Eingänge aus **Mail/PDF/Chat/Portal/EDI** laufen im **gleichen Zielprozess** – ohne individuelle Partnerprojekte.
- **Integration statt Inseln:** Übergabe in **ERP/Zielformat IDoc** & Co. ist Teil des Designs, nicht ein nachgelagerter Schritt.
- **Operatives Sicherheitsnetz: Trustlevel** und **Human-in-the-Loop** schließen die letzten Prozentpunkte – Resilienz vor Perfektion.
- **Schrittweise Skalierung: Proof-of-Value → Go-Live → Rollout,** mit Monitoring und Feedback-Schleifen.

So lesen Sie die Beispiele

Jedes Beispiel folgt der Struktur **Ausgangslage/Herausforderung → Zielsetzung → Lösungsansatz → Nutzen → Fazit/Lesson Learned**. Achten Sie dabei auf übertragbare Bausteine:

- **Semantisches Datenmodell:** Wie wird Bedeutung modelliert, wo liegen Varianzen/Edge-Cases?
- **Prozess-Einbindung:** Wie wird die No-Touch-Strecke bis ins ERP abgesichert?
- **Skalierungslogik:** Was ermöglicht Wachstum – **kanaloffen, partnerpassiv, ohne Plattformzwang?**

Orientierung für die eigene Umsetzung
Leitfragen für den Transfer in Ihr Umfeld:

- Wo entstehen heute **Medienbrüche** zwischen Beleg und operativen System (z. B. ERP)?
- Welche **Kontext-Fakten** fehlen regelmäßig (z. B. Einheiten, IDs, Klassifikationen) – und wie lassen sie sich anreichern?
- Welche **Kanäle** (Mail, PDF, Chat, Portal, EDI) müssen parallel **No-Touch** laufen, um wirklich zu skalieren?
- Welche **Fallback-Regeln** und **Rollen** sichern kritische 10 % ab (Trustlevel, Freigaben, Eskalationen)?

Kennzahlen, auf die wir in den Fällen verweisen:
No-Touch-Rate je Kanal • First-Pass-Yield • Durchlaufzeit (Median) • manuelle Eingriffe/100 Vorgänge • Fehlerquote nach Validierung • Recovery-Time nach Störungen.

Mit diesen drei Praxisbeispielen wird sichtbar, wie Hyperautomation **nicht** durch mehr Tools, sondern durch **Semantik, Prozessintegration und Resilienz** Wirkung entfaltet – im **Maschinenbau** trotz Produktdynamik, in der **Medizin** trotz Variabilität und Regulierung und im **Handel** mit **Amazon-ähnlicher Geschwindigkeit – ohne Plattformzwang**.

6.2 Beispiel aus dem Maschinenbau – Produktkomplexität

Ausgangssituation/Herausforderung
Ein international tätiges Maschinenbauunternehmen (3000 Mitarbeiter) erhält regelmäßig **Bestellungen in Form unstrukturierter PDF-Belege**.

Besonderheit: Viele der bestellten Produkte sind **Konfigurationsartikel**. Die Produktmerkmale (z. B. Motorhersteller, Übersetzungen, Antriebsarten, Adapterplatten) stehen nicht in separaten Datenfeldern, sondern eingebettet im **Fließtext von Positionsbeschreibungen**.

Die Produktstrukturen sind dabei **hochkomplex und dynamisch:** Neue Varianten, Baugruppen und Optionen entstehen laufend. Gleichzeitig existieren **keine etablierten Standards am Markt,** die eine eindeutige semantische Abbildung ermöglichen. Jedes Unternehmen nutzt eigene Begriffe, Nummernkreise und Klassifikationen – was die Automatisierung zusätzlich erschwert.

Bisherige Probleme:

- **Hoher manueller Aufwand** bei der Extraktion von Produktmerkmalen
- **Fehleranfälligkeit** durch manuelles Interpretieren komplexer Merkmalsstrukturen
- **Medienbrüche:** Daten aus PDFs müssen in das ERP-System übertragen werden
- **fehlende Skalierbarkeit:** steigendes Belegvolumen = steigender Personalaufwand

Zielsetzung

- Einführung einer KI-basierten Lösung zur automatisierten Verarbeitung eingehender PDF-Bestellungen
- Sicherstellung einer **korrekten semantischen Interpretation** der unternehmensspezifischen Produktmerkmale
- **Strukturierte Übergabe** der extrahierten Merkmale in das ERP-System (IDoc-Format/Konfigurationssegment)
- **Skalierbarkeit:** passive Anbindung weiterer Geschäftspartner ohne zusätzliche Individualintegration

Lösungsansatz

1. Semantisches Datenmodell
   - Entwicklung eines auf die Produkte zugeschnittenen selbstlernenden Extraktionsmodells für Konfigurationsmerkmale
   - Anlernen von Synonymen und domänenspezifischem Vokabular (z. B. unterschiedliche Schreibweisen von Motoranbau oder Antriebsarten)
   - Aufbau einer individuellen Produktmerkmalsklassifizierung, da kein Standardmodell existiert, das die Vielzahl dynamischer Varianten abbilden könnte
2. Prozessintegration
   - Automatisierte Erkennung der Merkmale direkt aus PDF-Positionsbeschreibungen
   - Mapping der Ergebnisse auf ERP-Format-Strukturen (z. B. IDOC-Format)
   - Einsatz eines Trustlevels: Bei Unsicherheit greift Human-in-the-Loop
3. Umsetzungsphasen
   - Proof-of-Value (6 Wochen): Testpartner, Validierung der Extraktion, Training des KI-Modells mit echten Belegen
   - Produktiveinführung: Konfiguration, Go-Live, Monitoring, Ausrollen auf weitere Partner

Nutzen & Mehrwert

- **Deutliche Effizienzsteigerung:** Wegfall manueller Extraktion und Pflege
- **Höhere Datenqualität** durch semantisches Modell statt reinem Textmatching
- **Flexibilität:** Modell wächst mit und lernt neue Varianten (Produktupdates, neue Partner)

- **Skalierbarkeit:** Passive Anbindung weiterer Partner möglich
- **Kostenvorteile:** Reduktion der Bearbeitungszeit pro Beleg, geringerer Personalaufwand

> **Fazit – Lesson Learned** Der Use-Case zeigt exemplarisch, wie **Hyperautomation im industriellen Kontext** wirkt: Nicht allein die Belegdigitalisierung zählt, sondern die **semantische Interpretation komplexer, dynamischer Produktstrukturen und Konfigurationen**.
>
> Da **keine Standards** für die semantische Abbildung solcher Merkmalsstrukturen existieren, ist ein **individuelles, lernfähiges Modell** entscheidend. Nur so können Unternehmen sicherstellen, dass Bestellungen zuverlässig verarbeitet werden – unabhängig davon, wie stark sich Produkte und Begriffe am Markt verändern.

6.3 Beispiel aus der Medizin – Datenextraktion und Aufbau eines semantischen Modells

Medizinische Dokumente stellen in der Automatisierung eine besondere Herausforderung dar. Anders als standardisierte Rechnungen oder Bestellungen sind sie hochvariabel, international geprägt und enthalten sensible Informationen, die absolut fehlerfrei verarbeitet werden müssen.

Ausgangssituation

Ein eine nationale medizinische Koordinationsstelle in Deutschland verarbeitet jährlich rund 5000 sogenannte **Anforderungs-Dokumente** – Formulare, die nach der Identifikation eines passenden Spenders für die weitere Koordination erforderlich sind. Diese Dokumente:

- stammen aus unterschiedlichen Ländern,
- sind strukturell uneinheitlich,
- enthalten rund ca. 100 relevante Datenfelder,
- liegen überwiegend als englische PDF-Formulare vor.

Bislang erfolgt die Übertragung der Informationen manuell durch Sachbearbeitende – ein Prozess, der mehrere Vollzeitkräfte bindet, zwei Tage pro Dokument dauern kann und eine hohe Fehleranfälligkeit aufweist.

Herausforderungen

- Hoher manueller Aufwand und Fachkräfteengpässe
- Unterschiedliche Begrifflichkeiten und Synonyme in internationalen Formularen
- Fehlende Standards und Normen zur strukturierten Erfassung
- Kritische Bedeutung: Verzögerungen können die Versorgungssicherheit gefährden

Lösung: Aufbau eines semantischen Datenmodells
Die Automatisierungslösung setzt auf ein speziell trainiertes **Extraktionsmodell,** das auf medizinische Anforderungs-Dokumente zugeschnitten ist.
Kernbausteine:

- **Semantisches Modell für ca. 100 Datenfelder:** Statt reiner Texterkennung wird der fachliche Kontext interpretiert.
- **Varianz-Handling:** Internationale Unterschiede in Sprache, Format und Normen werden über **Synonymlisten und KI-gestützte Interpretationslogik** ausgeglichen.
- **Validierungs- und Plausibilitätsprüfungen:** Fehlerhafte oder unvollständige Angaben lösen automatische Warnungen aus.
- **Human-in-the-Loop:** Bei Unsicherheit wird das Dokument einem Sachbearbeiter zur Entscheidung vorgelegt.

Damit entsteht ein **individuelles medizinisches Datenmodell,** das flexibel auf Marktvarianten reagiert und kontinuierlich erweitert werden kann.

Nutzen

- **Zeitersparnis:** Reduktion der Bearbeitungsdauer von 2 Tagen auf wenige Stunden oder Minuten pro Dokument.
- **Beschleunigte Spendenabwicklung:** Verkürzung des Gesamtprozesses von 30 auf rund 20 Tage – eine Effizienzsteigerung von 33 %.
- **Entlastung des Personals:** Konzentration auf kritische Fälle statt Routineeingaben.
- **Höhere Datenqualität:** Durch strukturierte Extraktion, Validierung und semantische Interpretation.
- **Skalierbarkeit:** Modell lässt sich auf weitere medizinische Dokumenttypen übertragen.

▶ **Fazit** Die Automatisierung von Anforderungs-Dokumenten zeigt exemplarisch, wie **Hyperautomation in hochsensiblen Kontexten** eingesetzt werden kann. Entscheidend ist nicht allein die Texterkennung, sondern der Aufbau eines **semantischen Modells,** das Varianzen am Markt versteht und zuverlässig interpretiert. Dadurch wird nicht nur die Effizienz gesteigert – in kritischen Fällen kann sogar die **Überlebenswahrscheinlichkeit von Patientinnen und Patienten** erhöht werden.

6.4 Beispiel aus dem Handel

Ausgangssituation/Herausforderung
Ein Handelsunternehmen mit internationalem Kundenstamm bearbeitet täglich eine große Zahl an **Kundenanfragen und Bestellungen** – sowohl über Außendienst, Innendienst als auch digitale Kanäle.

Die Kommunikation erreicht das Unternehmen in vielen Formen:

- strukturierte Daten (EDI, IDoc, cXML),
- unstrukturierte Formate wie **PDF, Freitexte per E-Mail, WhatsApp oder Scans,**
- Mischformen über Plattformen und Web-EDI.

Die bisherigen Systeme stoßen dabei an Grenzen:

- **Klassische EDI-Lösungen** sind nur bei großen A-Kunden wirtschaftlich, für B- und C-Kunden aber zu teuer und aufwändig.
- **Freitextbestellungen** enthalten komplexe, kontextabhängige Inhalte, die bislang nur von Menschen interpretiert werden können.
- **Manuelle Interpretatio**n bindet Zeit, ist fehleranfällig und begrenzt die Skalierbarkeit.

Zielsetzung
- Erhöhung der No-Touch-Quote: Automatisierungsgrad der Belegverarbeitung deutlich steigern.
- Entlastung der IT: keine individuellen Mappings oder wartungsintensive EDI-Projekte.
- Skalierbarkeit im Vertrieb: auch kleinere Partner (B- und C-Kunden) wirtschaftlich und automatisiert anbinden.
- Kundenerlebnis verbessern: Bestätigungen und Rückmeldungen in Sekunden, ähnlich der Amazon-Experience.

Lösungsansatz
1. Semantische Dateninterpretation
   - KI-basierte Erkennung und Strukturierung von Freitexten, PDFs und Scans.
   - Kontextbasierte Interpretation: Produktnamen, Mengen, Maße und Varianten werden automatisch erkannt.
   - Mapping auf ERP-Strukturen (IDoc).
2. Multikanal-Fähigkeit
   - Einheitliche Verarbeitung unabhängig vom Eingangskanal: E-Mail, Messenger, Web-EDI, Plattformen, EDI.
   - Keine individuelle Partneranpassung erforderlich.
3. Proof of Value & Workshop
   - Einrichtung einer Demo Instanz für Testbestellungen.
   - Discovery-Workshop zur Analyse bestehender Use Cases und Definition der Roadmap.

Nutzen & Mehrwert
- **Effizienz:** Wegfall manueller Datenerfassung, auch bei nicht standardisierten Partnern.
- **Schnelligkeit:** Auftragsbestätigungen in Echtzeit möglich.
- **Skalierbarkeit:** Keine technische oder personelle Grenze – das System wächst mit.

- **Wettbewerbsvorteil:** Kunden schätzen die Einfachheit, Bestellungen in jeder Form (Mail, Messenger, Portal) platzieren zu können.
- **Flexibilität:** Abdeckung sowohl hochstandardisierter Großkunden als auch kleinerer, variantenreicher Partner.
- **Amazon-Fähigkeit ohne Plattform:** Zum ersten Mal war es möglich, Bestellungen **plattformunabhängig** in derselben Geschwindigkeit wie bei Amazon zu verarbeiten – ohne dass Kunden über einen Marktplatz oder ein spezifisches E-Procurement-System gehen mussten.

> **Fazit** Hyperautomation brachte dem Handelsunternehmen eine **Amazon-ähnliche Skalierbarkeit,** ohne dass Kunden an eine Plattform gebunden wurden. Bestellungen konnten über beliebige Kanäle – E-Mail, Messenger, PDF oder Web-EDI – eingehen und dennoch in Echtzeit verarbeitet werden. Damit wurde zum ersten Mal eine Skalierung erreicht, die zuvor nur Plattformen wie Amazon vorbehalten war.

Teil III

Technologie, Architektur und Umsetzung

Kap. 7: Systemarchitektur & Integrationsansätze

7

Zusammenfassung

Kap. 7 widmet sich der Systemarchitektur und Integration als Fundament erfolgreicher Hyperautomatisierung. Da Prozesse selten an Systemgrenzen enden, entscheidet die Fähigkeit, Daten, Logiken und Funktionen nahtlos zu verknüpfen, über Effizienz und Resilienz. Integration ist dabei weit mehr als Datenaustausch – sie schafft den kontextuellen Zusammenhang, der intelligente End-to-End-Prozesse ermöglicht. Typische Herausforderungen liegen in Medienbrüchen, heterogenen IT-Landschaften, Skalierungs- und Geschwindigkeitsanforderungen sowie in Sicherheits- und Governance-Aspekten. Eine nachhaltige Architektur folgt Prinzipien wie loser Kopplung, Standardisierung, Modularität, Skalierbarkeit und „Security by Design".Typische Herausforderungen liegen in Medienbrüchen, heterogenen IT-Landschaften, Skalierungs- und Geschwindigkeitsanforderungen sowie in Sicherheits- und Governance-Aspekten. Eine nachhaltige Architektur folgt Prinzipien wie loser Kopplung, Standardisierung, Modularität, Skalierbarkeit und „Security by Design". Das Kapitel stellt ein Stufenmodell von Integrationsansätzen vor: vom klassischen Datei-basierten Austausch über API-First-Strategien und Event-getriebene Architekturen bis hin zu iPaaS, RPA als Brückentechnologie und Agentensystemen. Während Batch-Verarbeitung weiterhin relevant bleibt, setzen moderne Ansätze auf Echtzeitfähigkeit, Flexibilität und Automatisierung von Fehlerhandling. Agentensysteme markieren dabei die nächste Evolutionsstufe, indem sie autonom handeln, kooperieren und komplexe Prozesslandschaften orchestrieren.Das Kapitel stellt ein Stufenmodell von Integrationsansätzen vor: vom klassischen Datei-basierten Austausch über API-First-Strategien und Event-getriebene Architekturen bis hin zu iPaaS, RPA als Brückentechnologie und Agentensystemen. Während Batch-Verarbeitung weiterhin relevant bleibt, setzen moderne Ansätze auf Echtzeitfähigkeit, Flexibilität und Automatisierung von Fehlerhandling. Agenten-

P. Futterknecht, *Hyperautomation – Der letzte Schritt vor der intelligenten Organisation*, https://doi.org/10.1007/978-3-658-50441-0_7

systeme markieren dabei die nächste Evolutionsstufe, indem sie autonom handeln, kooperieren und komplexe Prozesslandschaften orchestrieren. Fazit: Integration ist kein reines IT-Thema, sondern ein strategischer Hebel der digitalen Transformation. Nur eine abgestufte, zukunftsorientierte Integrationsarchitektur ermöglicht skalierbare, adaptive und resiliente Hyperautomatisierung.Fazit: Integration ist kein reines IT-Thema, sondern ein strategischer Hebel der digitalen Transformation. Nur eine abgestufte, zukunftsorientierte Integrationsarchitektur ermöglicht skalierbare, adaptive und resiliente Hyperautomatisierung.

7.1 Einleitung

Hyperautomatisierung entfaltet ihren Nutzen erst dann vollständig, wenn dic zugrunde liegenden Systeme und Anwendungen nahtlos miteinander interagieren können. Prozesse enden selten an den Grenzen eines einzelnen Systems – vielmehr greifen sie auf Daten, Funktionen und Logiken aus unterschiedlichen Quellen zu. Daher ist eine robuste, flexible und skalierbare **Systemarchitektur** das Fundament jeder erfolgreichen Hyperautomatisierungsinitiative.

Rolle der Integration in der Hyperautomatisierung
Der Mehrwert von Hyperautomatisierung entsteht nicht allein durch den Einsatz moderner Technologien wie Künstliche Intelligenz, Process Mining oder Intelligent Document Processing, sondern insbesondere durch die **Verknüpfung dieser Technologien mit bestehenden Unternehmenssystemen**. Nur so lassen sich End-to-End-Prozesse durchgängig abbilden. Integration bedeutet dabei weit mehr als nur Datenaustausch – sie schafft den kontextuellen Zusammenhang, der Automatisierung intelligent und wirksam macht.

Typische Integrationsherausforderungen
- **Medienbrüche:** Informationen liegen oft in verschiedenen Formaten (PDF, E-Mail, Datenbank, ERP-System).
- **Systemvielfalt:** Unternehmen verfügen über heterogene IT-Landschaften mit Legacy-Systemen, Cloud-Anwendungen und branchenspezifischen Lösungen.
- **Skalierbarkeit:** Automatisierte Prozesse müssen in der Lage sein, große Datenvolumina oder stark schwankende Lasten zu verarbeiten.
- **Geschwindigkeit:** Unterschiedliche Anwendungsfälle erfordern entweder Echtzeit-Integration oder zeitversetzte Batch-Verarbeitung.
- **Governance und Sicherheit:** Integrationen müssen nachprüfbar, sicher und regelkonform gestaltet sein (z. B. DSGVO).

Architekturprinzipien für nachhaltige Integration
Eine zukunftsorientierte Integrationsarchitektur folgt bestimmten Leitlinien:

- **Lose Kopplung:** Systeme sollten möglichst unabhängig voneinander betrieben werden können, um Austauschbarkeit und Erweiterbarkeit sicherzustellen.
- **Standardisierung:** Einheitliche Datenformate und Protokolle reduzieren Komplexität und Fehleranfälligkeit.
- **Modularität:** Integration sollte schrittweise erweiterbar sein, ohne bestehende Prozesse zu destabilisieren.
- **Skalierbarkeit:** Architekturentscheidungen müssen wachsende Datenmengen und neue Systeme berücksichtigen.
- **Security by Design:** Sicherheit und Datenschutz dürfen nicht nachträglich ergänzt, sondern müssen von Beginn an in die Architektur integriert werden.

Integration als Erfolgsfaktor der digitalen Transformation
In der Praxis entscheidet die Qualität der Integration häufig über den Erfolg oder Misserfolg von Automatisierungsprojekten. **Fehlende oder schwache Schnittstellen führen zu ineffizienten Workarounds,** die die Vorteile der Hyperautomatisierung schmälern. Dagegen ermöglicht eine durchdachte Systemarchitektur Unternehmen, bestehende Systeme zu modernisieren, ohne sie zwangsläufig austauschen zu müssen. Integration ist damit nicht nur ein technisches Thema, sondern ein **strategischer Hebel für den digitalen Wandel**.

7.2 API-First vs. Datei-basierter Austausch

Hyperautomatisierung entfaltet ihren Nutzen überall dort, wo Systeme, Benutzeroberflächen und Menschen miteinander interagieren. Damit dies reibungslos funktioniert, müssen Schnittstellen so gestaltet sein, dass Informationen effizient, zuverlässig und möglichst ohne Medienbrüche ausgetauscht werden können.

Im Kern geht es um zwei dominante Ansätze: den **API-First-Ansatz** und den **dateibasierten Austausch**. Beide ermöglichen die Kommunikation zwischen Systemen, unterscheiden sich jedoch erheblich in ihrer Architektur, Geschwindigkeit und Flexibilität.

API-First-Integration
Schnittstelle, über die Systeme Daten und Funktionen in Echtzeit bereitstellen. Moderne APIs sind in der Regel **bidirektional** und ermöglichen sowohl den Abruf als auch die Übergabe von Informationen. Sie bieten damit:

- **Echtzeitkommunikation:** Daten können unmittelbar abgefragt, aktualisiert und validiert werden.
- **Rückmeldungen und Fehlerhandling:** Systeme liefern sofort Feedback, ob eine Anfrage erfolgreich verarbeitet wurde oder ob Fehler vorliegen.
- **Flexibilität:** APIs ermöglichen granulare Zugriffe auf Daten und Prozesse, ohne dass ganze Datenpakete übertragen werden müssen.

Beispiel: Ein ERP-System kann über eine API aktuelle Bestandsdaten bereitstellen und gleichzeitig Bestellungen in Echtzeit entgegennehmen – inklusive Validierung und Abgleich.

Datei-basierter Austausch
Trotz der Vorteile moderner Schnittstellen wird in vielen Unternehmen noch immer auf **datei-basierten Datenaustausch** gesetzt. Dabei werden Informationen in einem definierten Format (z. B. CSV, XML) erzeugt, in Dateien abgelegt und über ein Protokoll (z. B. SFTP) an das Zielsystem übertragen. Die Verarbeitung erfolgt typischerweise **asynchron** und zeitversetzt.

Charakteristika dieses Ansatzes sind:

- **Batch-Verarbeitung:** Daten werden in Intervallen gesammelt und anschließend importiert.
- **Fehlendes Feedback:** Sender und Empfänger erfahren oft erst verspätet von Fehlern oder Inkonsistenzen.
- **Geringere Transparenz:** Datei-basierter Austausch verhält sich häufig wie eine „Blackbox", da wenig Rückmeldungen zum Verarbeitungsstatus vorliegen.

Dieser Ansatz ist besonders in Legacy-Umgebungen oder bei Massendatenverarbeitung verbreitet, birgt aber das Risiko, dass Fehler unbemerkt bleiben und sich in nachgelagerte Prozesse fortsetzen.

Moderne Integrationstrends
Aktuelle Integrationsarchitekturen gehen zunehmend den Schritt hin zu **API-First-Strategien,** da Echtzeitfähigkeit, Transparenz und Flexibilität für Hyperautomatisierung entscheidend sind. Dennoch wird der datei-basierte Austausch in vielen Organisationen noch über Jahre relevant bleiben, insbesondere dort, wo historische Systeme keine APIs bereitstellen.

Die Herausforderung liegt darin, **beide Welten sinnvoll zu verbinden** und Übergangslösungen zu schaffen, die Unternehmen eine schrittweise Modernisierung ihrer Integrationsarchitektur ermöglichen.

7.3 Standardprotokolle und Schnittstellentechnologien

Die Basis jeder Systemintegration sind **Protokolle und Schnittstellentechnologien,** über die Daten ausgetauscht werden. Je nach Anwendungsfall kommen unterschiedliche Standards zum Einsatz:

- **REST (Representational State Transfer):** Heute am weitesten verbreitet, leichtgewichtig und HTTP-basiert.
- **GraphQL:** Erlaubt flexible Abfragen, bei denen nur die benötigten Daten übertragen werden.

- **gRPC:** Hochperformant, besonders für Microservices und interne Kommunikation geeignet.
- **SOAP:** XML-basiert, etabliert in vielen Enterprise-Umgebungen, vor allem im Finanz- und Gesundheitswesen.
- **EDI (Electronic Data Interchange):** Standard für den Austausch geschäftskritischer Dokumente (z. B. Bestellungen, Rechnungen) zwischen Unternehmen.
- **MQTT:** Leichtgewichtiges Protokoll, speziell für IoT-Szenarien und eingeschränkte Bandbreiten.
- **Webhooks:** Ermöglichen das automatische Auslösen von Prozessen durch externe Ereignisse.

Beispiel In einer Lieferkette können EDI-Nachrichten genutzt werden, um Bestellungen auszutauschen, während gleichzeitig REST-APIs den Echtzeit-Abgleich von Beständen ermöglichen.

7.4 Event-getriebene Prozesse

Die Event-Driven Architecture (EDA) ist ein Integrationsansatz, bei dem Systeme nicht über feste Aufrufe oder zeitgesteuerte Jobs kommunizieren, sondern auf **Ereignisse (Events)** reagieren. Ein Event kann beispielsweise das Anlegen eines neuen Kunden, der Eingang einer Bestellung oder ein Maschinenstatus aus dem IoT-Umfeld sein.

Typische Technologien sind **Apache Kafka, RabbitMQ oder Cloud-basierte Pub/Sub-Dienste**.

Vorteile:

- **Lose Kopplung:** Sender und Empfänger müssen nicht direkt voneinander wissen, was die Flexibilität erhöht.
- **Echtzeitverarbeitung:** Ereignisse werden sofort weitergeleitet und verarbeitet.
- **Skalierbarkeit:** Besonders geeignet für große Datenmengen und hochdynamische Prozesse.

Beispiel Wird in einem E-Commerce-System eine Bestellung ausgelöst, erzeugt dies ein Event. Unterschiedliche Systeme (Zahlungsdienstleister, Lagerverwaltung, Versand) können gleichzeitig und unabhängig auf dieses Event reagieren.

7.5 iPaaS (Integration Platform as a Service)

iPaaS-Lösungen stellen cloudbasierte Plattformen bereit, die Integrationen zwischen Systemen mit **Low-Code- oder No-Code-Ansätzen** ermöglichen. Sie bieten vorgefertigte Konnektoren für Standardsoftware (z. B. Salesforce, SAP, ServiceNow) und erlauben die visuelle Modellierung von Datenflüssen.

Vorteile:

- **Schnelle Umsetzung:** Weniger Entwicklungsaufwand durch Konnektoren und Drag-and-Drop-Logik.
- **Zentralisierung:** Integrationsflüsse können an einer zentralen Stelle überwacht und gesteuert werden.
- **Flexibilität:** Besonders geeignet für Projekte, bei denen Fachbereiche selbst Integrationen aufbauen möchten.

Beispiel Ein Unternehmen nutzt iPaaS, um eingehende Kundendaten aus einem Webformular automatisch mit dem CRM-System (Salesforce) und dem ERP-System (SAP) abzugleichen, ohne eigene Schnittstellenentwicklung.

7.6 RPA als Integrationsbrücke

Robotic Process Automation (RPA) wird häufig als **Überbrückungstechnologie** eingesetzt, wenn Systeme keine modernen Schnittstellen bereitstellen. RPA greift dabei direkt auf die Benutzeroberfläche von Anwendungen zu und simuliert menschliche Eingaben.

Vorteile:

- **Einsatz bei Legacy-Systemen:** Auch alte Anwendungen ohne API können integriert werden.
- **Schnelle Implementierung:** RPA-Bots können innerhalb kurzer Zeit Prozesse automatisieren.
- **Flexibilität:** Nützlich für Übergangsphasen, bis APIs verfügbar sind.

Nachteile:

- Weniger robust gegenüber Änderungen (z. B. in der Benutzeroberfläche).
- Nicht so performant und skalierbar wie API-basierte Integrationen.

Beispiel Ein Versicherungsunternehmen nutzt RPA, um Daten aus einer alten Mainframe-Anwendung auszulesen und diese automatisiert in ein modernes Schadenmanagement-System zu übertragen.

7.7 Agentensysteme

Während Robotic Process Automation (RPA) vor allem als **Brückentechnologie** dient, um Systeme ohne moderne Schnittstellen miteinander zu verbinden, gehen **Agentensysteme** einen Schritt weiter. Sie zeichnen sich dadurch aus, dass sie **autonom handeln, Entscheidungen treffen** und in komplexen Systemlandschaften als **intelligente Orchestratoren** agieren können.

Definition und Abgrenzung

Ein Agentensystem besteht aus Softwarekomponenten („Agenten"), die bestimmte Aufgaben übernehmen und dabei selbstständig Informationen beschaffen, Aktionen ausführen und mit anderen Agenten oder Systemen interagieren. Im Gegensatz zu RPA-Bots, die strikt regelbasiert und sequenziell arbeiten, verfügen Agenten über:

- **Autonomie:** Sie agieren ohne ständige menschliche Steuerung.
- **Reaktivität:** Sie reagieren dynamisch auf Änderungen in ihrer Umgebung.
- **Proaktivität:** Sie verfolgen eigene Ziele und leiten Handlungen ab, anstatt nur Befehle abzuarbeiten.
- **Sozialität:** Agenten können miteinander kooperieren und Aufgaben verteilen.

Vorteile von Agentensystemen

- **Flexibilität:** Agenten passen ihr Verhalten an neue Situationen an.
- **Skalierbarkeit:** In Multi-Agent-Systemen lassen sich Aufgaben dezentral und parallel bearbeiten.
- **Resilienz:** Durch die Autonomie der Agenten können Prozesse auch dann stabil laufen, wenn einzelne Komponenten ausfallen.
- **Integration:** Agenten können als Vermittler zwischen modernen APIs, dateibasierten Systemen und RPA-Bots agieren.

Kommunikation und Agent2Agent-Protokolle

Damit Agentensysteme ihre Stärken wie Kooperation und Aufgabenverteilung entfalten können, benötigen sie standardisierte Kommunikationsmechanismen. Diese sorgen dafür, dass Agenten nicht nur Daten austauschen, sondern auch die Bedeutung (Semantik) ihrer Nachrichten verstehen.

- **Agent Communication Languages (ACLs):** Standards wie *FIPA-ACL* oder *KQML* definieren Nachrichtentypen (z. B. Anfrage, Vorschlag, Verpflichtung) und legen fest, wie Intentionen zwischen Agenten ausgedrückt werden.
- **Koordinationsprotokolle:** Aufbauend auf ACLs existieren Protokolle, die typische Interaktionsmuster abbilden, etwa das *Contract Net Protocol* für Ausschreibungen oder Aushandlungsprotokolle für kollaborative Entscheidungen.
- **Technische Umsetzung:** Moderne Agentensysteme implementieren diese Protokolle zunehmend über Event-Driven Architectures und Messaging-Systeme (z. B. Kafka, MQTT) oder nutzen APIs als Transportmechanismus. Dadurch lassen sich klassische Integrationsansätze mit der Flexibilität von Multi-Agent-Systemen verbinden.

Durch diese Kommunikationsschicht entsteht ein intelligentes, verteiltes Netzwerk autonomer Einheiten, das sich dynamisch an neue Situationen anpassen kann. Agent2Agent-Protokolle bilden somit das Fundament für die soziale Dimension von Agentensystemen und sind entscheidend für deren Rolle in der Hyperautomatisierung.

Einsatzszenarien

- **IT-Service-Management:** Intelligente Agenten übernehmen Helpdesk-Anfragen, klassifizieren Tickets und lösen einfache Probleme selbstständig.
- **Supply Chain Management:** Agenten überwachen Lagerbestände, koordinieren Bestellungen und reagieren in Echtzeit auf Störungen in der Lieferkette.
- **Produktion & IoT:** Fertigungsagenten interagieren mit Maschinen, werten Sensordaten aus und leiten automatisch Wartungsprozesse ein.
- **Wissensarbeit:** Agenten analysieren Dokumente, extrahieren Informationen und stellen kontextrelevante Daten für Entscheidungsprozesse bereit.

Rolle in der Hyperautomatisierung

Agentensysteme ergänzen klassische Integrationsansätze und schaffen eine **intelligentere, adaptivere Ebene**. Sie können einerseits als **Orchestratoren** fungieren, die APIs, RPA-Bots und dateibasierte Systeme miteinander verbinden, andererseits auch als **autonome Entscheidungseinheiten,** die Geschäftsprozesse optimieren. Damit bilden sie einen wichtigen Baustein für die nächste Evolutionsstufe der Hyperautomatisierung.

7.8 Zusammenfassung – Integration in der Hyperautomatisierung

Hyperautomatisierung entfaltet ihren Nutzen nur, wenn die beteiligten Systeme nahtlos miteinander interagieren. Integration ist dabei weit mehr als der reine Datenaustausch: Sie schafft den kontextuellen Zusammenhang, der Prozesse intelligent, effizient und resilient macht.

Kernaussagen zur Rolle der Integration:

- Sie ist ein zentraler Erfolgsfaktor für Hyperautomatisierung und digitale Transformation.
- Fehlende oder schwache Schnittstellen führen zu ineffizienten Workarounds und schmälern den Automatisierungsvorteil- und -grad.
- Eine zukunftsorientierte Integrationsarchitektur orientiert sich an Prinzipien wie losen Kopplungen, Standardisierung, Modularität, Skalierbarkeit und Security by Design.

Typische Integrationsherausforderungen:

- Medienbrüche zwischen unterschiedlichen Datenformaten.
- Heterogene Systemlandschaften aus Legacy-Systemen, Cloud-Anwendungen und Speziallösungen.
- Skalierbarkeit und Geschwindigkeit bei großen Datenmengen.
- Einhaltung von Governance- und Sicherheitsanforderungen (z. B. DSGVO).

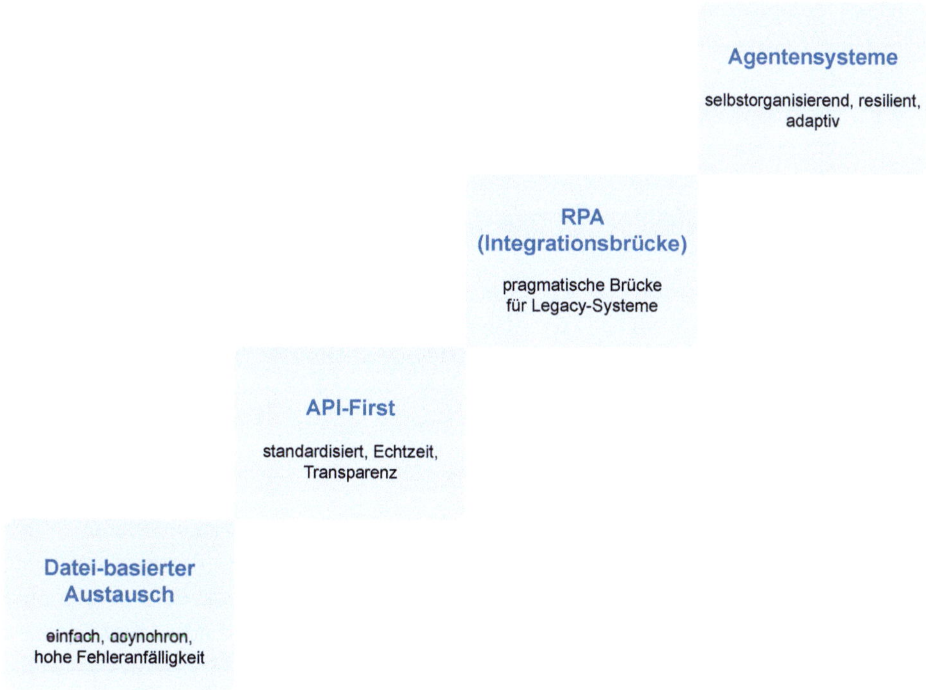

Abb. 7.1 Stufenmodell der Integrationsansätze

Stufenmodell der Integrationsansätze

Die Integration kann entlang verschiedener Stufen erfolgen (vgl. Abb. 7.1)., die sich in Komplexität, Flexibilität und Echtzeitfähigkeit unterscheiden:

1. **Datei-basierter Austausch (Batch-Verarbeitung)**
   - Klassischer Ansatz, bei dem Daten zeitversetzt in Dateien übertragen werden (z. B. CSV, XML, EDI).
   - Vorteile: einfach, etabliert in Legacy-Umgebungen, geeignet für Massendaten.
   - Nachteile: fehlendes Echtzeit-Feedback, geringe Transparenz, Fehler werden spät erkannt.
2. **API-First-Integration**
   - Echtzeitfähige Schnittstellen, die bidirektional Daten und Funktionen bereitstellen.
   - Vorteile: direkte Rückmeldungen, granularer Zugriff auf Prozesse, hohe Flexibilität.
   - Wird zunehmend zum Standard für moderne Hyperautomatisierung.
3. **Event-getriebene Integration (EDA)**
   - Systeme reagieren auf Ereignisse und verarbeiten Daten in Echtzeit.
   - Vorteile: lose Kopplung, hohe Skalierbarkeit, flexible Prozessverarbeitung.
   - Technologien: Kafka, RabbitMQ, Cloud Pub/Sub.

4. **iPaaS (Integration Platform as a Service)**
   - Cloudbasierte Plattformen, die Integrationen per Low-/No-Code ermöglichen.
   - Vorteile: schnelle Umsetzung, zentrale Überwachung, Fachbereichsbeteiligung.
5. **RPA als Integrationsbrücke**
   - Simuliert menschliche Eingaben, um Systeme ohne moderne Schnittstellen zu verbinden.
   - Vorteile: schnelle Implementierung, Integration von Legacy-Systemen.
   - Nachteile: geringere Robustheit, nicht so performant wie API-basierte Ansätze.
6. **Agentensysteme**
   - Autonome Softwareagenten, die Entscheidungen treffen und Prozesse orchestrieren.
   - Vorteile: Flexibilität, Skalierbarkeit, Resilienz, intelligente Integration unterschiedlicher Systeme (APIs, RPA, Batch).
   - Einsatzszenarien: IT-Service-Management, Supply Chain, Produktion/IoT, Wissensarbeit.

▶ **Fazit** Hyperautomatisierung erfordert eine abgestufte Integrationsstrategie. Während einfache Dateiaustausch- oder RPA-Lösungen kurzfristig Prozesse verbinden, bilden API-First-Ansätze, Event-getriebene Architekturen, iPaaS und Agentensysteme die Grundlage für skalierbare, adaptive und resiliente End-to-End-Prozesse. Integration ist damit nicht nur technisches Werkzeug, sondern strategischer Hebel für den digitalen Wandel.

Kap. 8: Datenqualität, Vertrauen und Kontextverständnis in der Hyperautomation

8

Zusammenfassung

Kap. 8 adressiert die zentrale Rolle von Datenqualität, Vertrauen und Kontextverständnis in der Hyperautomatisierung. Stammdaten wirken als Bremse oder Treiber: Nicht Vollständigkeit allein, sondern Korrektheit, Konsistenz und Aktualität entscheiden über stabile E2E-Prozesse. „Wahrheit" entsteht aus der Synthese interner (ERP) und externer Quellen; Governance, Ontologien und klare Verantwortlichkeiten sichern Güte, während API-First, Standardformate und Echtzeit-Pflege Dubletten und Veralterung reduzieren. Für die Praxis skizziert das Kapitel einen Stufenansatz zum Umgang mit Lücken und Abweichungen: Identifikation (Regeln, Plausibilität, Anomalie-KI), Human-in-the-Loop, Anreicherung/Korrektur (RAG, MDM, externe Verzeichnisse) sowie risikobasierte Automationsentscheidungen. Wahrheit und Authentizität werden über Quellenvalidierung, Reputationsmodelle, Redundanzprüfungen, Metadaten- und Fingerprinting-Analysen sowie kryptografische Integritätssicherungen gestützt; adaptive Verfahren berücksichtigen Restunsicherheit via Vertrauensscores und Fallbacks. Ontologie, Semantik und Kontextlogik bilden die Bedeutungsgrundlage: Knowledge Graphs und Semantik-Engines verankern Beziehungen; LLMs beschleunigen Wissensmodellierung, schaffen semantische Brücken zwischen Systemen und erhöhen die resiliente Selbstanpassung. Entlang der Daten-Informations-Wissen-Weisheit-Skala definiert das Kapitel Anforderungen an robuste Systeme: mehrstufige Verarbeitung, Kontextsensitivität, Adaptionsfähigkeit, Feedback-Schleifen, Erklärbarkeit und bidirektionale Transformation. Ergebnis: Vertrauenswürdige, kontextreiche Daten sind das Fundament skalierbarer, regelkonformer Hyperautomatisierung.

P. Futterknecht, *Hyperautomation – Der letzte Schritt vor der intelligenten Organisation*, https://doi.org/10.1007/978-3-658-50441-0_8

8.1 Stammdaten als Automatisierungsbremse oder -treiber

Stammdaten sind das Rückgrat jeder automatisierten Prozesskette. Sie bestimmen, ob Prozesse reibungslos ablaufen oder ob sie durch Unstimmigkeiten, Inkonsistenzen und fehlenden Kontext ins Stocken geraten. Dabei ist nicht nur die **Vollständigkeit,** sondern vor allem die **Richtigkeit** und **Konsistenz** der Stammdaten entscheidend.

Stammdaten – die falsche bzw. richtige Wahrheit
Gerade in der Automatisierung ist die Frage nach der Wahrheit von Daten zentral, weil jedes System Entscheidungen nur so zuverlässig treffen kann, wie die zugrunde liegenden Stammdaten korrekt, eindeutig und vertrauenswürdig sind.

Die zentrale Frage lautet: **Was ist die Wahrheit?**

- **ERP-Daten:** Offiziell gepflegte Unternehmensdaten – oft gültig für interne Prozesse, aber nicht immer aktuell.
- **Wikipedia:** Allgemein akzeptierte, aber von der Community gepflegte Informationen – wertvoll, aber nicht immer verifiziert.
- **Google/Internetdaten:** Schnell verfügbar, aber heterogene Qualität und oft ohne gesicherten Ursprung.
- **Selbst angelegte Daten:** Vertrauenswürdig aus eigener Sicht, aber limitiert in Umfang und Perspektive.

Die Gütefrage
Selbst wenn Daten formal korrekt erscheinen, stellt sich die Frage nach ihrer **Güte:**

- Sind die Daten **vollständig?**
- Sind sie **aktuell?**
- Sind sie im richtigen **Kontext** interpretiert?

Beispiel

Ein Beispiel: Ein Kundenstandort „Paris" – ohne Kontext ist unklar, ob es sich um Paris in Frankreich oder um Paris in Texas handelt. Die reine Stammdatenzeile reicht hier nicht, um **richtige Entscheidungen** zu treffen. ◄

KI-Modelle sind stark datenabhängig. Studien zeigen, dass 70–80 % der gescheiterten KI-Projekte primär an unvollständigen, schlecht aufbereiteten oder fragmentierten Daten scheitern. Ohne eine fundierte Datenstrategie einschließlich Datenqualität, Integration und Governance sind Analysen fehleranfällig, Modelle instabil und das Vertrauen in die Ergebnisse gering.

Weltinformation vs. interne Informationen

Automatisierungssysteme müssen lernen, **globale Wissensquellen** (z. B. Geo- oder Branchendatenbanken) mit **internen Unternehmensdaten** in Beziehung zu setzen.

- **Weltinformation** bietet Kontext und externe Validierung.
- **Interne Information** bietet Unternehmensspezifik und Relevanz für interne Abläufe.

Die **Synthese beider Perspektiven** ist entscheidend: Nur wenn Systeme beides verknüpfen, können sie Prozesse so ausführen, dass sie sowohl regelkonform als auch geschäftlich sinnvoll sind.

> **Fazit** Stammdaten sind nicht statisch, sondern müssen als **lebende Entität** betrachtet werden. In der Hyperautomation werden sie zu einer **strategischen Ressource,** die in Echtzeit geprüft, angereichert und kontextualisiert wird.
>
> Wer diese Datenbasis nicht sauber pflegt und mit externem Kontext anreichert, bremst nicht nur seine Automatisierung, sondern riskiert Fehlentscheidungen im operativen Geschäft.

Die Grafik (vgl. Abb. 8.1) und Tabelle (vgl. Tab. 8.1) zeigen, wie Stammdatenqualität und ihre Ursachen/Abhängigkeiten bestimmen, ob sie im Automatisierungskontext als Bremse oder Treiber wirken.

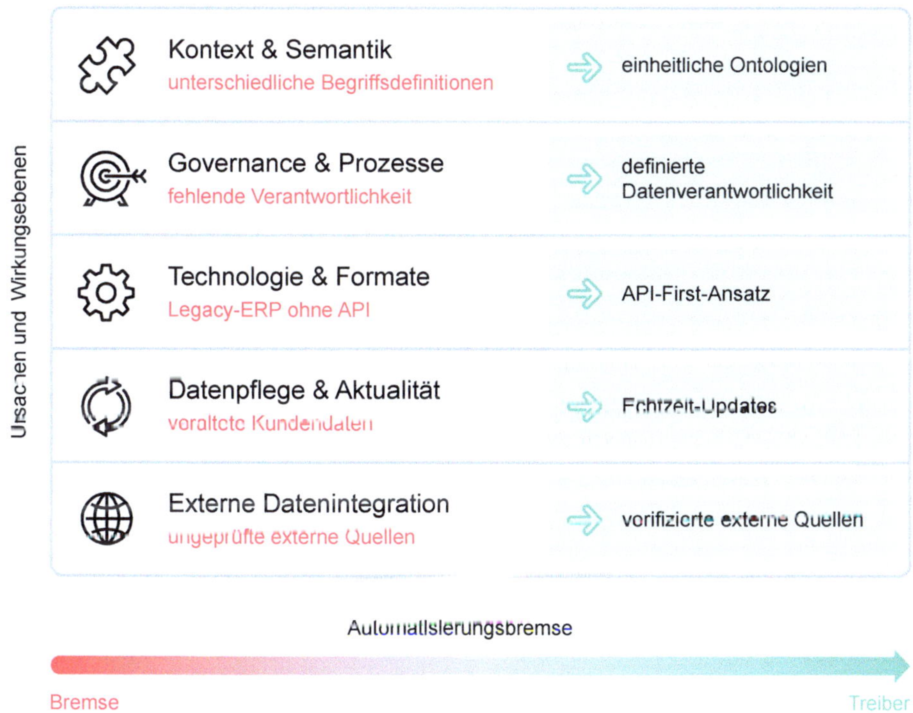

Abb. 8.1 Stammdaten – Bremser und Treiber in der Automatisierung (Model)

Tab. 8.1 Stammdaten Bremser und Treiberbeispiele zur Ursachen–/Abhängigkeitsebene (Tabellarisch)

Ursachen–/ Abhängigkeitsebene	Bremser-Beispiele	Treiber-Beispiele
Kontext & Semantik	Unterschiedliche Begriffsdefinitionen in Abteilungen („Kunde" ≠ „Mandant")	Einheitliche Ontologien und Taxonomien, klare Begriffssystematik
Governance & Prozesse	Niemand fühlt sich für Datenpflege verantwortlich, keine Qualitätssicherung	Definierte Datenverantwortliche, klare KPIs, automatisierte Validierungen
Technologie & Formate	Legacy-ERP ohne API, heterogene Formate (CSV, Excel, PDF)	API-First-Ansatz, einheitliche Austauschformate (JSON, XML, EDI)
Datenpflege & Aktualität	Veraltete Kundendaten, Dubletten, unvollständige Datensätze	Echtzeit-Updates, automatisierte Dublettenprüfung, Data Stewardship
Externe Datenintegration	Ungeprüfte externe Quellen, widersprüchliche Internetdaten vs. interne Stammdaten	Verifizierte, vertrauenswürdige externe Quellen, harmonisierte Datenanreicherung

8.2 Umgang mit unvollständigen und abweichenden Daten

In der Realität werden Daten, Belege und Dokumente häufig mit inhaltlichen Lücken oder inhaltlichen Unstimmigkeiten übermittelt. Ursachen hierfür sind vielfältig:

- **Menschliche Fehler** bei der Datenerfassung oder -übertragung
- **Lücken in der Datenbasis,** etwa fehlende Pflichtfelder oder unvollständige Metadaten
- **Uneinheitliches Begriffsverständnis,** beispielsweise unterschiedliche Definitionen für denselben Begriff in verschiedenen Abteilungen oder Systemen
- **Veraltete Daten,** die nicht mehr den aktuellen Stand widerspiegeln
- **Sicherheitsrelevante Manipulationen,** bei denen Daten absichtlich verändert werden, um Sicherheitslücken auszunutzen

Besonders im Kontext von Prozess-Automatisierung und Hyperautomation ergibt sich daraus eine doppelte Herausforderung:

1. **Erkennen** solcher Defizite, Abweichungen und Anomalien
2. **Korrigieren** oder **qualifiziert anreichern** dieser Daten, um die Grundlage für korrekte und belastbare Prozesse zu schaffen

Dabei muss sorgfältig festgelegt werden, **welchen Grad an Verantwortung die Automatisierung übernehmen darf** und wo zwingend menschliche Kontrolle erforderlich ist.

Ein systematischer Umgang mit unvollständigen oder abweichenden Daten kann dabei in mehreren Stufen erfolgen:

1. **Identifikation von Datendiskrepanzen**
   - Einsatz von Validierungsregeln, Plausibilitätsprüfungen und KI-gestützten Anomalieerkennungen
   - Vergleich von Datenquellen zur Feststellung von Widersprüchen
2. **Überwachender Zustand („Human-in-the-Loop“)**
   - Automatisierte Erkennung meldet potenzielle Fehler, Entscheidungen werden jedoch durch menschliche Experten verifiziert
   - Besonders relevant bei sensiblen Daten oder unklaren Abweichungen
3. **Datenanreicherung und -korrektur**
   - Ergänzen fehlender Informationen durch externe Datenquellen oder interne Referenzsysteme
   - Korrektur fehlerhafter Daten auf Basis von Regeln, Machine Learning oder semantischer Kontextanalyse
   - Antizipative Logik: Vorhersage fehlender Werte basierend auf historischen Mustern
4. **Bewertung des Sicherheitsgrades der Entscheidung**
   - Festlegen, unter welchen Bedingungen eine vollautomatische Korrektur zulässig ist
   - Definition von Risikoklassen (z. B. niedriges Risiko bei Marketingdaten, höchstes Risiko bei medizinischen oder sicherheitskritischen Daten)

Beispiel

Im medizinischen Umfeld kann eine falsche oder fehlende Angabe über Dosierungen lebensgefährlich sein. Hier gilt: maximale Sicherheitsstufe, strikte menschliche Kontrolle und nur begrenzte automatische Korrekturen. In anderen Szenarien – etwa der Adresskorrektur für einen Newsletter – kann eine vollautomatische Anpassung deutlich risikoärmer erfolgen.

Eine erfolgreiche Hyperautomation muss somit **nicht nur Prozesse ausführen,** sondern auch **die Qualität und Integrität der verarbeiteten Daten sicherstellen**. Dies erfordert eine Kombination aus technischer Präzision, semantischem Kontextverständnis und klar definierten Governance-Regeln. ◄

8.3 Wahrheit, Authentizität und Manipulationserkennung

In der Ära der Hyperautomation, in der KI-gestützte Systeme zunehmend eigenständig Entscheidungen treffen, ist die Gewährleistung der Wahrheit und Authentizität von Daten und Inhalten eine zentrale Herausforderung. Automatisierte Prozesse beruhen auf der Qualität und Vertrauenswürdigkeit der eingespeisten Informationen. Falsche oder manipulierte Daten können nicht nur Fehlentscheidungen verursachen, sondern auch weitreichende negative Auswirkungen auf Geschäftsprozesse, Sicherheit und Compliance haben.

Bedeutung von Wahrheit und Authentizität

Wahrheit und Authentizität sind Fundamentalkriterien für jede Form der Automatisierung. Während Wahrheit sich auf die faktische Korrektheit von Daten bezieht, beschreibt Authentizität deren Echtheit und Unverfälschtheit. In Hyperautomationsumgebungen, in denen Daten aus verschiedensten Quellen aggregiert werden, muss das System zuverlässig erkennen, ob Informationen echt sind und nicht manipuliert oder verfälscht wurden. Das gilt insbesondere, da Inhalte zunehmend von KI generiert werden, was die Unterscheidung zwischen menschlich erzeugten und synthetischen Daten erschwert.

Hintergrund: Motive und Interessen hinter Manipulationsversuchen

Um Manipulationen in automatisierten Prozessen effektiv zu erkennen und zu verhindern, ist es wichtig, die dahinterliegenden Absichten und Interessen der Akteure zu verstehen, die solche Systeme beeinflussen wollen. Die Beweggründe sind vielfältig und spiegeln meist wirtschaftliche, politische oder persönliche Ziele wider:

- **Finanzieller Gewinn:** Besonders im Geschäfts- und Finanzumfeld versuchen Akteure, durch Manipulation von Daten oder Automationsprozessen Wettbewerbsvorteile zu erlangen, etwa durch falsche Abrechnungen, betrügerische Transaktionen oder das Verfälschen von Marktdaten.
- **Wettbewerbs- und Markteinfluss:** Unternehmen oder Interessengruppen manipulieren automatisierte Entscheidungsprozesse, um Marktanteile zu sichern, Kunden zu beeinflussen oder interne Abläufe zu sabotieren.
- **Politische und ideologische Ziele:** Manipulationen können gezielt eingesetzt werden, um öffentliche Meinungen zu steuern, Desinformation zu verbreiten oder Wahlen zu beeinflussen – vor allem durch KI-generierte Inhalte oder gefälschte Berichte.
- **Sabotage und Cyberkriminalität:** Hacker und Cyberkriminelle greifen Automationssysteme an, um Prozesse zu stören, sensible Daten zu entwenden oder Unternehmen zu erpressen.
- **Persönliche Vorteile und Macht:** Einzelpersonen innerhalb von Organisationen könnten Manipulationen nutzen, um Entscheidungsprozesse zu ihren Gunsten zu beeinflussen, Verantwortung zu verschleiern oder interne Machtpositionen zu stärken.

Das Verständnis dieser Hintergründe hilft dabei, gezielte Schutzmechanismen zu entwickeln, die nicht nur technische Schwachstellen adressieren, sondern auch potenzielle Angriffsszenarien und die Motivation der Angreifer berücksichtigen.

Erkennung vertrauenswürdiger Datenquellen

Ein essenzieller Schritt ist die Identifikation und Bewertung der Vertrauenswürdigkeit von Datenquellen. Hyperautomationsplattformen nutzen hierzu Mechanismen wie:

- **Quellenvalidierung:** Prüfung der Herkunft durch digitale Signaturen, Zertifikate und Blockchain-basierte Verifikationen.
- **Reputationssysteme:** Bewertung von Datenanbietern basierend auf Historie und Konsistenz der gelieferten Informationen.
- **Redundanzprüfung:** Abgleich gleicher Datenpunkte aus mehreren unabhängigen Quellen, um Konsistenz zu bestätigen.

Erkennung KI-generierter Inhalte
Moderne KI-Modelle erzeugen Texte, Bilder oder Videos, die immer schwerer von echten Inhalten zu unterscheiden sind. Dies birgt Risiken, etwa durch Fake News, Deepfakes oder gefälschte Berichte. Hyperautomationssysteme setzen daher spezialisierte Verfahren zur Erkennung synthetischer Inhalte ein, darunter:

- **Fingerprinting von KI-Modellen:** Analyse charakteristischer Muster, die von generativen Modellen hinterlassen werden.
- **Metadatenanalyse:** Untersuchung von Entstehungszeitpunkten, Bearbeitungsspuren und technischen Metadaten.
- **Verhaltensbasierte Analysen:** Erkennung von Unstimmigkeiten im Kontext oder inkonsistentem Nutzerverhalten, die auf KI-Generierung hinweisen.

Manipulationserkennung und Anomaliedetektion
Manipulation kann auf unterschiedlichen Ebenen erfolgen – von gezielten Datenverfälschungen bis hin zu subtilen Änderungen in großen Datensätzen. Zur Erkennung nutzen Hyperautomationslösungen eine Kombination aus:

- **Statistischen Anomalieerkennungen:** Erkennung ungewöhnlicher Datenmuster oder Ausreißer.
- **Maschinellem Lernen:** Modelle, die typische Manipulationsmuster erlernen und automatisiert identifizieren.
- **Kryptografischen Techniken:** Sicherstellung der Integrität durch Hash-Werte und digitale Signaturen.

Entscheidungsfindung unter Unsicherheit
Selbst mit modernster Erkennung bleibt eine Restunsicherheit bezüglich Datenwahrheit bestehen. Hyperautomation muss daher Entscheidungslogiken implementieren, die Unsicherheiten explizit berücksichtigen:

- **Vertrauensbewertungen:** Jede Information wird mit einem Vertrauensscore versehen, der in Entscheidungsprozesse einfließt.
- **Fallback-Strategien:** Bei Zweifeln werden menschliche Prüfer eingebunden oder alternative Datenquellen herangezogen.
- **Adaptive Lernmechanismen:** Systeme passen ihre Erkennungsalgorithmen kontinuierlich an neue Manipulationsversuche an.

Zusammenfassung
Die Fähigkeit von Hyperautomationssystemen, Wahrheit, Authentizität und Manipulation zu erkennen, ist entscheidend für den Erfolg und die Sicherheit automatisierter Geschäftsprozesse. Durch die Kombination von Quellenvalidierung, KI-Content-Analyse, Manipulationserkennung und adaptiver Entscheidungsfindung schaffen moderne Plattformen die Grundlage für vertrauenswürdige Automatisierung in komplexen, dynamischen Umgebungen.

8.4 Ontologie, Semantik und Kontextlogik

In der modernen Informationstechnologie – insbesondere in der **Prozess-Automatisierung** und **Hyperautomation** – ist die Fähigkeit, **Zusammenhänge zwischen Datenobjekten präzise zu beschreiben,** eine zentrale Voraussetzung für Effizienz, Skalierbarkeit und Resilienz.

Drei Schlüsselkonzepte spielen dabei eine fundamentale Rolle: **Ontologie, Semantik** und **Kontextlogik**.

Bezug zur Abbildung (vgl. Abb. 8.2)

Das Bild illustriert ein **Wissensnetzwerk** (Knowledge Graph), in dem Entitäten (Personen, Orte, Objekte) und ihre Beziehungen formal und semantisch beschrieben sind.

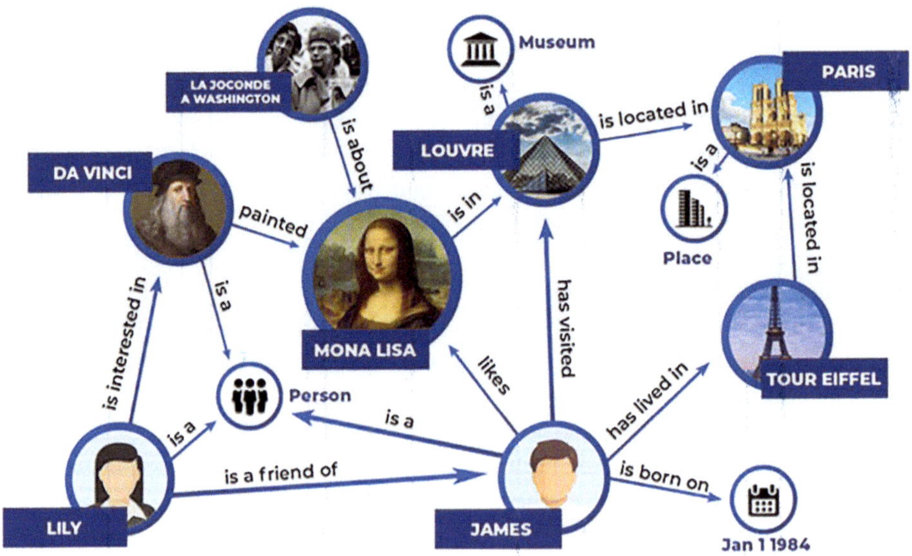

Abb. 8.2 Knowledge-Graphen/Wissensgraphen, deepset.ai (2025)

Für die IT bedeutet dies: Solche Graphen können als **gemeinsame Wissensbasis** dienen, auf die alle Automatisierungsschritte zugreifen – vom Datenabruf bis zur Entscheidungsfindung.

Ontologie – Die formale Landkarte des Wissens
Eine Ontologie definiert **Begriffe (Konzepte), Eigenschaften** und **Beziehungen** in einer Domäne.

Sie ist im Kern ein **formales Modell,** das beschreibt:

- **Was es gibt** (Entitäten, z. B. „Person", „Ort", „Objekt")
- **Wie Dinge zueinander in Beziehung stehen** (Relationen, z. B. „ist befreundet mit", „liegt in")
- **Welche Eigenschaften sie besitzen** (Attribute, z. B. „Geburtsdatum", „Typ")

Im beigefügten Bild ist z. B. festgehalten, dass „Mona Lisa" **ein Gemälde ist,** von **Da Vinci** gemalt wurde, **im Louvre** hängt, und der Louvre **in Paris** liegt. Diese Darstellung erlaubt es Computern, **nicht nur isolierte Fakten,** sondern ein **Netzwerk an Bedeutung** zu verstehen.

Semantik – Die Bedeutung hinter den Daten
Während die Ontologie die **Struktur** liefert, sorgt die Semantik dafür, dass Systeme auch **wissen, was die Daten bedeuten**.

Beispiel

Wenn in einer Datenbank steht „Louvre → ist in → Paris", kann ein semantisch fähiges System daraus auch ableiten:

- „Louvre" ist ein Museum.
- Paris ist eine Stadt.
- Alles, was im Louvre ist, befindet sich automatisch auch in Paris. ◄

Solche logischen Schlüsse sind essenziell, damit **automatisierte Prozesse** nicht nur Daten transportieren, sondern **intelligente Entscheidungen treffen** können.

Kontextlogik – Verstehen, wann und warum etwas gilt
Daten und ihre Bedeutung sind **kontextabhängig**.

In der Automatisierung kann derselbe Datensatz in unterschiedlichen Prozessen **unterschiedliche Rollen** spielen.

Die Kontextlogik definiert:

- **Gültigkeitsbereiche** (z. B. ein Ort gilt „besucht", wenn die Aufenthaltsdauer >1 h ist)
- **Regelabhängigkeiten** (z. B. ein Ticketkauf wird nur dann verarbeitet, wenn der Kunde im System existiert)
- **Interpretationsrahmen** (z. B. „Paris" in Frankreich vs. „Paris" in Texas)

Kontextlogik ist entscheidend, um **Fehlentscheidungen** zu vermeiden, wenn Daten in verschiedenen Prozessen wiederverwendet werden.

Bedeutung für Prozess-Automatisierung und Hyperautomation
Ohne **Ontologie, Semantik** und **Kontextlogik** arbeiten Automatisierungssysteme **blind:**

- **Ohne Ontologie** fehlt die formale Grundlage, um Entitäten und ihre Beziehungen überhaupt zu modellieren.
- **Ohne Semantik** können Systeme zwar Daten lesen, aber keine sinnvollen Schlüsse ziehen.
- **Ohne Kontextlogik** werden Regeln zu starr oder zu fehleranfällig für wechselnde Bedingungen.

Gerade in der **Hyperautomation** – wo RPA, KI, Prozess-Mining und Decision-Engines zusammenarbeiten – ist diese Bedeutungs- und Beziehungslogik die Basis dafür, dass Systeme **selbstständig adaptieren, verknüpfen und optimieren** können.

Ausblick: Künstliche Intelligenz und Sprachmodelle
Mit dem rasanten Fortschritt in der **Künstlichen Intelligenz** – insbesondere bei **Large Language Models (LLMs)** wie GPT, Claude oder LLaMA – eröffnen sich neue Möglichkeiten, Ontologien, Semantik und Kontextlogik **automatisiert zu erzeugen, zu erweitern und zu nutzen**.

1. Automatische Wissensmodellierung
Sprachmodelle sind in der Lage, **unstrukturierte Texte** zu analysieren und daraus **strukturierte Wissensrepräsentationen** zu generieren – z. B. automatisch Entitäten, Beziehungen und Attribute in einem **Knowledge Graph** anzulegen.

Das beschleunigt den Aufbau semantischer Modelle enorm, besonders bei **großen Datenmengen**.

2. Dynamische Kontextanpassung
Anders als klassische Regelwerke können LLMs **Kontext dynamisch interpretieren**.

Beispiel: Wenn ein automatisiertes System erkennt, dass „Paris" im Kundendatensatz zu einem Kunden in Texas gehört, kann es durch Abgleich mit dem Kontext („Bundesstaat = Texas") **Fehlentscheidungen vermeiden**.

In Hyperautomation-Szenarien bedeutet das: KI kann Prozesse **on-the-fly anpassen,** ohne dass ein Entwickler neue Regeln programmieren muss.

3. Semantische Brücken zwischen Systemen
Oft existieren in Unternehmen **mehrere Insellösungen** mit eigenen Datenmodellen. Sprachmodelle können **Semantik-Mapping** leisten – also unterschiedliche Begriffe und Strukturen zwischen Systemen automatisch verbinden.

Das ist besonders wertvoll, wenn RPA-Bots, ERP-Systeme, CRM-Tools und KI-Engines gemeinsam Prozesse ausführen.

4. Selbstlernende Resilienz
Eine Kombination aus **Ontologie + Semantik + LLM** kann zu einer **selbstlernenden Prozesslandschaft** führen:

- Erkennt ein LLM einen Fehler (z. B. widersprüchliche Daten im Prozess), kann es diesen nicht nur melden, sondern auch **Ursachen ableiten** und in die Ontologie zurückspielen.
- So entsteht eine **Feedback-Schleife,** die Systeme langfristig robuster macht.

Bedeutung für die Zukunft
Während klassische Automatisierung vor allem auf **vordefinierte Regeln** angewiesen ist, können Sprachmodelle den Schritt hin zu **adaptiver, wissensgetriebener Hyperautomation** ermöglichen.

In naher Zukunft ist zu erwarten, dass KI:

- Ontologien **automatisch aus Unternehmensdaten** generiert,
- Prozesse **semantisch interpretiert,**
- und **Kontextabhängigkeiten in Echtzeit** auflöst.

Das Zusammenspiel aus **Wissensgraphen, Semantik-Engines** und **KI-Sprachmodellen** wird damit zu einem zentralen Fundament der nächsten Automatisierungs-Generation.

8.5 Verständnis von Verbundenheit und Strukturen in der Datenverarbeitung

Die Datenverarbeitung vollzieht sich in aufeinander aufbauenden Ebenen – von der rein **physikalischen Erfassung** der Daten bis hin zum **tiefen Verständnis von Prinzipien** und der **Ableitung von Weisheit** (vgl. Abb. 8.3).

Dieses Stufenmodell lässt sich in fünf Kernschritte unterteilen:

1. **Daten (physikalische Strukturierung)**
   Rohdaten – z. B. aus Sensoren, Transaktionen oder Dateien – liegen zunächst in formalen Strukturen vor (z. B. XML, JSON, CSV) oder in unstrukturierten Daten (z. B. PDF, Bilder) die zuvor über intelligente Aufbereitung in strukturierte Daten umgewandelt wurden.
   → Ziel: Sicherstellung der technischen Verfügbarkeit und Korrektheit.

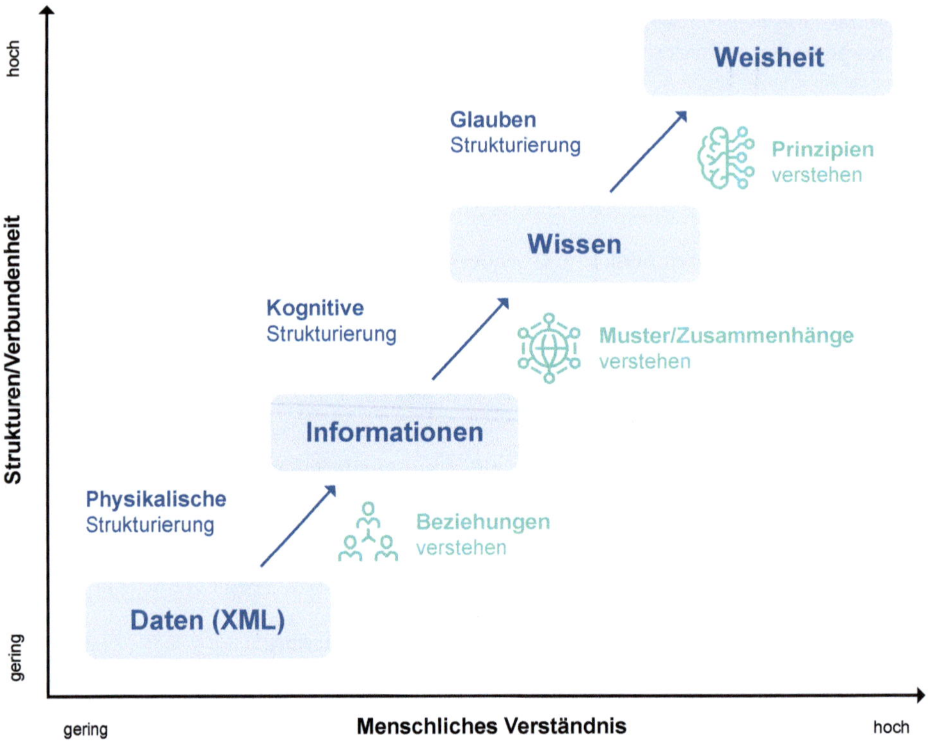

Abb. 8.3 Verständnis Verbundenheit und Strukturen in der Datenverarbeitung

2. **Informationen (Beziehungen verstehen)**
   Daten werden in einen Kontext gestellt und durch Anreicherung, Filterung und Formatierung in verständliche Information umgewandelt.
   → Ziel: Beziehungen zwischen Datenpunkten, Feldwerten (Inhalten) erkennen.
3. **Wissen (Muster und Zusammenhänge verstehen)**
   Informationsmengen werden analysiert, um wiederkehrende Muster, Abhängigkeiten oder Ursache-Wirkungs-Beziehungen zu erkennen.
   → Ziel: Handlungsmöglichkeiten ableiten.
4. **Weisheit (Prinzipien verstehen)**
   Das Verständnis geht über Einzelfälle hinaus und abstrahiert auf grundlegende Prinzipien, Regeln oder Strategien.
   → Ziel: Robust und nachhaltig Entscheidungen treffen.
5. **Glauben/Werte (kognitive Strukturierung)**
   Auf höchster Ebene werden Prinzipien mit unternehmerischen Zielen, ethischen Vorgaben und strategischen Leitplanken verknüpft.
   → Ziel: Datengetriebene Entscheidungen im Einklang mit Werten und Mission.

Herausforderungen im Technologiekontext

Der Einsatz von Prozess-Automation, Hyperautomation und datengetriebenen Systemen erfordert die Fähigkeit, **zwischen diesen Ebenen verlustfrei zu wechseln**.

Dabei entstehen drei zentrale Risiken:

- **Lücken in der Informationsweitergabe** → Bruchstellen zwischen Datenerfassung, Verarbeitung und Interpretation.
- **Qualitätsdefizite** → Fehlende Validierung oder unzureichende Datenbereinigung.
- **Mangelnde semantische Aufbereitung** → Systeme können den Kontext nicht ausreichend interpretieren.

Insbesondere **Hyperautomation** strebt an, diese Übergänge weitgehend ohne menschliches Zutun zu meistern – mit der Zielsetzung, Entscheidungen zu treffen, die **dem menschlichen Verständnis ebenbürtig sind oder es übertreffen**.

Anforderungen an resiliente Automationssysteme

Um diese Ebenen zuverlässig zu durchlaufen, müssen moderne Automationslösungen folgende Eigenschaften besitzen:

1. **Mehrstufige Verarbeitungskompetenz** – Vom reinen Dateninput bis zur strategischen Ableitung.
2. **Kontextsensitivität** – Fähigkeit, Daten nicht nur syntaktisch, sondern auch semantisch einzuordnen.
3. **Adaptionsfähigkeit** – Dynamische Anpassung der Verarbeitung an neue Quellen, Formate und Geschäftslogiken.
4. **Rückkopplungsschleifen** – Lernen aus Fehlern und Optimieren der Prozesse.
5. **Erklärbarkeit** – Transparente Ableitung von Entscheidungen auf allen Ebenen.
6. **Transformationsfähigkeit** – Daten können auch in entgegengesetzter Richtung verarbeitet werden und auf jeder Ebene Informationen generieren bzw. auf physikalischer Ebene Daten erzeugen (transformieren).

Bezug zur Abbildung

Das im Bild dargestellte Modell visualisiert diese aufsteigende Entwicklung von Daten → Informationen → Wissen → Weisheit.

Die beiden Achsen „**Menschliches Verständnis**“ und **„Strukturen/Verbundenheit“** verdeutlichen, dass höhere Ebenen nicht nur komplexere Strukturen, sondern auch tiefere kognitive Verarbeitung erfordern.

Hyperautomation kann hier als „Brücke“ fungieren, die diese Stufen automatisiert überwindet und gleichzeitig Datenqualität, Kontextverständnis und Regelkonformität sicherstellt.

Kap. 9: Künstliche Intelligenz in der Prozessautomatisierung

9

Zusammenfassung

Kap. 9 bündelt die KI-Bausteine der Hyperautomatisierung von der Problemanforderung bis zur qualitätsgesicherten Entscheidung. Ausgehend von der **Lösungsintelligenz (9.1)** zeigt das Kapitel, wie KI Prozesswissen aus Daten, Varianten und Edge Cases erschließt, Regeln ableitet, Szenarien simuliert und dadurch sowohl komplexe als auch monotone Abläufe optimiert – stets mit klaren Feedbackschleifen und Lernmechanismen. Die **Extraktion & Klassifikation (9.2)** verknüpfen NLP, Computer Vision/OCR, LLMs und klassische ML-Modelle, um strukturierte wie unstrukturierte Quellen (PDF, E-Mail, Bilder, Logs) in verlässliche, kontextreiche Datensätze zu überführen und in Workflows (z. B. via RPA/APIs) einzubetten. **Predictive Funktionen (9.3)** prognostizieren Datenlücken, reichern automatisch an, erkennen Anomalien in Echtzeit und koppeln Vorhersagen direkt an Prozesssteuerung (Time Series, RL, Multi-Agenten). **Generative KI (9.4)** unterstützt Berichte, Erklärungen, Interaktion (RAG, Conversational Agents). Zugleich betont **9.5** die Grenzen probabilistischer **LLMs** (Halluzination, Bias, Nicht-Determinismus) und leitet daraus Absicherungen ab: Guardrails, Prompting, Fine-Tuning, Kombination mit symbolischer Logik. Zur **Qualitätssteigerung (9.6)** adressiert das Kapitel die „letzten 20 %“ komplexer Fälle mittels Wissensbereitstellung, domänenspezifischem Training, HITL, Self Training, Ensembles, Monitoring/ML-Ops, Explainability und risikobasierter Validierung. Ergebnis: KI wird zum robusten, transparenten Entscheidungsmotor – skalierbar, resilient und geschäftskritisch verlässlich.

P. Futterknecht, *Hyperautomation – Der letzte Schritt vor der intelligenten Organisation*, https://doi.org/10.1007/978-3-658-50441-0_9

9.1 Prozessanforderung und Lösungsintelligenz von KI

Die Erwartung und Hoffnung an KI in der Prozessautomatisierung ist es, komplexe und bislang nicht herleitbare Fragestellungen sowie Prozesse zu automatisieren, auf die der Mensch heute keine Antwort hat. Mit zunehmender Intelligenz, Rechenleistung und Zugriff auf vielfältige Datenquellen wird KI in der Lage sein, Abhängigkeiten zu identifizieren, relevante Parameter zu bestimmen und daraus Handlungsempfehlungen oder automatisierte Lösungen abzuleiten.

Beispiel

Eine KI könnte eine vollständig eigenständige Prozessanalyse durchführen, um anschließend Parameter bzw. Ursachen zu identifizieren, die für die Automatisierbarkeit eines Prozesses entscheidend sind. Im nächsten Schritt ermittelt sie notwendiges Prozesswissen – sowohl aus dem verfügbaren Daten- und Erfahrungsspektrum als auch aus Variationen und Sonderfällen (Edge-Cases) – und leitet daraus belastbare Regeln und Handlungsmuster ab. Ziel ist es, selbst für den Menschen nicht mehr nachvollziehbare Regeln und Abhängigkeiten über ein selbstlernendes System abbilden zu können. ◄

Darüber hinaus kann eine intelligente Lösung auf Basis von Simulationen („Was-wäre-wenn-Analysen") unterschiedliche Prozessvarianten durchspielen, um den effizientesten, sichersten oder kostengünstigsten Ansatz auszuwählen. Dadurch entstehen neue Möglichkeiten, komplexe Problemstellungen datengetrieben zu bewerten und strategische Entscheidungen mit höherer Präzision zu treffen.

Auch aus Business-Perspektive ist der Mehrwert erheblich: Die Fähigkeit, hochkomplexe Fragestellungen zu lösen, steigert nicht nur den Wettbewerbsvorteil (vgl. Abb. 9.1), sondern auch die Außenwirkung eines Unternehmens. Gleichzeitig kann KI auch monotone, klar strukturierte Prozesse übernehmen, um menschliche Ressourcen freizusetzen. Sachbearbeiter und Fachkräfte können sich so auf kreative Problemlösungen, strategische Arbeit und die Pflege von zwischenmenschlichen Beziehungen konzentrieren – Bereiche, die KI mittelfristig bis langfristig nicht in gleicher Qualität übernehmen kann.

Die Einführung von KI in diesem Kontext erfordert jedoch ein durchdachtes Vorgehen:

- **Erfassung der Prozessanforderung:** Verstehen, welche Inputs, Ziele und Rahmenbedingungen den Prozess prägen.
- **Analyse und Interpretation:** Erkennen relevanter Parameter, Ressourcen und Abhängigkeiten im Kontext anderer Prozesse.
- **Generierung von Lösungen:** Entwicklung mehrerer Handlungsoptionen unter Berücksichtigung von Effizienz, Kosten, Risiko und Nachhaltigkeit.

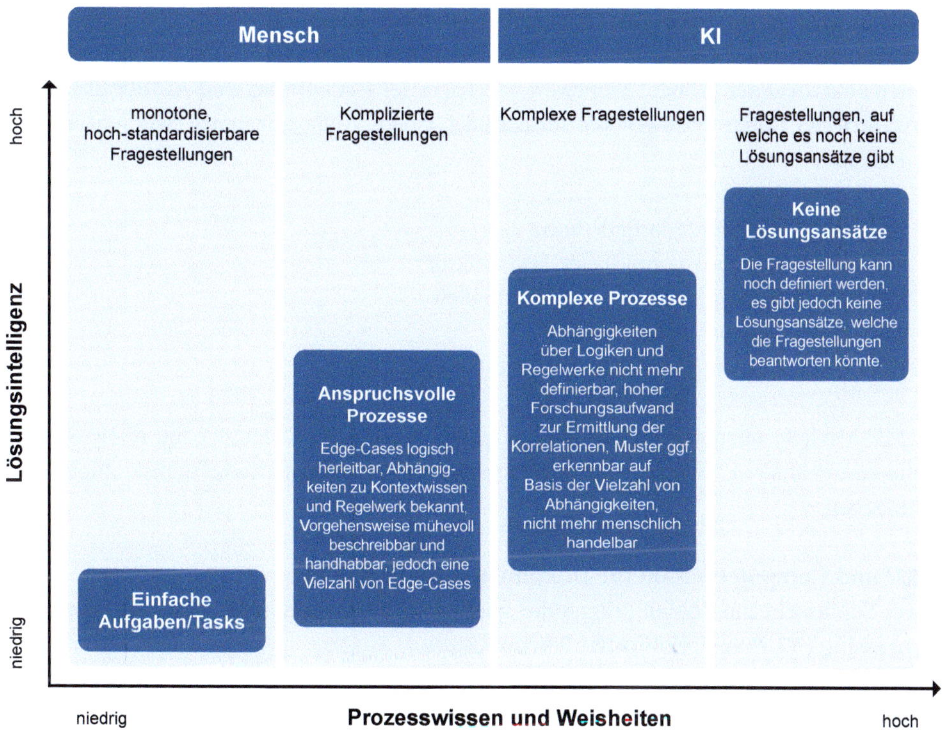

Abb. 9.1 Lösungsintelligenz in Abhängigkeit von geforderten Prozesswissen und Weisheiten

- **Entscheidungsunterstützung:** Bereitstellung nachvollziehbarer Empfehlungen, kombiniert mit menschlichen Feedbackschleifen.
- **Kontinuierliches Lernen:** Anpassung der Lösungen an veränderte Umstände, neue Daten oder sich wandelnde Geschäftsziele.

Mit dieser Kombination aus analytischer Tiefe, adaptivem Lernen und der Fähigkeit, sowohl einfache als auch komplexe Prozesse zu optimieren, wird KI zu einem zentralen Treiber der Prozessintelligenz in der Hyperautomation.

9.2 Extraktion und Klassifikation von Daten – Machine Learning

In modernen Prozessautomatisierungen ist die **Extraktion und Klassifikation von Daten** ein zentraler Schritt. Sie entscheidet darüber, ob nachgelagerte Prozesse mit korrekten, vollständigen und aussagekräftigen Informationen arbeiten können. Machine Learning (ML) hat diesen Bereich in den letzten Jahren stark verändert: Daten können nicht nur schneller erfasst, sondern auch inhaltlich verstanden und in kontextbezogene Kategorien eingeordnet werden.

Datenaufnahme aus strukturierten und unstrukturierten Quellen

Während strukturierte Daten – etwa aus Datenbanken oder Tabellen – relativ einfach zu verarbeiten sind, liegt der größere Mehrwert von KI in der **Erkennung und Aufbereitung unstrukturierter Daten**. Dazu gehören Texte, Bilder, Videos, Audioaufnahmen oder Sensordaten.

Beispiele:

- Rechnungsdokumente in PDF-Form
- E-Mail-Korrespondenz mit freier Textstruktur
- Produktbilder oder Scans von Lieferscheinen
- Maschinenlogs aus IoT-Systemen
- Daten aus externen, Dritt- oder anderen Ökosystemen

ML-Modelle übernehmen hier die Aufgabe, aus diesem Datenmix die relevanten Inhalte zu extrahieren, zu standardisieren und für weitere Verarbeitungsschritte zugänglich zu machen.

NLP und Computer Vision für Dokument- und Bildanalyse

Zwei Schlüsseltechnologien prägen die intelligente Datenerfassung: **Natural Language Processing (NLP)** und **Computer Vision**.

- **NLP** ermöglicht es, Texte semantisch zu analysieren, Entitäten wie Namen, Orte oder Beträge zu erkennen und die Inhalte in strukturierte Datensätze zu überführen.
- **Computer Vision** analysiert Bilder und Videos, erkennt Muster, Objekte, Textpassagen (OCR – Optical Character Recognition) und kann diese kontextbezogen zuordnen.

Diese Technologien arbeiten häufig kombiniert: So kann ein Lieferschein als Bilddatei zunächst per OCR in Text umgewandelt und anschließend per NLP in Felder wie „Lieferdatum" oder „Artikelnummer" strukturiert werden.

Technologiebezug: ML-Modelle, Deep Learning, LLMs und RPA

Die technische Umsetzung der Extraktion und Klassifikation basiert auf unterschiedlichen Technologiebausteinen:

- **ML-Modelle:** Klassische Machine-Learning-Ansätze wie Random Forests oder Support Vector Machines zur Kategorisierung von Daten.
- **Deep Learning:** Neuronale Netze, insbesondere Convolutional Neural Networks (CNNs) für Bilderkennung oder Transformer-Architekturen für Sprachverarbeitung.
- **LLMs für semantische Extraktion:** Große Sprachmodelle können nicht nur Text verstehen, sondern auch *semantische Beziehungen* erkennen, komplexe Inhalte zusammenfassen und kontextbezogen klassifizieren.
- **RPA für Integration in Workflows:** Robotic Process Automation übernimmt die technische Schnittstelle zwischen KI-gestützter Datenextraktion und den Geschäftsprozessen, in denen die aufbereiteten Daten benötigt werden.

Mehrwert für die Hyperautomation
Durch die intelligente Extraktion und Klassifikation kann die KI den **Medienbruch zwischen verschiedenen Datenquellen und -formaten** überwinden. Informationen, die früher manuell übertragen oder interpretiert werden mussten, stehen in Echtzeit und in maschinenlesbarer Form zur Verfügung. Dies steigert nicht nur die Effizienz, sondern auch die Datenqualität – eine Grundvoraussetzung für jede nachfolgende Automatisierung.

9.3 Vorhersage und Anomalie Erkennung – Predictive Funktionen

In der Hyperautomation zählt die Fähigkeit, **zukünftige Ereignisse vorherzusagen** und **Abweichungen frühzeitig zu erkennen,** zu den wertvollsten Funktionen moderner KI-Systeme. Unternehmen, die nicht nur auf aktuelle Daten reagieren, sondern proaktiv und mit hoher Güte Entscheidungen treffen, verschaffen sich einen deutlichen Wettbewerbsvorteil. Predictive Funktionen verbinden historische Daten, Echtzeitinformationen und fortgeschrittene Lernverfahren zu einem Werkzeug, das Risiken minimiert und Chancen früh erkennt.

Vorhersage von Datenlücken und Anreichung von Daten
In datengetriebenen Prozessen sind fehlende oder unvollständige Informationen oft ein kritisches Problem – sie können nicht nur Entscheidungen verzögern, sondern ganze Prozessketten unterbrechen. Predictive-Analytics-Ansätze ermöglichen es, **das Entstehen solcher Datenlücken frühzeitig zu erkennen** und **geeignete Maßnahmen zur Anreicherung einzuleiten**.

- **Früherkennung fehlender Daten:** ML-Modelle analysieren historische Prozessdaten, um vorherzusagen, an welchen Stellen mit hoher Wahrscheinlichkeit Datenlücken auftreten werden – etwa durch fehlenden Daten, zeitliche versetzten Übermittlungen oder menschliche Eingabefehler.
- **Automatische Datenanreicherung:** Basierend auf ähnlichen historischen Datensätzen oder externen Referenzquellen (z. B. öffentliche Datenbanken, Partnerdaten, Marktdaten) ergänzt die KI fehlende Werte durch Schätzungen oder direkte Abrufe aus vertrauenswürdigen Quellen.
- **Kontextbasierte Plausibilisierung:** Bevor die angereicherten Daten in den Prozess einfließen, prüft die KI diese auf Konsistenz mit dem restlichen Datensatz, um fehlerhafte Ergänzungen zu vermeiden.

Der Vorteil: Prozesse bleiben stabil und müssen nicht angehalten werden, bis manuelle Nachbearbeitung erfolgt. So lassen sich Lieferketten, Abrechnungen oder Produktionsplanungen kontinuierlich aufrechterhalten.

Anomalieerkennung in Echtzeit

Neben der Vorhersage normaler Entwicklungen ist die **Erkennung von Abweichungen** entscheidend, um auf unvorhergesehene Ereignisse schnell zu reagieren.

In der Prozessautomatisierung wird Anomalieerkennung zunehmend als **Trigger für dynamische Prozessentscheidungen** eingesetzt. Weicht ein Prozesspfad von der erwarteten Norm ab, kann ein Hyperautomationssystem in Echtzeit Gegenmaßnahmen einleiten – etwa durch automatische Eskalation, Umleitung von Prozessschritten, Datenanreicherung oder die Einbindung menschlicher Prüfer (Human-in-the-Loop).

So entsteht ein Kreislauf aus **Erkennen – Bewerten – Handeln,** bei dem Anomalien nicht nur sichtbar gemacht, sondern aktiv in die Steuerung der Prozesslandschaft integriert werden. Damit wird Anomalieerkennung vom reinen Monitoring zu einem **strategischen Steuerungsinstrument der Hyperautomation,** das Ausfallzeiten minimiert, Compliance-Verstöße verhindert und die Resilienz komplexer Abläufe erhöht.

Technologiebezug: Time-Series-Modelle, Reinforcement Learning, KI-Agenten

Die technische Umsetzung von Predictive-Funktionen stützt sich auf mehrere zentrale Methoden – in der Hyperautomation jedoch nicht isoliert, sondern als **eingebettete Komponenten einer durchgängigen Prozesslogik:**

- **Time-Series-Modelle** (z. B. ARIMA, Prophet oder LSTM-Netze): Diese Verfahren für zeitabhängige Datenreihen werden nicht nur zur Prognose von Nachfrage oder Auslastung eingesetzt, sondern sind in Hyperautomationsplattformen eng mit Workflow-Steuerung und Ressourcenplanung verzahnt. Ein ermittelter Nachfragepeak löst automatisch Kapazitätsanpassungen, Bestellprozesse oder Eskalationen im Supply Chain Management aus.
- **Reinforcement Learning:** Statt im Labor isoliert zu lernen, optimieren solche Modelle in Hyperautomation kontinuierlich Prozessentscheidungen im Live-Betrieb. Sie erproben alternative Handlungsoptionen, bewerten deren Auswirkungen auf Kosten, Zeit oder Qualität und passen Workflows dynamisch an veränderte Rahmenbedingungen an – etwa bei Lieferkettenstörungen oder plötzlichen Nachfragesprüngen.
- **KI-Agenten für dynamische Planung:** Autonome Agenten fungieren als „dezentrale Entscheidungsträger“. In Hyperautomationsumgebungen kombinieren sie Vorhersagen mit Echtzeitdaten aus Daten, ERP oder CRM-Systemen, treffen lokale Entscheidungen und koordinieren sich über Multi-Agenten-Architekturen. So entsteht eine adaptive Prozesslandschaft, die ohne zentrale Steuerung resilient auf Abweichungen reagieren kann.

Mehrwert in der Praxis

Predictive-Funktionen ermöglichen es Unternehmen, proaktiv statt reaktiv zu agieren. In der Hyperautomation bedeutet dies jedoch mehr als nur schneller reagieren: Prozesse werden vorausschauend gesteuert und permanent optimiert.

- In der **Just-in-Time-Produktion** werden Kapazitätsprognosen automatisch mit Bestell- und Fertigungsprozessen verknüpft.
- In der **Fraud Detection** leiten auffällige Muster sofort Prozessverzweigungen ein – z. B. die Sperrung von Transaktionen oder die Einbindung von Compliance-Prüfern.
- Bei der **Ressourcenallokation** können autonome Agenten auf Basis von Vorhersagen Arbeitslasten verschieben oder neue Instanzen in Cloud-Umgebungen starten.

Damit wird klar: In der Hyperautomation sind Predictive-Fähigkeiten kein „Add-on", sondern ein **Kernbaustein selbststeuernder Prozesslogik,** die es ermöglicht, ganze Wertschöpfungsketten adaptiv, robust und zukunftsorientiert auszurichten.

9.4 Generierung – Generative AI für Assistenz, Erklärungen, Interaktion

Die jüngste Entwicklungswelle im Bereich Künstlicher Intelligenz wird stark durch **Generative AI** geprägt. Anders als klassische Automatisierung, die sich auf regelbasierte Abläufe stützt, eröffnet die Generierung von Inhalten neue Möglichkeiten für **Assistenzsysteme, Wissensaufbereitung und die Interaktion zwischen Mensch und Maschine**.

Ein zentrales Anwendungsfeld ist die **automatische Erstellung von Berichten, Anleitungen und Kundenkommunikation**. Generative Modelle können strukturierte Daten in verständliche Texte übersetzen, zum Beispiel indem sie aus Logfiles automatisierte Statusberichte erzeugen, Compliance-Reports zusammenfassen oder Supportantworten in natürlicher Sprache formulieren. Auf diese Weise werden repetitive Tätigkeiten entlastet, gleichzeitig steigt die Konsistenz und Geschwindigkeit in der Kommunikation.

Darüber hinaus leisten generative Modelle wertvolle Dienste bei der **Wissensaufbereitung und Erklärung komplexer Sachverhalte**. Ein Beispiel ist die Begleitung von Fachanwendern durch interaktive Dialogsysteme („Conversational Agents"), die sowohl allgemeine Fragen beantworten als auch konkrete Prozessschritte erläutern können. In Kombination mit **Retrieval-Augmented Generation (RAG)** lassen sich unternehmensspezifische Datenbestände gezielt einbinden, sodass die Antworten nicht nur plausibel, sondern auch korrekt und kontextbezogen sind.

Ein weiterer Innovationsschub ergibt sich durch **multimodale Modelle,** die nicht nur Text, sondern auch Bilder, Tabellen, Dokumente oder Sprache verarbeiten können. Dadurch lassen sich etwa Bedienungsanleitungen automatisch bebildern, Dashboards um erklärende Textpassagen ergänzen oder Kundeninteraktionen über Sprache und Chat simultan bedienen.

Technologisch spielen hier vor allem **Large Language Models (LLMs)** eine zentrale Rolle, die durch Feintuning, RAG-Kombinationen und Sicherheitsmechanismen (z. B. Content-Filter, Halluzinationskontrolle) für den Unternehmenskontext nutzbar gemacht werden. Die Integration in bestehende Workflows erfordert allerdings eine sorgfältige Governance: Themen wie **Datenschutz, Bias, Nachvollziehbarkeit und**

Revisionssicherheit müssen beachtet werden, um die generierten Inhalte nicht nur nützlich, sondern auch vertrauenswürdig zu machen.

Generative AI verändert damit nicht nur, **wie Informationen erstellt und vermittelt werden,** sondern auch, **wie Menschen mit Systemen interagieren**. Statt starre Masken auszufüllen, können Anwender künftig über natürliche Sprache mit Systemen arbeiten – ein Paradigmenwechsel, der Effizienzgewinne ebenso ermöglicht wie eine höhere Nutzerfreundlichkeit.

9.5 Sprachverständnis – LLMs bleiben eine Wahrscheinlichkeitsrechnung

Sprachmodelle der neuesten Generation, sogenannte **Large Language Models (LLMs),** haben in den letzten Jahren enorme Fortschritte erzielt. Sie können Texte generieren, Informationen zusammenfassen, Fragen beantworten und sogar komplexe Aufgaben im Kontext der Prozessautomatisierung unterstützen. Dennoch ist es wichtig zu verstehen, dass diese Systeme **keine semantische Bedeutung „verstehen“,** sondern auf **Wahrscheinlichkeitsrechnung** beruhen: Sie sagen vorher, welches Wort mit der größten Wahrscheinlichkeit als nächstes im Kontext einer Eingabe stehen sollte.

Funktionsweise von Sprachmodellen

LLMs basieren auf neuronalen Netzen, die auf gewaltigen Textmengen trainiert werden. Dabei lernen sie, **statistische Muster in Sprache** zu erkennen.

- **Tokenisierung:** Eingaben werden in kleinere Einheiten („Tokens“) zerlegt.
- **Wahrscheinlichkeitsvorhersage:** Für jedes Token wird berechnet, wie wahrscheinlich es im aktuellen Kontext erscheint.
- **Generierung:** Durch die Aneinanderreihung der wahrscheinlichsten Tokens entstehen Antworten, die für Menschen kohärent und oft sinnvoll wirken.

Dieses Vorgehen erklärt die beeindruckende Sprachfähigkeit der Modelle – aber auch ihre inhärenten Schwächen.

Grenzen und Herausforderungen

Trotz ihrer Leistungsfähigkeit weisen LLMs systemische Einschränkungen auf:

- **Halluzinationen:** Modelle erfinden Fakten oder Zusammenhänge, wenn keine ausreichenden Informationen vorliegen.
- **Bias:** Vorurteile und Verzerrungen aus den Trainingsdaten spiegeln sich in den Antworten wider.
- **Fehlendes deterministisches Verhalten:** Dieselbe Eingabe kann zu unterschiedlichen Ausgaben führen, da Wahrscheinlichkeiten und Sampling-Strategien im Spiel sind.

Für den Einsatz in **geschäftskritischen Prozessen** bedeutet dies: Ergebnisse müssen validiert und durch zusätzliche Kontrollmechanismen abgesichert werden.

Technologiebezug: Methoden zur Absicherung
Um die Stärken von LLMs nutzbar zu machen und gleichzeitig ihre Risiken zu minimieren, kommen verschiedene Techniken zum Einsatz:

- **Fine-Tuning:** Anpassung vortrainierter Modelle an spezifische Domänen oder Unternehmensdaten, um Genauigkeit und Relevanz zu steigern.
- **Prompt Engineering:** Gestaltung von Eingaben (Prompts), um die Wahrscheinlichkeit konsistenter und gewünschter Antworten zu erhöhen.
- **Guardrails:** Regeln und Filter, die sicherstellen, dass generierte Inhalte innerhalb definierter Grenzen bleiben (z. B. Compliance, Ethik, Sicherheit).
- **Kombination mit symbolischer KI:** Die Verbindung von LLMs mit regelbasierten oder wissensbasierten Systemen ermöglicht robustere Ergebnisse, da deterministische Logiken ergänzend wirken.

> **Fazit** LLMs eröffnen faszinierende Möglichkeiten für die Prozessautomatisierung – insbesondere im Bereich **Sprachverständnis, Textanalyse und Dokumentenverarbeitung**. Gleichzeitig bleibt ihre Funktionsweise probabilistisch und damit fehleranfällig. Der Schlüssel liegt darin, sie **nicht isoliert,** sondern in Kombination mit Kontrollmechanismen, Domänenwissen und ergänzenden Technologien einzusetzen. Nur so können sie **verlässlich, sicher und geschäftsrelevant** in automatisierte Prozesse eingebettet werden.

9.6 Steigerung der Ergebnisqualitäten von KI-Ansätzen

In Projekten zur Prozessautomatisierung zeigt sich regelmäßig ein wiederkehrendes Muster: Viele Softwarelösungen decken zuverlässig die **Mainstream-Anforderungen** ab – etwa 80 % der typischen Use Cases. Diese Fälle sind standardisiert, vergleichsweise einfach zu automatisieren und liefern schnellen, aber begrenzten Mehrwert.

Die eigentliche Herausforderung liegt in den verbleibenden **20 % der komplexen, variantenreichen und kritischen Use Cases**. Genau hier geraten KI-Ansätze an ihre Grenzen:

- **Fehlendes Wissen für seltene Szenarien** führt zu unsicheren oder falschen Entscheidungen.
- **Halluzinationen** erzeugen scheinbar plausible, aber sachlich unrichtige Ergebnisse.
- **Komplexe Abhängigkeiten** in Prozessen lassen sich mit generischem Modellwissen nur schwer beherrschen.

Während allgemeine Sprachmodelle („Allgemeinwissen") oft 90 % der Anwendungsfälle ausreichend bedienen, erreichen sie selten die erforderliche Präzision für 100 % der Unternehmensanforderungen. Um die Ergebnisqualität nachhaltig zu steigern, ist die **gezielte Anreicherung mit spezifischem Fachwissen** entscheidend.

Mechanismen zur Qualitätssteigerung

1. **Bereitstellung von Wissen**
   - Integration von Domänenwissen, Organisationskontext und produktspezifischen Informationen.
   - Sicherstellung hochwertiger Datenquellen als Fundament verlässlicher Modellentscheidungen.
2. **Gezieltes Training & Wissensverankerung**
   - Fine-Tuning und Retrieval-Augmented Generation (RAG).
   - Aufbau projektspezifischer Wissensdatenbanken.
   - Verankerung von Unternehmens-„Wahrheiten" in dedizierten, selbst gehosteten Modellen.
3. **Human-in-the-Loop (HITL)**
   - Einbindung menschlicher Rückmeldungen in den Prozessfluss.
   - Feedbackschleifen, die neues Wissen generieren und veraltetes Wissen eliminieren.
4. **Self-Training & kontinuierliche Optimierung**
   - Mechanismen, die Modelle durch neue Realitäten selbstständig verbessern.
   - Beispiel: Systeme passen Prompts oder Entscheidungspfade automatisch an, sobald Anwender korrekte Ergebnisse markieren.
5. **Hybrid-Ansätze**
   - Einsatz von mehreren unterschiedlichen LLM-Modellen und Auswertung der Ergebnisse
   - Kombination probabilistischer LLMs mit symbolischen bzw. regelbasierten Systemen.
   - Vorteil: Regeln wirken als „rote Linien" und reduzieren Halluzinationen.
6. **Evaluation & Monitoring (ML-Ops)**
   - Permanente Qualitätsmessung durch Benchmarks, KPI-Tracking und Fehleranalysen.
   - Qualitätssicherung nicht nur im Training, sondern kontinuierlich im Betrieb.
7. **Guardrails & Validierungsschichten**
   - Kontrollmechanismen vor Auslieferung der Ergebnisse.
   - Beispiele: Plausibilitätsprüfungen, Schema-Validierungen, externe Wissensabgleiche.
8. **Ensemble-Modelle**
   - Einsatz mehrerer Modelle parallel (z. B. LLM + Klassifikator + Regelwerk).
   - Aggregation von Entscheidungen steigert Robustheit und reduziert Fehler.
9. **Explainability & Transparenz**
   - Erklärbare Modelle (XAI) schaffen Vertrauen und erleichtern Fehleranalyse.
   - Transparenz steigert Akzeptanz bei Fachanwendern.

10. **Kontext-Awareness & externe Wissensquellen**
    - Einbindung von Dokumenten, Datenbanken und APIs in Echtzeit.
    - Verhindert Abhängigkeit von rein statischem Trainingswissen.
11. **Domänenspezifische Benchmarks & Testsets**
    - Entwicklung spezieller Testdatensätze für schwierige Edge Cases.
    - Belastbare Messung, ob ein Modell produktionsreif ist.
12. **Feedbackkultur & Nutzerakzeptanz**
    - Vertrauen der Anwender ist zentral für die Nutzung von KI-Ergebnissen.
    - transparente Kommunikation, partizipative Einführung und iterative Verbesserungen sichern langfristige Qualität.

► **Fazit** Die Qualität von KI-Ergebnissen steigt nicht durch die Größe der Modelle allein, sondern durch die intelligente Kombination von **Fachwissen, technischen Mechanismen, Feedbackstrukturen und organisatorischer Verankerung (vgl. Abb. 9.2)**. Erfolgreiche Organisationen schaffen es so, nicht nur die „einfachen" 80 % der Use Cases zu automatisieren, sondern auch die kritischen 20 % – und damit das volle Potenzial von KI in der Prozessautomatisierung auszuschöpfen.

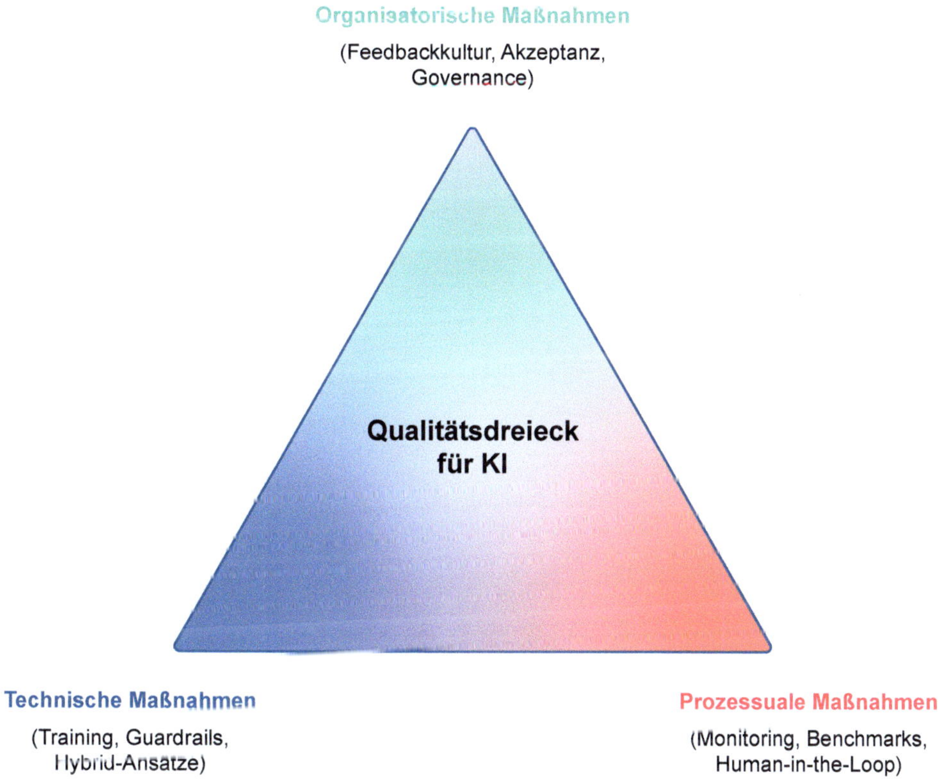

Abb. 9.2 Qualitätsdreieck KI

Teil IV

Einführung, Skalierung und Steuerung

Kap. 10: Einstieg in die Hyperautomatisierung 10

Zusammenfassung

Kap. 10 widmet sich dem strukturierten Einstieg in die Hyperautomatisierung und zeigt, wie Unternehmen den Übergang von ersten Pilotprojekten zur nachhaltigen Skalierung meistern können. Der erste Schritt gelingt mit einem bewusst gewählten **Pilotprojekt**, das schnell umsetzbar ist, messbaren Nutzen bietet und als Lernfeld dient. Statt komplexe Prozesse sofort vollständig zu automatisieren, empfiehlt sich ein pragmatischer Ansatz: „Handle small, think big". Pilotprojekte liefern wertvolle Erkenntnisse über Datenqualität, technische Machbarkeit und organisatorische Widerstände – und helfen, typische Fallstricke wie unklare Zielsetzungen oder das „Boil the Ocean"-Syndrom zu vermeiden. Ein zweiter Erfolgsfaktor ist die **Definition technischer und organisatorischer Schnittstellen**. Neben sauberen Integrationen über APIs, RPA oder iPaaS müssen auch die Rollen und Verantwortlichkeiten zwischen Fachbereichen, IT und Management klar geregelt sein. Nur wenn Stakeholder frühzeitig eingebunden werden und ihre Interessen realistisch bewertet werden, entsteht die notwendige Akzeptanz. Darüber hinaus beleuchtet das Kapitel die **Abgrenzung zwischen technischer und fachlicher Verantwortung**. Effizienz und Qualität entstehen, wenn Fachbereiche ihr Prozesswissen einbringen und die IT für technische Umsetzung, Sicherheit und Skalierbarkeit sorgt – gesteuert durch ein übergeordnetes Governance-Gremium. Schließlich wird die Gefahr der **Pilot-Paralyse** thematisiert: Ohne ein klares Skalierungskonzept verharren viele Projekte im Testmodus. Der Schlüssel liegt in standardisierten Schnittstellen, robusten Betriebsmodellen und Change-Management-Strukturen, die den Übergang in den produktiven Einsatz ermöglichen.

P. Futterknecht, *Hyperautomation – Der letzte Schritt vor der intelligenten Organisation*, https://doi.org/10.1007/978-3-658-50441-0_10

10.1 Pilotprojekt aufsetzen

Der erste Schritt in die Hyperautomatisierung gelingt am besten mit einem klar umrissenen Pilotprojekt. Statt gleich die gesamte Prozesslandschaft revolutionieren zu wollen, empfiehlt sich der Ansatz *„Handle small, think big“:* Wählen Sie einen Use-Case, der sich schnell umsetzen lässt und bereits nach kurzer Zeit messbare Erfolge liefert. Dabei geht es nicht darum, den größten oder komplexesten Prozess zu automatisieren, sondern einen **repräsentativen, aber überschaubaren Ablauf** auszuwählen, der als Lernfeld dient.

Ein guter Pilotprozess zeichnet sich durch drei Eigenschaften aus: Er ist **schnell realisierbar,** bietet **sichtbaren Nutzen** (z. B. Zeitersparnis oder Fehlerreduktion) und kommt mit **geringer Variabilität** aus. Vermeiden Sie Prozesse mit unzähligen Ausnahmen oder Sonderfällen – konzentrieren Sie sich stattdessen auf einen standardisierten Ablauf, der mit klaren Regeln funktioniert. Auch die eingesetzte Technologie sollte ohne lange Einführungszeiten einsatzbereit sein, etwa durch Low-Code-Tools oder RPA-Lösungen mit KI-Erweiterungen.

Wichtig ist, nicht in die Perfektionsfalle zu tappen. Das Pilotprojekt soll keine 100-prozentige Automatisierung erreichen, sondern vor allem **Erkenntnisse liefern:** Was wurde in der Planung übersehen? Wo gibt es unvorhergesehene Hürden? Welche Denkanstöße ergeben sich für größere Vorhaben? Decken Sie pro Dimension – etwa Datenquelle, System oder Nutzerrolle – zunächst nur **einen Parameter** ab. Automatisieren Sie beispielsweise erst einmal nur Rechnungen eines bestimmten Lieferanten oder eines klar definierten Formats. So gewinnen Sie schnell Erfahrungen, ohne sich in Komplexität zu verlieren.

Ein Pilotprojekt dient auch dazu, **technische Machbarkeit, organisatorische Herausforderungen** und **Skalierbarkeit** zu testen. Wie reagiert die gewählte Technologie? Gibt es Widerstände im Team oder Lücken in der Datenqualität? Lässt sich der Ansatz auf ähnliche Prozesse übertragen? Diese Fragen helfen, den Boden für größere Automatisierungsvorhaben zu bereiten. Ein kleines, interdisziplinäres Team aus IT, Fachabteilung und ggf. externen Beratern unterstützt dabei, alle Perspektiven zu berücksichtigen.

Definieren Sie von Anfang an **klare Metriken,** um den Erfolg zu messen – etwa Bearbeitungszeit, Fehlerquote oder Nutzerfeedback. Dokumentieren Sie alle Lessons Learned, denn diese sind Gold wert für künftige Projekte. Typische Fallstricke wie das „Boil the Ocean“-Syndrom (alles auf einmal automatisieren wollen), unklare Ziele oder fehlende Nutzer-Einbindung lassen sich so von vornherein vermeiden.

Am Ende steht nicht nur ein funktionierender, automatisierter Prozess, sondern vor allem **wertvolles Wissen** für die nächste Stufe der Hyperautomatisierung. Der Pilot ist kein Selbstzweck, sondern ein strategischer Baustein – ein **Lernprojekt,** das den Weg für die Skalierung ebnet. Nutzen Sie die gewonnenen Erkenntnisse, um schrittweise komplexere Prozesse anzugehen und die Automatisierung im Unternehmen nachhaltig zu verankern.

Reflexionsfrage: Welcher Prozess in Ihrem Unternehmen eignet sich als Pilot für die Hyperautomatisierung? Überlegen Sie, welcher Ablauf schnell umsetzbar ist, messbaren Nutzen bringt und gleichzeitig Raum für Lernerfahrungen lässt.

10.2 Schnittstellen definieren, Stakeholder einbinden

Der Einstieg in die Hyperautomatisierung erfordert weit mehr als die Einführung neuer Technologien. Erfolg stellt sich nur dann ein, wenn die **technischen Schnittstellen zwischen Systemen** ebenso klar definiert sind wie die **organisatorischen Schnittstellen zwischen Menschen und Abteilungen**. Beides ist entscheidend, um Akzeptanz, Stabilität und Skalierbarkeit zu gewährleisten.

Technische Schnittstellen: Fundament der Integration
Hyperautomatisierung bedeutet, heterogene Systeme – von modernen Cloud-Plattformen bis zu alten Legacy-Anwendungen – miteinander zu verbinden. Dies gelingt nur, wenn die Schnittstellenstrategie bewusst gestaltet wird.

- **Systemintegration:** APIs, Event-Driven Architekturen und Integrationsplattformen (iPaaS) bilden die Grundlage für Echtzeitkommunikation und lose Kopplung. Wo keine modernen Schnittstellen existieren, können RPA-Lösungen als „Integrationsbrücken" dienen.
- **Datenintegration:** Nur qualitativ hochwertige, konsistente Datenströme ermöglichen eine zuverlässige Automatisierung. Hierbei spielen Datenmodelle, Metadatenmanagement und Validierungsmechanismen eine zentrale Rolle.
- **Governance-Aspekte:** Sicherheit, Compliance und Zugriffskontrolle müssen von Anfang an berücksichtigt werden, um Risiken zu vermeiden.
- **Standardisierung:** Offene Standards (REST, GraphQL, MQTT, EDI, Webhooks) sorgen für Wiederverwendbarkeit und vereinfachen die Skalierung über verschiedene Prozesse hinweg.

Damit wird deutlich: Schnittstellen sind nicht nur ein IT-Thema, sondern ein **strategischer Hebel** für Effizienz und Zukunftsfähigkeit.

Organisatorische Schnittstellen: Zusammenarbeit klären
Neben den Systemen müssen auch die **menschlichen Schnittstellen** klar geregelt werden. Hyperautomatisierung verändert bestehende Arbeitsweisen und erfordert eine enge Zusammenarbeit zwischen Fachbereichen, IT und Management.

- **Rollen & Verantwortlichkeiten:** Fachbereiche bringen Prozesswissen ein, während IT und Automatisierungsteams die technische Umsetzung verantworten. Ein klares Rollenmodell verhindert Missverständnisse.

- **Prozessverantwortung:** Es muss eindeutig festgelegt sein, wer entscheidet, ob ein Prozess automatisiert wird, wie die Priorisierung erfolgt und wie Erfolg gemessen wird.
- **Schnittstelle Mensch–KI:** Human-in-the-Loop-Mechanismen sorgen dafür, dass Menschen auch bei KI-gestützten Prozessen eingebunden bleiben – insbesondere bei kritischen Entscheidungen oder Edge Cases.

Organisatorische Schnittstellen sind somit das Bindeglied zwischen Technik und Praxis – und entscheidend für die Akzeptanz.

Stakeholder einbinden: Akzeptanz als Erfolgsfaktor
Ein zentrales Muster zeigt sich in vielen Projekten: Automatisierung scheitert selten an der Technik, sondern oft am fehlenden **Buy-in der Stakeholder**. Daher gilt es, diese frühzeitig einzubinden und kontinuierlich mitzunehmen.

- **Stakeholder identifizieren:** Management, IT-Abteilung, Fachbereiche, Endanwender sowie Betriebsrat und Compliance müssen berücksichtigt werden.
- **Bedürfnisse verstehen:** Für das Management stehen Effizienz und ROI im Vordergrund, während Fachbereiche Entlastung suchen und Mitarbeiter vor allem Transparenz und Sicherheit wünschen.
- **Kommunikation sicherstellen:** Regelmäßige Informationen über Ziele, Fortschritt und Ergebnisse schaffen Vertrauen.
- **Akzeptanz fördern:** Quick Wins, Pilotprojekte und Schulungen helfen, Skepsis abzubauen und Mehrwerte sichtbar zu machen.

Interessenlage der Stakeholder
Besonders wichtig ist es, die **Interessen der Stakeholder** nicht nur zu erfassen, sondern auch realistisch zu bewerten:

- Geht es um Wettbewerbsvorteile, schnelle Effizienzsteigerung oder primär um Kosteneinsparungen?
- Sind diese Interessen überhaupt handelbar und erfüllbar – in Bezug auf Zeit, Ressourcen und Technologie?
- Entscheidend ist die **Machbarkeitseinschätzung:** Nicht jedes Vorhaben, das theoretisch „machbar" klingt, ist auch praktisch realisierbar. Hier gilt: Bauchgefühl gepaart mit Fachwissen sollte die Richtschnur sein, ob Projekte wirklich Sinn ergeben.
- Externe Anbieter oder Softwarehersteller werden ihre Lösungen oft als zu „100 % machbar" präsentieren – die Frage ist jedoch: *In welchem Zeitrahmen, mit welchem Aufwand und mit welchen Einschränkungen?*

Nur wenn Interessen und Realitäten abgeglichen werden, lassen sich tragfähige Entscheidungen treffen.

Methoden zur Stakeholder-Einbindung
Um Stakeholder nicht nur zu informieren, sondern aktiv einzubinden, haben sich verschiedene Methoden bewährt:

- **Workshops & Design-Thinking-Formate:** Gemeinsames Erarbeiten von Use Cases und Anforderungen.
- **RACI-Matrix**[1]**:** Klare Definition, wer verantwortlich, entscheidungsbefugt, beratend oder informiert ist.
- **Change-Management:** Begleitende Maßnahmen wie Trainings und Kommunikationskampagnen, um Widerstände abzubauen.
- **Feedbackschleifen:** Laufende Integration von Rückmeldungen sorgt dafür, dass Systeme und Prozesse kontinuierlich verbessert werden.

→ Checkliste 3 – Checkliste: 5 Fragen an Stakeholder vor Projektstart (→ siehe Abschn. 16.3)

> **Fazit** Hyperautomatisierung entfaltet ihr Potenzial nur, wenn **technische und organisatorische Schnittstellen** sauber definiert und **Stakeholder aktiv eingebunden** werden. Die Kombination aus Integrationstechnologien, klaren Verantwortlichkeiten und einer offenen Kommunikationskultur ist die Grundlage für Akzeptanz und nachhaltige Skalierung.

10.3 Technische vs. fachliche Verantwortung

Hyperautomatisierung ist ein **interdisziplinäres Vorhaben,** das sowohl technisches Know-how als auch tiefes Prozesswissen erfordert. Doch wer trägt welche Verantwortung? Wo liegen die Grenzen zwischen IT und Fachbereichen – und wie gelingt die Zusammenarbeit, ohne dass Kompetenzkonflikte oder Lücken entstehen?

1. Klare Rollen: Wer bringt was ein?
Die Verantwortung für Hyperautomatisierung lässt sich nicht pauschal der IT oder den Fachabteilungen zuweisen. Stattdessen müssen **komplementäre Rollen** definiert werden:

- **Fachbereiche (Prozessverantwortliche):**
  a) **Aufgabe:** Identifizieren, priorisieren und spezifizieren die zu automatisierenden Prozesse.
  b) **Verantwortung:**

[1] Eine RACI-Matrix ist ein Werkzeug im Projektmanagement, das Responsible (Durchführende), Accountable (Rechenschaftspflichtige), Consulted (Zu Konsultierende) und Informed (Zu Informierende) Personen für verschiedene Aufgaben und Entscheidungen innerhalb eines Projekts definiert.

   i. Prozesswissen einbringen („Wie funktioniert der Ablauf heute?“).
   ii. Anforderungen an die Automatisierung formulieren („Was soll erreicht werden?“).
   iii. Nutzerakzeptanz sicherstellen (z. B. durch Schulungen und Change Management).
   iv. **Nicht verantwortlich für:** Technische Umsetzung oder Tool-Auswahl.
- **IT/Automatisierungsteams:**
  a) **Aufgabe:** Technische Machbarkeit prüfen und Lösungen umsetzen.
  b) **Verantwortung:**
   i. Passende Technologien (RPA, KI, Process Mining) auswählen und integrieren.
   ii. Schnittstellen, Datenqualität und Sicherheit gewährleisten.
   iii. Skalierbarkeit und Wartbarkeit der Lösung sicherstellen.
   iv. **Nicht verantwortlich für:** Fachliche Prozesslogik oder Priorisierung.
- **Projektleitung/Steuerungskreis:**
  a) **Aufgabe:** Übergeordnete Steuerung, Budget- und Ressourcenverantwortung.
  b) **Verantwortung:**
   i. Entscheidungen bei Zielkonflikten (z. B. „Schnelle Umsetzung vs. hohe Datenqualität“).
   ii. Eskalationsmanagement und Abstimmung mit dem Top-Management.

2. Typische Konflikte – und wie man sie löst

Die Zusammenarbeit zwischen Technik und Fachbereichen scheitert oft an **unklaren Kompetenzen** oder **unterschiedlichen Prioritäten**. Häufige Reibungspunkte und Lösungsansätze:

- **„Die IT versteht unsere Prozesse nicht!“**
  – Lösung: Gemeinsame Workshops mit Prozessmapping (z. B. BPMN) und Use-Case-Beschreibungen in „Fachsprache“.
  – Tool-Tipp: Visuelle Kollaborationsplattformen wie Miro oder Lucidchart helfen, Prozesse verständlich zu dokumentieren.
- **„Die Fachabteilung will alles sofort – aber ohne Datenbasis!“**
  – Lösung: Pilotprojekte mit klaren Datenanforderungen (siehe Abschn. 10.1). Fachbereiche müssen Datenqualität und -verfügbarkeit sicherstellen, bevor die IT automatisieren kann.
- **„Wer entscheidet, wenn Technologie und Prozessanforderungen kollidieren?“**
  – Lösung: Ein Steuerungskreis mit Vertretern beider Seiten trifft Entscheidungen basierend auf:
   i. Machbarkeit (IT-Perspektive),
   ii. Nutzen (Fachperspektive),
   iii. Strategischer Priorität (Management-Perspektive).

Tab. 10.1 Verantwortungsmatrix für Hyperautomatisierungsprojekte

Thema	Fachbereich	IT/Automatisierung	Steuerungskreis
Prozessauswahl	✅ **Hauptverantw**	Beratung	Genehmigung
Tool-Auswahl	Anforderungen	✅ **Hauptverantw**	Budgetfreigabe
Datenqualität	Bereitstellung	✅ **Prüfung**	Eskalation
Change Management	✅ **Hauptverantw**	Unterstützung	Kommunikation
Skalierungsstrategie	Nutzenanalyse	✅ Techn. Machbarkeit	✅ Endentscheidung

3. Entscheidungsmatrix: Wer hat das letzte Wort?
Bei Hyperautomatisierungsprojekten stellt sich immer wieder die Frage, wer in entscheidenden Phasen das letzte Wort hat – die folgende Matrix (vgl. Tab. 10.1) zeigt, wie Verantwortlichkeiten zwischen Fachbereich, IT und Steuerungskreis verteilt sind.

4. Erfolgsfaktoren für die Zusammenarbeit

- **Gemeinsame Sprache entwickeln:**
  a) Fachbereiche lernen **Grundlagen der Automatisierungstechnologien** (z. B. RPA, KI, Process Mining).
  b) IT lernt **Prozessdenken** und versteht die fachlichen Pain Points.
  c) **Tipp:** Regelmäßige „Tech-Fach"-Meetings mit wechselseitigen Schulungen.
- **Agile Vorgehensweise:**
  a) Kurze Iterationen (z. B. 2-Wochen-Sprints) mit **gemeinsamen** Reviews der Ergebnisse.
  b) Fachbereiche testen Prototypen frühzeitig und geben Feedback.
- Dokumentation als Brücke:
  a) Prozesse werden **für beide Seiten verständlich** dokumentiert (z. B.:
     i. Fachlich: „Was soll erreicht werden?"
     ii. Technisch: „Wie wird es umgesetzt?").

5. Fallbeispiel: Erfolgreiche Rollentrennung in der Praxis
Ein mittelständischer Logistiker automatisierte seine Rechnungsprüfung:

- **Fachbereich Finanzen** definierte die Regeln (z. B. „Rechnungen unter 1000 € werden automatisch freigegeben").
- **IT-Team** setzte die Logik mit RPA und KI um und sorgte für die Anbindung an das ERP-System.
- **Steuerungskreis** entschied, dass zunächst nur Rechnungen eines Pilot-Lieferanten automatisiert werden.
- **Ergebnis:** 70 % der Rechnungen wurden nach 3 Monaten automatisch bearbeitet – bei klaren Verantwortlichkeiten und ohne Kompetenzkonflikte.

6. Checkliste: Verantwortungen vor Projektstart klären
Fachbereiche:

- Prozesse priorisiert und dokumentiert (As-Is-Analyse).
- Nutzeranforderungen und Erfolgsmetriken definiert.
- Verantwortliche für Datenbereitstellung benannt.

IT/Automatisierungsteams:

- Technologische Machbarkeit geprüft.
- Integrationsaufwand (Schnittstellen, Datenqualität) abgeschätzt.
- Sicherheits- und Compliance-Anforderungen geklärt.

Steuerungskreis:

- Entscheidungsprozess für Konflikte festgelegt.
- Budget und Meilensteine freigegeben.
- Kommunikationsplan für Stakeholder erstellt.

Reflexionsfrage: Wie sind in Ihrem Unternehmen die Verantwortungen zwischen IT und Fachbereichen bei Automatisierungsprojekten heute geregelt? Wo sehen Sie Verbesserungspotenzial?

> **Fazit** Die Trennung von technischer und fachlicher Verantwortung ist kein Hindernis, sondern der **Schlüssel für effiziente Hyperautomatisierung**. Wenn beide Seiten ihre Rollen verstehen, klar kommunizieren und gemeinsam entscheiden, entstehen Lösungen, die **technisch robust** und **fachlich sinnvoll** sind. Der Erfolg liegt nicht in der Dominanz einer Seite, sondern in der **komplementären Zusammenarbeit** – mit dem Ziel, Prozesse nicht nur zu automatisieren, sondern nachhaltig zu verbessern.

10.4 Pilot-Paralyse und Übergang in die Skalierung

Viele KI-Pilotprojekte bleiben auf der Stufe isolierter Experimente stehen und schaffen es nicht, in den produktiven Betrieb überzugehen. Standardisierte KI-Tools lassen sich oft nur schwer in bestehende Geschäftsprozesse einbetten. Gartner (2021) beschreibt dieses Phänomen als **Pilot-Paralyse**.

Die Ursachen hierfür sind vielfältig: fehlende, skalierbare Automatisierungs-Pipeline, Bedenken hinsichtlich Stabilität und Betriebssicherheit sowie strenge Compliance- und Governance-Anforderungen. Ohne eine frühzeitige Planung der operativen Einbindung bleiben Initiativen häufig in der Testphase stecken und verlieren an Dynamik.

Der Schlüssel zur Vermeidung von Pilot-Paralyse liegt in einem **frühzeitig entwickelten Skalierungskonzept**. Dieses muss sowohl die technische Dimension (z. B. Automatisierungs-Ops-Strukturen, Cloud-Integration, standardisierte Schnittstellen) als auch die organisatorische Dimension (z. B. Supportmodelle, kontinuierliche Schulungen, Change-Management) berücksichtigen. Nur so lässt sich der Übergang vom Pilotprojekt zum skalierbaren, geschäftsrelevanten Einsatz von KI-Lösungen nachhaltig sichern.

Kap. 11: Skalierung und Standardisierung

11

Zusammenfassung

Kap. 11 beleuchtet die zentralen organisatorischen und technologischen Erfolgsfaktoren, die für eine nachhaltige Skalierung von Hyperautomation in Unternehmen entscheidend sind. Ausgangspunkt ist das Konzept des **Centers of Excellence (CoE)** sowie der **Automatisierungsfabrik,** die durch Standardisierung, Wiederverwendbarkeit und klare Governance-Strukturen Effizienz, Qualität und Skalierbarkeit sicherstellen. Dabei steht **Excellence statt Perfektion** im Vordergrund – robuste, anpassungsfähige Lösungen sind zielführender als der Versuch, jede Ausnahme fehlerfrei abzudecken. Ein weiteres Spannungsfeld liegt zwischen **Standardisierung und Individualitätsmanagement:** Während Standards Effizienz ermöglichen, erfordern dynamische Sonderfälle flexible, adaptive Architekturen. Moderne Ansätze wie semantische Dateninterpretation und KI-gestützte Logiken erlauben es, Varianz und Sonderfälle ohne übermäßige Komplexität zu integrieren. Darüber hinaus diskutiert das Kapitel die Balance von **Wiederverwendbarkeit und Governance,** insbesondere im Kontext von Compliance, Datenschutz und Security. Governance wird dabei nicht als Bremse, sondern als Enabler verstanden, der Innovation schützt und Skalierung ermöglicht. Schließlich wird der **Umgang mit Sonderfällen und Prozesskomplexität** als kritischer Faktor herausgestellt: Statt jeden Edge-Case zu automatisieren, empfiehlt sich ein risikobasierter, modularer und lernorientierter Ansatz. So entsteht eine resiliente Automatisierungsstrategie, die Effizienz, Sicherheit und Anpassungsfähigkeit miteinander verbindet.

P. Futterknecht, *Hyperautomation – Der letzte Schritt vor der intelligenten Organisation*, https://doi.org/10.1007/978-3-658-50441-0_11

11.1 Automatisierungsfabrik/CoE (Center of Excellence)

Die Skalierung von Automatisierungsinitiativen in Unternehmen erfordert eine systematische Herangehensweise, um Effizienz, Qualität und Wiederholbarkeit sicherzustellen. Hier setzt das Konzept der **Automatisierungsfabrik** oder des **Centers of Excellence (CoE)** an.

Namensgebung: Excellence statt Perfektion
In der Welt der Hyperautomation ist Skalierung nur dann nachhaltig möglich, wenn Organisationen den Anspruch auf Excellence setzen und nicht auf Perfektion. Perfektion strebt nach vollständiger Fehlerfreiheit und der Lösung jedes möglichen Ausnahmefalls – ein Ziel, das in komplexen Unternehmensprozessen illusorisch ist und die Skalierbarkeit hemmt.

Excellence hingegen bedeutet, Prozesse robust, effizient und skalierbar zu gestalten, den größtmöglichen Nutzen für Organisation und Mitarbeitende zu schaffen und gleichzeitig Raum für Kreativität, Innovation und wertschöpfende Tätigkeiten zu lassen. Das CoE übernimmt hierbei die Rolle des Treibers, indem es Wissen standardisiert, Best Practices etabliert und kontinuierliche Verbesserungen ermöglicht.

Definition und Zweck
Ein **Center of Excellence (CoE)** ist eine zentralisierte Organisationseinheit, die Best Practices, Methoden, Standards und Governance für Automatisierungsprojekte bereitstellt. Ziel ist es, Automatisierungslösungen nicht nur punktuell zu implementieren, sondern **unternehmensweit konsistent, effizient und skalierbar** einzusetzen.

Die **Automatisierungsfabrik** ist ein organisatorisches und technologisches Modell innerhalb des CoE (vgl. Abb. 11.1), das die Entwicklung, Bereitstellung und Wartung von Automatisierungslösungen in einer Art „Fließbandprinzip" strukturiert. Dies erlaubt eine höhere Standardisierung und schnellere Umsetzung neuer Automatisierungsprojekte.

Kernaufgaben des CoE
Ein erfolgreiches CoE übernimmt typischerweise folgende Aufgaben:

1. **Governance und Richtlinien**
   - Definition von Automatisierungsstandards (z. B. Coding Guidelines, Orchestrierungsregeln)
   - Compliance- und Sicherheitsvorgaben
   - Monitoring der Einhaltung von Qualitätsstandards
2. **Methodik und Best Practices**
   - Entwicklung eines standardisierten Vorgehensmodells
   - für Automatisierungsprojekte
   - Bereitstellung von Templates, Checklisten und Frameworks
   - Kontinuierliche Verbesserung durch Lessons Learned

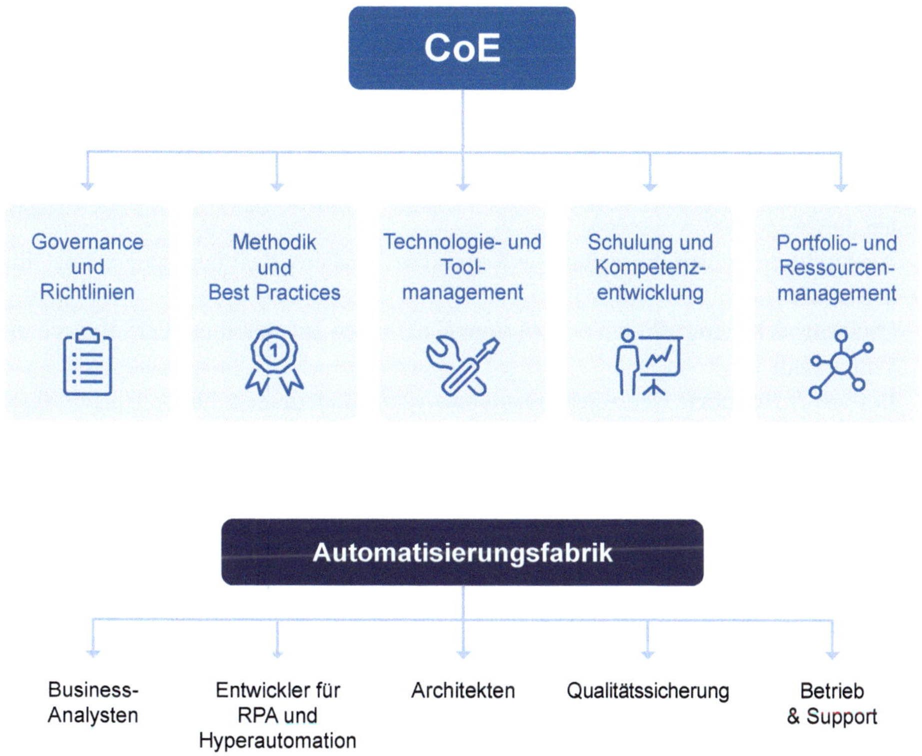

Abb. 11.1 Grafische Darstellung Automatisierungsfabrik und Center of Excellence

3. **Technologie- und Tool-Management**
   - Auswahl und Standardisierung von Automatisierungsplattformen (RPA, Hyperautomation, Low-Code/No-Code)
   - Verwaltung von Lizenzen, Integrationen und Infrastruktur
   - Bereitstellung einer zentralen Repository-Struktur für wiederverwendbare Komponenten
4. **Schulung und Kompetenzentwicklung**
   - Aufbau von Automatisierungsfähigkeiten innerhalb der Organisation
   - Zertifizierungs- und Trainingsprogramme
   - Coaching für Fachbereiche und Entwicklerteams
5. **Portfolio- und Ressourcenmanagement**
   - Priorisierung von Automatisierungsprojekten basierend auf Business-Impact
   - Zuweisung von Ressourcen (Entwickler, Analysten, Tester)
   - Performance-Monitoring der laufenden Automatisierungsinitiativen

Struktur der Automatisierungsfabrik
Die Automatisierungsfabrik kann organisatorisch wie folgt aufgebaut sein:

- **Business-Analysten:** Identifizieren Automatisierungspotenziale, dokumentieren Prozesse und definieren Anforderungen.
- **RPA-/Hyperautomation-Entwickler:** Setzen Automatisierungsprozesse um und testen diese.
- **Architekten:** Stellen die technische Konsistenz, Skalierbarkeit und Integrationsfähigkeit sicher.
- **Qualitätssicherung:** Prüfen Bots/Automatisierungen auf Stabilität, Performance und Compliance.
- **Betrieb & Support:** Überwachen laufende Automatisierungen, führen Updates durch und gewährleisten reibungslosen Betrieb.

Diese Trennung von Rollen ermöglicht parallele Entwicklung, standardisierte Qualitätssicherung und schnelle Bereitstellung.

Vorteile des CoE und der Automatisierungsfabrik
- **Skalierbarkeit:** Standardisierte Prozesse und wiederverwendbare Komponenten erleichtern die schnelle Expansion.
- **Qualitätssicherung:** Einheitliche Standards reduzieren Fehler und erhöhen die Zuverlässigkeit der Automatisierungen.
- **Kostenoptimierung:** Zentralisierung von Wissen und Ressourcen senkt Entwicklungskosten und vermeidet Doppelarbeit.
- **Kontinuierliche Verbesserung:** Systematisches Lernen und Anpassung der Best Practices führen zu höherer Effizienz über die Zeit.
- **Governance und Compliance:** Einhaltung von Unternehmensrichtlinien und regulatorischen Anforderungen wird gewährleistet.

Herausforderungen und Erfolgsfaktoren
- **Change Management:** Akzeptanz in Fachbereichen sicherstellen, Widerstände überwinden.
- **Richtige Tool-Auswahl:** Plattformen müssen flexibel, skalierbar und integrierbar sein.
- **Balance zwischen Zentralisierung und Agilität:** CoE darf nicht zu bürokratisch werden, sondern muss schnelle Umsetzung ermöglichen.
- **Talentmanagement:** Kompetente Entwickler und Analysten sind entscheidend für den Erfolg.

> **Fazit** Das CoE und die Automatisierungsfabrik bilden **das Rückgrat einer skalierbaren Automatisierungsstrategie**. Sie ermöglichen die Standardisierung von Prozessen, sichern Qualität, reduzieren Risiken und stellen sicher, dass Automatisierungsvorhaben nachhaltig in die Unternehmensstruktur integriert werden.

11.2 Standard erweitern oder Individualitäten managen

Ein weit verbreiteter Irrglaube in der Praxis besteht darin, alle Prozesse und Daten strikt in Standards pressen zu wollen. Gerade bei der Informationsverarbeitung wird versucht, Daten auf starre semantische Standardstrukturen anzupassen. Dieses Vorgehen führt jedoch schnell an Grenzen: Je stärker Datenmodelle und Architekturen mit festen Standardfeldern und semantischen Erweiterungen überfrachtet werden, desto höher ist die Komplexität – bis hin zu tiefen Eingriffen auf Datenbank- und Code-Ebene. Die Folge sind hohe Wartungsaufwände und eine sinkende Flexibilität der Gesamtarchitektur.

Moderne Softwarelösungen gehen hier einen anderen Weg: Sie ermöglichen es, neue Semantiken dynamisch aufzunehmen, zu interpretieren und zu erweitern, ohne dass dafür zusätzlicher Code geschrieben oder bestehende Strukturen massiv verändert werden müssen. Regelwerke und Logiken können mit wachsendem Wissen fortlaufend ergänzt werden – evolutionär statt disruptiv.

Besonders deutlich wird dies in Sonderfällen und Edge-Cases, wo Datenverständnis und -transformation einer hohen Dynamik unterliegen. Hier ist es nicht sinnvoll, den bestehenden Standard künstlich zu erweitern. Erfolgsentscheidend ist vielmehr die Fähigkeit, **Individualitäten gezielt *in Echtzeit* zu managen** – durch flexible Datenmodelle, intelligente Regeln und adaptive Systeme.

Gerade in der Skalierungsphase wird die Resilienz einer Architektur auf die Probe gestellt. Nur wer Standards mit Augenmaß einsetzt und gleichzeitig genügend Raum für individuelle Abweichungen lässt, kann nachhaltige Automatisierungsergebnisse erzielen und den Betrieb stabil halten.

Praxisbeispiel

Im Bereich EDI zeigte sich, dass die definierten Standardformate nur für die vorgesehenen Felder ausreichend waren. Sobald jedoch unterschiedliche Handelspartner mit ihren individuellen Anforderungen ins Spiel kamen – etwa Sonderfelder mit Variantenmerkmalen, herstellerspezifischen Produkteigenschaften auf Positionsebene oder kundenindividuell abweichenden Inhalten und Sprachen – stieß die Standardisierung schnell an ihre Grenzen. Eine nachhaltige Skalierung war so nicht mehr möglich.

Die Lösung bestand darin, Large-Language-Modelle einzusetzen, die Sprache, Werte und Kontext semantisch korrekt interpretieren konnten. Dadurch war es möglich, auch erweiterte und uneinheitlich genutzte Felder zuverlässig den richtigen den erweiterten Standardfeldern zuzuordnen – und das mit hoher Genauigkeit und mit definierter Erweiterung des Standards. ◄

Standardisierung vs. Individualitätsmanagement – ein Orientierungsmodell
Im Rahmen der Skalierung von Automatisierungs- und Datenarchitekturen zeigt sich immer wieder ein zentraler Konflikt: Einerseits bieten **Standardstrukturen** Effizienz, Wiederverwendbarkeit und geringe Wartungsaufwände. Andererseits existieren in realen Prozessen und Datensätzen häufig **Individualitäten,** Sonderfälle und dynamische Anforderungen, die nicht vollständig standardisiert werden können. Um diese Herausforderung systematisch zu adressieren, lässt sich ein **zweidimensionales Modell** verwenden, das die Balance zwischen Standardisierung und Individualitätsmanagement verdeutlicht (vgl. Abb. 11.2).

Die **horizontale Achse** beschreibt die **Varianz und Komplexität der Daten und Prozesse:** Links finden sich homogene, klar definierte Strukturen, rechts steigen Vielfalt und Sonderfälle an. Die **vertikale Achse** bildet die **Änderungsfrequenz und Dynamik der Anforderungen** ab: Unten sind Prozesse stabil und langfristig planbar, oben ändern sich Anforderungen häufig und unvorhersehbar.

Aus der Kombination dieser Achsen ergeben sich vier typische Szenarien:

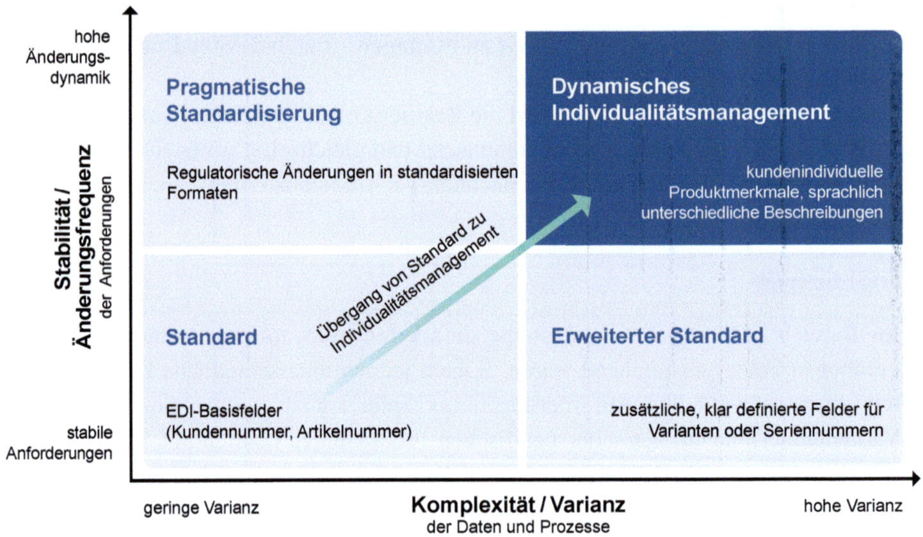

Abb. 11.2 Balance zwischen Standardisierung und Individualitätsmanagement

- **Statisch optimal (unten-links):** Geringe Varianz und stabile Anforderungen erlauben eine konsequente Nutzung von Standardfeldern und Prozessen. Beispiele sind klassische EDI-Basisfelder oder wiederkehrende Stammdatenattribute.
- **Erweiterter Standard (unten-rechts):** Hohe Varianz bei stabilen Anforderungen kann durch gezielte Erweiterungen der Standardstruktur abgebildet werden, z. B. zusätzliche Felder für Produktvarianten oder kundenindividuelle Merkmale.
- **Pragmatische Standardisierung (oben-links):** Geringe Varianz, aber hohe Änderungsfrequenz, erfordert kontinuierliche Anpassungen von Standards, z. B. bei regulatorischen Änderungen oder dynamischen Reporting-Anforderungen.
- **Dynamisches Individualitätsmanagement (oben-rechts):** Hohe Varianz und hohe Änderungsfrequenz machen starre Standards unpraktikabel. Hier müssen Individualitäten aktiv gemanagt werden. Methoden wie semantische Dateninterpretation, KI-gestützte Zuordnung oder regelbasierte Logik erlauben es, Sonderfälle effizient zu verarbeiten, ohne den Kernstandard permanent zu verändern.

Der **Weg von unten-links nach oben-rechts** zeigt den Paradigmenwechsel von starren Standards hin zu dynamischem Individualitätsmanagement. Anfangs funktionieren Standards problemlos; mit zunehmender Varianz und Änderungsdynamik werden sie jedoch unzureichend. Unternehmen müssen dann flexible, resiliente Mechanismen einführen, die sowohl Skalierbarkeit als auch die korrekte Handhabung von Sonderfällen sicherstellen.

Dieses Modell bietet eine **praktische Orientierungshilfe:** Es zeigt, wann Standards ausreichen, wann gezielte Erweiterungen sinnvoll sind und wann es unabdingbar ist, Individualitäten bewusst zu managen. Insbesondere in der Skalierungsphase erweist sich die Fähigkeit, den Übergang zu dynamischem Individualitätsmanagement zu meistern, als kritischer Erfolgsfaktor für stabile, belastbare Automatisierungsarchitekturen.

11.3 Wiederverwendbarkeit und Governance

Ein zentrales Spannungsfeld in der Hyperautomation ist die Balance zwischen **Wiederverwendbarkeit von Automatisierungslösungen** und einer klaren **Governance-Struktur**. Besonders in regulierten Branchen wie Finanzwesen, Pharma oder Gesundheitswesen stehen Unternehmen vor der Herausforderung, technologische Innovationen mit hohen Compliance- und Sicherheitsanforderungen zu vereinen.

1. **Regulierung als Innovationsbremse – oder als Treiber?**
   Oft verzögern Compliance-Vorgaben und Datenschutzbestimmungen die Umsetzung von Projekten erheblich. Unternehmen neigen dazu, Eigenentwicklungen zu bevorzugen, um maximale Kontrolle zu behalten. Studien (z. B. MIT) zeigen jedoch: Kooperationen mit spezialisierten Anbietern führen nachweislich zu höheren Erfolgsquoten, weil diese bereits standardisierte Frameworks, Best Practices und zertifizierte

Verfahren einbringen. Strenge interne Freigabeschleifen und Risikoaversion verhindern hingegen häufig, dass Prototypen in die Skalierung gehen.

2. **Datenschutz als Vorwand?**
   Im Umfeld hochsensibler Daten, etwa in der Medizin, ist Datenschutz selbstverständlich von höchster Bedeutung. Dennoch zeigt die Praxis: Mit europäischen Cloud-Betreibern und anerkannten Zertifizierungsregularien ist es längst möglich, auch kritische Daten rechtskonform und sicher zu verarbeiten. Unternehmen, die Datenschutz als pauschalen Hinderungsgrund anführen, übersehen Alternativen wie Private-Cloud- oder Inhouse-Cloud-Modelle. Diese erlauben eine moderne Softwarebereitstellung und flexible Skalierung – ohne die regulatorischen Anforderungen zu verletzen.
3. **Security als berechtigter Fokuspunkt**
   Neben Compliance und Datenschutz bleibt die **IT-Sicherheit** ein berechtigter Schwerpunkt. Automatisierung darf nicht zu neuen Angriffspunkten führen. In SAP-Systemen besteht das Risiko, dass manipulierte Lieferantenbeziehungen oder gefälschte Rechnungen unentdeckt bleiben – etwa durch gefälschte Referenznummern oder Kontierungen, die eine Zahlung an illegitime Konten ermöglichen. Ohne geeignete Governance-Mechanismen und Echtzeit-Checks können solche Szenarien passieren.
4. **Wiederverwendbarkeit als Schlüssel zur Skalierung**
   Ein wesentlicher Erfolgsfaktor von Hyperautomation liegt in der Wiederverwendbarkeit einzelner Automatisierungskomponenten. Standards, Templates und modulare Architekturansätze ermöglichen, dass einmal entwickelte Prozesse mehrfach genutzt werden können – auch über Abteilungs- oder Ländergrenzen hinweg. Ohne diese Wiederverwendbarkeit entstehen isolierte „Automation-Silos", die weder kosteneffizient noch zukunftsfähig sind.
5. **Governance als Balance zwischen Kontrolle und Agilität**
   Governance darf nicht zum reinen Kontrollinstrument verkommen, das Innovation abwürgt. Vielmehr geht es um eine **Balance zwischen Kontrolle und Agilität:** klare Verantwortlichkeiten, transparente Entscheidungsprozesse und abgestufte Risikoklassen, die den Freigabeprozess beschleunigen. Ein risikobasierter Ansatz – also die Differenzierung zwischen kritischen und unkritischen Prozessen – erlaubt, dass Low-Risk-Prozesse schneller automatisiert werden können, während für High-Risk-Prozesse strengere Governance greift.
6. **Kulturfaktor Vertrauen**
   Governance funktioniert nur, wenn Vertrauen in die Technologie und in die Daten vorhanden ist. Misstrauen führt zu endlosen Kontrollen und verhindert Fortschritt. Vertrauen hingegen basiert auf Transparenz: nachvollziehbare Automatisierungsentscheidungen, Audit-Trails und erklärbare KI sind hier die Schlüsselfaktoren.

▶ **Fazit** Wiederverwendbarkeit und Governance sind keine Gegensätze, sondern bedingen einander. Governance schafft den Rahmen, in dem Wiederverwendung sinnvoll und sicher stattfinden kann. Unternehmen, die Governance lediglich als regulatorische Pflichtübung verstehen, verschenken Potenzial. Erfolgreich sind jene, die **Governance als Enabler** begreifen – als Instrument, das Innovation schützt, Risiken minimiert und Skalierung ermöglicht.

11.4 Umgang mit Sonderfällen und Komplexität

In der Hyperautomation von **ERP- und digitalen End-to-End-Prozessen** stoßen Unternehmen unweigerlich auf **Sonderfälle und komplexe Prozessvarianten,** die nicht unmittelbar in standardisierte Automatisierungslösungen integriert werden können. Diese Ausnahmen entstehen durch individuelle Kundenanforderungen, regulatorische Besonderheiten oder seltene Prozessabweichungen. Der Umgang mit ihnen ist entscheidend, um **Skalierbarkeit und Effizienz** der Automatisierungsstrategie nicht zu gefährden.

Herausforderungen bei Sonderfällen

1. **Heterogene Daten und Systeme**
   ERP-Landschaften bestehen oft aus unterschiedlichen Modulen, Drittanwendungen und Schnittstellen. Sonderfälle treten häufig dort auf, wo Daten unvollständig, inkonsistent oder fehlerhaft vorliegen.
2. **Prozesskomplexität**
   Seltene oder einmalige Prozessvarianten erfordern oft menschliches Eingreifen. Automatisierungslösungen, die versuchen, jeden Edge-Case vollständig abzudecken, werden unübersichtlich, schwer wartbar und bremsen die Skalierung.
3. **Fehlende Standardisierung**
   Wenn Sonderfälle nicht systematisch erfasst und bewertet werden, entstehen Insellösungen, die das zentrale CoE destabilisieren und zu erhöhten Betriebskosten führen.

Praxisbeispiele und Edge-Cases

Teilweise wurde in diesem Buch bereits beschrieben, dass **Edge-Cases, Exotenfälle bzw. Sonderfälle nicht automatisiert werden können,** weil die **Komplexität, Varianz und Anzahl** dieser Fälle zu hoch ist, um sie in Standardfälle zu integrieren.

Pauschal lässt sich nicht sagen, dass Sonderfälle **nicht betrachtet werden dürfen**. Vielmehr hängen sie von Faktoren ab, die oft schwer zu managen sind: Varianzen in den Daten, Abhängigkeit von Kontextinformationen, Prozessvarianten und branchenspezifische Besonderheiten.

Selbst wenn eine Systematisierung vorliegt, können die Fallbehandlungen unternehmensintern stark variieren. So ist z. B. eine **Eingangsrechnung nicht gleich eine Eingangsrechnung:** Eine Kostenrechnung wie ein Bußgeldbescheid einer Behörde (Fließtext, keine tabellarische Struktur) wird anders verarbeitet als eine Warenrechnung (tabellarischer Aufbau, Warenlieferung). Auch die Prüfprozesse und Workflows im ERP-System unterscheiden sich erheblich.

Ein weiteres Praxisbeispiel zeigt, dass Anlagen- und Maschinenbauer zwar ihre Produkte systematisierbar beschreiben können, dafür aber beispielsweise **12.000 Regeln und 10.000 Abhängigkeiten** notwendig sind. Zusätzlich beeinflussen branchenspezifische Fachsprachen und kundenindividuelle Ausprägungen die Verarbeitung. Selbst wenn eine Variationsvielfalt von mehreren Milliarden potenziellen Fällen entsteht, muss der Sachbearbeiter diese Use-Cases der KI anlernen – **und die Wahrscheinlichkeit, dass exakt derselbe Fall erneut auftritt, ist gering**.

Hier zeigt sich der richtige Umgang mit Sonderfällen: **Teilautomatisierung** kann oft effizienter sein, als selten auftretende, komplexe Fälle vollständig abzudecken.

Darüber hinaus stellt sich bei fehlender Systematisierung die grundsätzliche Frage: Handelt es sich überhaupt noch um wiederholbare Prozesse, oder bewegen wir uns im **Projektgeschäft?**

Strategien für den Umgang mit Sonderfällen (vgl. Abb. 11.3)

1. **Klassifizierung und Priorisierung**
   Nicht jeder Sonderfall muss automatisiert werden. Das CoE bewertet Prozesse nach **Häufigkeit, Business-Impact und Komplexität** und entscheidet, welche Fälle in Standardprozesse integriert, welche durch semi-automatisierte Workflows behandelt und welche manuell gelöst werden.
2. **Eskalations- und Entscheidungsmechanismen**
   Für unvorhergesehene Sonderfälle sollten **klar definierte *Eskalationspfade*** bestehen. Digitale Workflows können so gestaltet werden, dass sie in Ausnahmefällen automatisch menschliches Eingreifen anfordern, ohne die Standardautomatisierung zu unterbrechen.
3. **Modularisierung und Flexibilität**
   Hyperautomatisierung profitiert von **modularen Komponenten,** die flexibel kombiniert werden können. Sonderfälle können so gezielt adressiert werden, ohne dass die gesamte Prozesslogik angepasst werden muss.
4. **Kontinuierliche Verbesserung**
   Jeder Sonderfall liefert wertvolle Erkenntnisse. Durch **Monitoring, Analyse und Lessons Learned** kann das CoE Prozesse schrittweise verbessern, Automatisierungslogik erweitern und wiederkehrende Ausnahmen in zukünftige Standards integrieren.

Best Practices

- **„Fail fast, learn fast“:** Sonderfälle frühzeitig erkennen und pragmatisch lösen, statt Perfektion anzustreben.
- **Risikobasierter Ansatz:** Kritische Fälle priorisieren, seltene Ausnahmen bewusst manuell behandeln.
- **Transparenz:** Alle Sonderfälle dokumentieren und nachvollziehbar machen, um Know-how im CoE zu zentralisieren.
- **Adaptive Automatisierung:** Low-Code/No-Code-Plattformen und RPA ermöglichen schnelle Anpassung der Workflows bei neu auftretenden Sonderfällen.

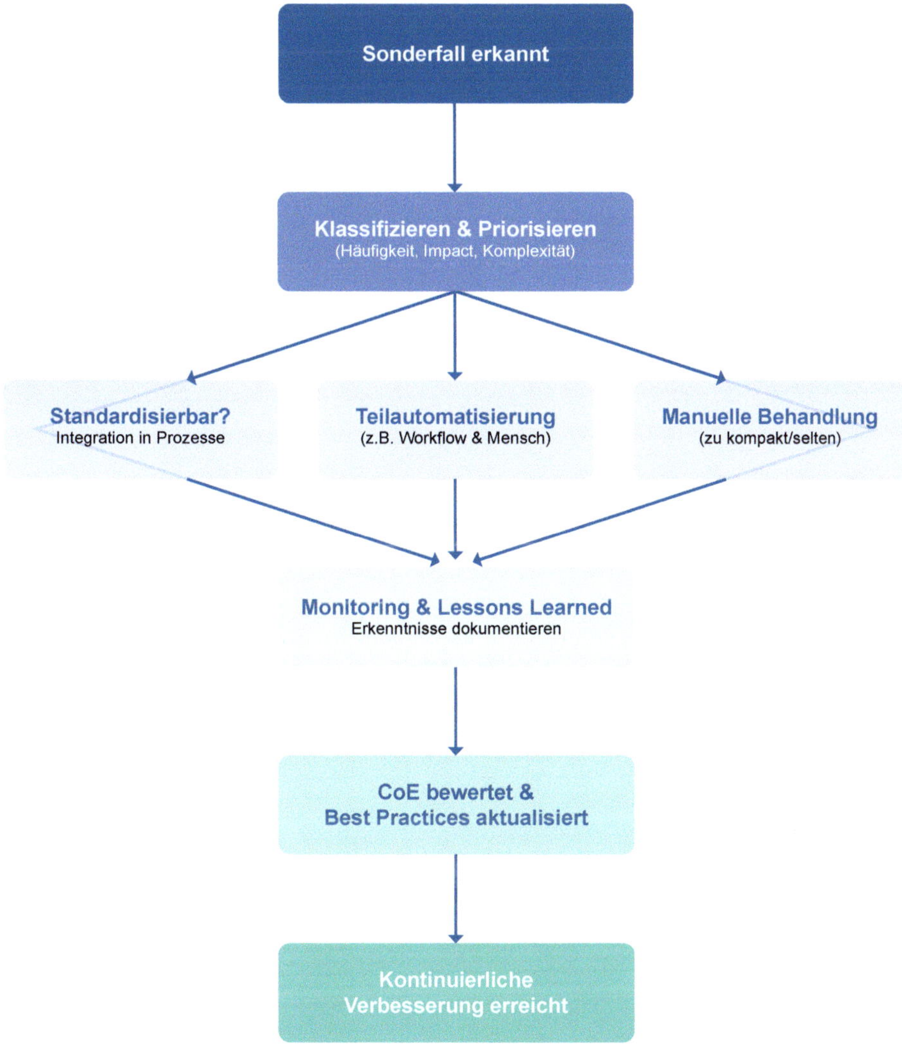

Abb. 11.3 Umgang mit Sonderfällen in der Hyperautomation (Ablaufplan)

▶ **Fazit** Der Umgang mit Sonderfällen ist ein integraler Bestandteil einer **skalierbaren Hyperautomatisierungsstrategie**. Ziel ist nicht, jeden Prozess unter allen Umständen zu automatisieren, sondern **Robustheit, Effizienz und Nutzen** zu maximieren. Sonderfälle werden systematisch bewertet, flexibel behandelt und als Lernquelle genutzt, wodurch das CoE kontinuierlich die Standardprozesse verfeinert. Dies sichert die **Balance zwischen Standardisierung und Agilität** und stärkt die Resilienz der Automatisierung in komplexen ERP- und digitalen End-to-End-Prozessen.

Kap. 12: Erfolgsfaktoren & Stolpersteine

12

Zusammenfassung

Kap. 12 bündelt Erfolgsfaktoren und Stolpersteine derAutomatisierung mit KI – und erklärt, warum technologische Exzellenz ohneorganisatorische Verankerung selten trägt. Kernthese: **90 % Genauigkeit reichen in kritischenERP-nahen Prozessen nicht;** die verbleibenden 10 % blockieren End-to-End-Flüsse, wenn es anValidierung, Orchestrierung und Fallbacks (Humanin-the-Loop) fehlt. Erfolgreichist, wer Technologien **durchgängig verknüpft**(IDP/OCR, RPA, ERP,APIs/EDA, Governance) und mit klaren Rollen, Feedback-Schleifen undResilienzmustern betreibt. Nachhaltiger Wandel entsteht durch **Sinnklarheit (Excellence stattPerfektion),** plattformfreie **Kanalskalierung** (E-Mail, PDF, Chat, Portal, EDI), realistischeErwartungssteuerung an probabilistische LLMs sowie **Change-Management:** Stakeholder-Buy-in, AI Literacy, interdisziplinäre Teams und früheEinbindung der Fachbereiche. Typische Hürden sind Datenqualität und-sicherheit, Akzeptanzängste, Ausnahmeprozesse und Ökosystem-Lock-ins; siewerden durch iterativeDatenbereitstellung, HITL-Lernen, verbindlicheVerantwortungen und Priorisierung der Mainstream-Fälle adressiert. Die **Lessons Learned:** Ohne Champions, Verbindlichkeiten undIntegrationsoffenheit scheitern Projekte – oft weniger an KI als am fehlendenprozessualen Rahmen. Für Steuerung und Skalierung definiert das Kapitel **Messgrößen:** Automatisierungsgrad/No-Touch-Quote, Erkennungs-, Extraktions-,Semantik-Verwertungs und Transformationsgüte, Aufwertungsrate sowiePlattformfrei-Quote/Kanalbreite; ergänzt um Monitoring, ML-Ops undkontinuierliche Optimierung. Ergebnis: Wirksame Automatisierung entsteht imZusammenspiel von **Mensch,Organisation und messbarer Exzellenz**.

P. Futterknecht, *Hyperautomation – Der letzte Schritt vor der intelligenten Organisation*, https://doi.org/10.1007/978-3-658-50441-0_12

12.1 Einleitung

Automatisierung und Künstliche Intelligenz (KI) gelten als Schlüsseltechnologien für die Zukunft von Unternehmen. Gleichzeitig zeigen Studien, dass ein Großteil der Initiativen hinter den Erwartungen zurückbleibt: Rund 95 % aller Pilotprojekte erzielen keinen nachhaltigen Geschäftsnutzen. Der Grund liegt selten in der Technologie selbst, sondern in ihrer praktischen Umsetzung – in der Lücke zwischen Anspruch und Realität.

Kap. 12 widmet sich deshalb den zentralen Faktoren, die über Erfolg oder Misserfolg entscheiden. Es geht um die Frage, warum technologische Exzellenz allein nicht genügt, sondern strategische Klarheit, organisatorische Verankerung und kulturelle Offenheit gleichermaßen notwendig sind. Wir beleuchten:

- warum eine Genauigkeit von 90 % in kritischen Prozessen nicht ausreicht,
- wie Automatisierung langfristig verankert und als Wettbewerbsvorteil genutzt werden kann,
- welche Hürden Datenqualität, Akzeptanz und Ausnahmeprozesse darstellen,
- welche Rolle Fachkräfte, interdisziplinäre Teams und Change-Management spielen,
- und wie sich Erfolg schließlich messen und durch Resilienz absichern lässt.

Damit wird deutlich: Der Weg zur wirksamen Automatisierung führt nicht über Technologie allein, sondern über das Zusammenspiel von Mensch, Organisation und messbarer Exzellenz.

12.2 Grenzen der aktuellen Technologien

Warum 90 % nicht ausreichen: Die Anspruchslücke in der Automatisierung
Ein zentrales Missverständnis in der Diskussion um Automatisierung und Künstliche Intelligenz besteht in der Gleichsetzung von „technischer Leistungsfähigkeit" mit „praktischer Einsetzbarkeit". Viele Systeme erreichen heute bei der Datenverarbeitung, Datenextraktion oder semantischen Verarbeitung **eine sehr hohe Genauigkeit – oft im Bereich von 85 bis 95 %**. Was dabei übersehen wird: **In vielen Geschäftsprozessen reicht diese Qualität nicht aus,** um echte End-to-End-Automatisierung sicher und wirtschaftlich umzusetzen.

Die Lücke zwischen Technologie und Anspruch
Gerade in ERP-nahen Kontexten – wie z. B. Rechnungsprüfung, Bestellabgleich, Vertragsdaten-Validierung oder Compliance-relevanten Prozessen – gelten strengere Anforderungen:

- Es geht **nicht um gute Ergebnisse,** sondern um **verlässliche und vollständig korrekte Daten**.
- Ein fehlendes Dezimalzeichen, eine falsche Kostenstelle oder ein nicht korrekt erkannter Rabattsatz kann **Folgekosten, Reklamationen oder rechtliche Probleme** verursachen.

Selbst wenn ein System in 90 von 100 Fällen korrekt extrahiert, müssen die verbleibenden 10 manuell überprüft oder korrigiert werden. In der Praxis bedeutet das:

Die verbleibenden 10 % blockieren gegebenenfalls den Automatisierungsdurchlauf für 100 % der Belege.

Konsequenz für die Kanalskalierung: 90 % Erkennungsgüte reicht selten für einen **No-Touch-End-to-End-Fluss** über heterogene Kanäle. Plattformen umgehen das Problem durch Standardisierung und Zwangsformate. Hyperautomation verfolgt den Gegenentwurf: **semantische Interpretation + Validierung + Fallback-Pfade** (Human-in-the-Loop) heben die Restunsicherheit auf Prozessebene auf – und ermöglichen so **plattformfreie** Skalierung.

Fehlende Technologieverknüpfung als Ursache
Ein Grund, warum Unternehmen an dieser Stelle scheitern, liegt in der oft **fragmentierten Technologiearchitektur**. Einzelne Systeme (OCR, IDP, RPA, ERP) arbeiten isoliert nebeneinander. Das führt zu:

- Medienbrüchen in der Verarbeitungskette
- Unklaren Zuständigkeiten bei Fehlern
- Mangel an Feedback-Loops zur Verbesserung der Qualität

Statt eines orchestrierten Prozesses entsteht ein Flickenteppich – mit vielen guten Einzelkomponenten, aber ohne **prozesstragende ganzheitliche Integrationslogik**.

KI liefert nur Wahrscheinlichkeiten – aber keine Sicherheiten!
Künstliche Intelligenz – insbesondere Machine Learning und Natural Language Processing – basiert auf Wahrscheinlichkeiten. Systeme können Muster erkennen, Regeln ableiten und kontextbasierte Entscheidungen treffen. Doch:

- Sie bieten keine Garantie für 100 % Richtigkeit
- Sie verstehen nicht den betriebswirtschaftlichen Kontext, sondern approximieren ihn
- Ihre Entscheidungen sind nicht immer nachvollziehbar oder revisionssicher

Deshalb gilt: **KI kann unterstützen, anreichern und beschleunigen – aber sie ersetzt (noch) keine geschäftskritische Prüfung.**

Was Unternehmen daraus lernen sollten:

1. **Akzeptiere die Lücke – plane mit ihr.**
   → 90 % sind hervorragend, aber die letzten 10 % müssen organisatorisch abgefangen werden.
2. **Fallback-Strategien einbauen.**
   → Definiere, wie unklare oder fehlerhafte Fälle behandelt werden (Human-in-the-loop, Regelwerk, Eskalation).
3. **Technologien durchgängig verknüpfen.**
   → Automatisierung braucht ein Systemdenken – von Belegeingang bis Verbuchung, mit bidirektionalem Lernen.
4. **Nicht alles automatisieren wollen.**
   → Fokus auf Prozesse mit hohem Volumen, klaren Datenstrukturen und niedriger Varianz – nicht auf Ausnahmen.
5. **Automatisierung als evolutionären Prozess begreifen.**
   → Statt „Alles oder nichts" lieber mit 80 % starten – und durch Feedback, Training und Prozessanpassung wachsen.

▶ **Fazit** Technisch machbar heißt noch lange nicht betrieblich umsetzbar. Hyperautomatisierung scheitert nicht an fehlender KI – sondern an überhöhten Erwartungen, fehlender Integration und unzureichendem Fehler-Handling. Die Kunst liegt darin, technologische Exzellenz mit prozessualer Realität zu verbinden – und zu akzeptieren, dass 100 % Automatisierung eine strategische Zielmarke ist, kein Startpunkt.

12.3 Wie man den Wandel nachhaltig in der Organisation verankert

Die erfolgreiche Einführung von Automatisierung und Künstlicher Intelligenz (KI) in Unternehmen ist nicht allein eine Frage der Technologie, sondern vor allem eine Frage der nachhaltigen Verankerung in der Organisation. Damit der Wandel gelingt, müssen Unternehmen Antworten auf drei zentrale Fragen finden: *Warum automatisieren wir? Wie sichern wir den Wettbewerbsvorteil? Und wie schaffen wir das notwendige Verständnis für die Funktionsweise von KI?*

1. „Sinn des Ganzen" – Wozu automatisieren wir?
Die Einführung von Automatisierung sollte nicht auf das Ziel der Perfektion ausgerichtet sein, sondern auf ***Excellence***. Automatisierung bedeutet, Prozesse robuster, effizienter und skalierbarer zu gestalten, ohne jeden Ausnahmefall (sogenannte Edge-Cases) im Vorfeld lösen zu müssen. Der Fokus liegt auf dem Nutzen für die Organisation und die Mitarbeitenden: Routinen werden abgenommen, Entscheidungsprozesse beschleunigt und die Qualität der Ergebnisse erhöht. Dadurch entsteht eine klare Antwort auf die Frage, „wozu wir automatisieren" – nämlich um Raum für wertschöpfende Tätigkeiten, Kreativität und Innovation zu schaffen.

2. Wettbewerbsvorteil und Innovationsgedanke
Ein weiterer wichtiger Erfolgsfaktor ist das Bewusstsein, dass Automatisierung und KI nicht nur Kosten reduzieren, sondern vor allem Innovationspotenziale eröffnen. Unternehmen, die Hyperautomation systematisch einsetzen, **skalieren Kanäle statt nur Tools** – und schaffen damit einen Vorsprung, der sich in Reaktionszeit, Durchlaufzeit und Kundenerlebnis niederschlägt. Dieser Vorsprung entsteht durch schnellere Reaktionsfähigkeit auf Marktveränderungen, durch datengetriebene Entscheidungsprozesse und durch eine höhere Skalierbarkeit der Geschäftsmodelle. Automatisierung wird so zu einem strategischen Motor, der weit über reine Effizienzsteigerung hinausgeht.

Plattformfreie Skalierung als neuer Wettbewerbsvorteil. Hyperautomation ermöglicht erstmals eine **Amazon-ähnliche Skalierung ohne Plattformbindung:** Bestellungen und Anfragen können kanalunabhängig (E-Mail, PDF, Web-Formulare, Messenger) **in Echtzeit** verarbeitet werden – ohne Kunden in einen Marktplatz zu zwingen. Der Vorteil ist doppelt: maximale **Kundennähe** (Kunden bleiben in ihrem gewohnten Kanal) und **operative Skalierbarkeit** (No-Touch-Durchlauf statt einzelner UI-Automationen). Damit entsteht ein differenzierendes Leistungsversprechen jenseits der klassischen Plattformökonomie

3. Bewusstsein für die Funktionsweise von KI schaffen
Ein zentrales Element der nachhaltigen Verankerung ist das Verständnis, dass KI grundlegend anders funktioniert als klassische, algorithmische Systeme. Während traditionelle Anwendungen mit klaren Logiken und binären Entscheidungen (0 oder 1, richtig oder falsch) arbeiten, basiert KI auf *Wahrscheinlichkeiten.* Sie liefert keine absolute Wahrheit, sondern eine Annäherung an die Realität, die durch Training und Feedback laufend verbessert wird.

Dieses Prinzip ähnelt der Entwicklung menschlicher Expertise: Mitarbeitende, die über Jahre hinweg Erfahrung sammeln, lernen, komplexe Situationen und Ausnahmen (Edge-Cases) zu bewältigen, indem sie ihr Wissen verknüpfen und flexibel anwenden. Genauso „lernt" eine KI durch Training, indem ihr Daten, Wissen und Muster zur Verfügung gestellt werden. Je besser dieser Lernprozess gestaltet wird, desto zuverlässiger und wertvoller werden die Ergebnisse.

4. Kulturwandel als Voraussetzung
Damit Automatisierung und KI in der Organisation nachhaltig wirken, braucht es nicht nur technisches Know-how, sondern auch eine kulturelle Offenheit für Veränderung. Führungskräfte sind gefordert, eine gemeinsame Vision zu kommunizieren, die Mitarbeitenden aktiv einzubinden und Vorbehalte abzubauen. Ein bewusster Umgang mit Fehlern – sowohl bei Menschen als auch bei KI-Systemen – ist entscheidend, um Vertrauen in die neuen Technologien zu schaffen.

> **Fazit** Nachhaltige Verankerung bedeutet, den Sinn der Automatisierung klar zu kommunizieren, Wettbewerbsvorteile sichtbar zu machen und das notwendige Ver-

ständnis für die Funktionsweise von KI aufzubauen. Gelingt dies, entwickelt sich der Wandel von einer reinen Technologieeinführung zu einem umfassenden kulturellen Transformationsprozess, der die Organisation langfristig stärkt.

12.4 Typische Hürden: Daten, Akzeptanz, Ausnahmeprozesse

Die Einführung von Automatisierung und Künstlicher Intelligenz (KI) in Organisationen verläuft selten reibungslos. Neben den technischen Herausforderungen treten vor allem organisatorische und kulturelle Hürden auf, die über Erfolg oder Misserfolg entscheiden können. Besonders häufig lassen sich drei Problemfelder beobachten: **Datenqualität und Datensicherheit, Akzeptanz bei Mitarbeitenden und IT-Abteilungen sowie der Umgang mit Ausnahmeprozessen.**

1. Daten: Vertrauen schaffen und Potenziale nutzen
Ein zentrales Hindernis in Automatisierungsprojekten betrifft die Datenbasis. Viele Unternehmen äußern Bedenken, wenn Daten in Cloud-Umgebungen verarbeitet werden – sei es aus Angst vor Missbrauch durch Mitbewerber, Konkurrenten oder gar kriminelle Akteure. Diese Sorgen sind nachvollziehbar, verdeutlichen jedoch die Notwendigkeit einer klaren Datenstrategie, die Datenschutz, Governance und technische Sicherheitsmaßnahmen berücksichtigt.

Zudem herrscht oft der Glaube, dass Daten perfekt strukturiert und fehlerfrei vorliegen müssen, um einen Nutzen zu entfalten. Diese Annahme ist längst überholt: Moderne KI-Modelle, insbesondere Large Language Models (LLMs), sind in der Lage, auch mit unstrukturierten Daten zu arbeiten und daraus Mehrwert zu generieren. Statt auf Perfektion zu warten, empfiehlt es sich, Daten iterativ bereitzustellen und die Systeme schrittweise zu trainieren. Mit jeder zusätzlichen Information steigt die Qualität der Ergebnisse – vergleichbar mit einem Lernprozess, der sich kontinuierlich verbessert. Entscheidend ist daher nicht die makellose Datenbasis, sondern die Fähigkeit, Wissen pragmatisch und zielgerichtet verfügbar zu machen.

2. Akzeptanz: Widerstände ernst nehmen und gestalten
Ein weiteres Hindernis liegt in der menschlichen Dimension. Automatisierung verändert Rollenbilder und Arbeitsweisen – und stößt daher häufig auf Skepsis. Zwei Gruppen treten dabei besonders hervor:

- **IT-Abteilungen:** Viele IT-Teams sind bereits stark ausgelastet und empfinden zusätzliche Automatisierungsprojekte als zusätzliche Belastung. Ohne klare Priorisierung und Ressourcenplanung besteht die Gefahr, dass die IT-Organisation zum Bremsklotz wird, obwohl sie eigentlich als Enabler wirken sollte.
- **Sachbearbeiter:innen:** Bei Mitarbeitenden, deren Tätigkeiten durch Automatisierung ersetzt oder verändert werden, entstehen oft Ängste vor Rationalisierung. Diese mani-

festieren sich nicht selten in Widerstandshaltungen – sei es durch das **„kritische Hinterfragen“** neuer Tools oder durch Betonung von Schwachstellen statt Erfolgen.
- **Narrativ wechseln: Entlastung statt Zwangskanal.**

Die Akzeptanz steigt, wenn Hyperautomation **Kunden im gewohnten Kanal** lässt (Mail, PDF, Chat) und dennoch **Amazon-ähnliche Geschwindigkeit** liefert – **ohne** die Belegschaft in Portalen „nachzuarbeiten“. Botschaft: *Wir eliminieren Tipparbeit, nicht Expertise.*

Hier sind Führungskräfte in der Verantwortung: Ziel darf es nicht sein, Mitarbeitende zu ersetzen, sondern deren Potenziale neu zu entfalten. Während monotone und repetitive Tätigkeiten durch Automatisierung abgedeckt werden, gewinnen Mitarbeitende Zeit und Freiräume für kreative, komplexe oder ausnahmelastige Aufgaben. Gerade in der **Betreuung von Edge-Cases, in der Weiterentwicklung von Prozessen und in der Qualitätssicherung bleibt menschliches Wissen unverzichtbar**. Die Einbindung der Mitarbeitenden in Trainings- und Feedbackschleifen der KI fördert zudem sowohl deren Kompetenzentwicklung als auch die Leistungsfähigkeit der Systeme.

3. Ausnahmeprozesse: Von der Herausforderung zur Chance
Ein drittes, oft unterschätztes Hindernis stellen Ausnahmeprozesse dar. In traditionellen Projekten wird versucht, auch seltene und komplexe Fälle im Detail abzubilden – häufig mit erheblichem Aufwand und geringer Erfolgsquote. KI-gestützte Systeme eröffnen hier neue Möglichkeiten: Statt Ausnahmeprozesse komplett zu standardisieren, können diese als Lernfelder für die KI dienen. Indem Mitarbeitende Wissen in Form von Feedback und zusätzlichen Kontextinformationen einbringen, verbessert sich die Mustererkennung der KI sukzessive. Auf diese Weise wird aus der „Störgröße“ ein kontinuierlicher Lernprozess, der langfristig zur Stabilität beiträgt.

▶ **Fazit** Datenängste, Akzeptanzprobleme und Ausnahmeprozesse gehören zu den typischen Hürden jeder Automatisierungstransformation. Sie lassen sich jedoch überwinden, wenn Unternehmen auf Transparenz, iterative Lernprozesse und eine aktive Einbindung der Mitarbeitenden setzen. Entscheidend ist, nicht die Perfektion zu erwarten, sondern den Wandel pragmatisch zu gestalten – mit klarer Kommunikation, konsequenter Beteiligung und einer Kultur, die Veränderung nicht als Bedrohung, sondern als Chance begreift.

12.5 Lessons Learned aus realen Umsetzungen

Die Erfahrungen aus realen Projekten zur Hyperautomation zeigen deutlich: zwischen Vision und Wirklichkeit klafft oft eine Lücke. Neben technologischen Fragen spielen auch organisatorische, kulturelle und politische Faktoren eine entscheidende Rolle. Im Folgenden sind zentrale Lessons Learned zusammengefasst.

1. **Ökosysteme der Softwarehersteller – geschlossene Welten statt Offenheit**
   Ein prägendes Hindernis ist die Haltung vieler etablierter Softwarehersteller, insbesondere im ERP-Markt. Diese Anbieter erwarten, dass neue Lösungen ausschließlich innerhalb ihres eigenen Ökosystems entwickelt und integriert werden. Externe Produkte gelten häufig als „Lösungen zweiter Klasse", auch wenn sie technisch überlegen sein können. Das Resultat sind verkrustete Strukturen, die Innovation behindern und Unternehmen in Abhängigkeiten treiben.
2. **Interessen und Machtgefüge bestimmen den Erfolg**
   Hyperautomation-Projekte scheitern nicht selten weniger an der Technologie, sondern am Zusammenspiel von Interessen, Machtgefügen und Verantwortlichkeiten. Wenn einzelne Abteilungen ihre „Claims" sichern wollen, entsteht ein Klima des Misstrauens, das Projekte bremst.
3. **Fehlende Champions und Stakeholder**
   Ohne klare Projekt-Champions, die das Thema vorantreiben, und ohne engagierte Stakeholder bleibt die Transformation oft ein Papiertiger. Es fehlt an Verbindlichkeit, Mitwirkung und Verantwortungsübernahme. Ein klassisches Beispiel: Datenfehler wie die Verwechslung von Rechnungsadresse und Warenempfängeradresse werden reflexartig der Software angelastet, anstatt die Ursache in fehlerhaften Prozessen oder unzureichender Datenqualität zu suchen.
4. **Edge-Cases als unterschätzte Komplexitätstreiber**
   Ein weiterer Stolperstein liegt in der systematischen Unterschätzung von Edge-Cases. Was zunächst als Ausnahme betrachtet wird, entpuppt sich in der Praxis oft als Normalfall. Projekte zeigen, dass die vermeintlich klaren „Standardfälle" in Wahrheit hochvariabel sind. Das führt dazu, dass in vielen Bereichen kaum echte Standards existieren, sondern eine Vielzahl von Sonderkonstellationen bewältigt werden muss.
5. **Mindset: Wir sind keine Innovation Leader**
   Eine bittere Erkenntnis: Im deutschsprachigen Raum sind Unternehmen in der Anwendung neuer Technologien, insbesondere im Bereich Künstliche Intelligenz und Hyperautomation, selten Innovation Leaders. Statt Neues auszuprobieren, wartet man lieber auf „ausgereifte" Produkte am Markt. Doch die Realität ist: KI in der Hyperautomation befindet sich noch im Projektstadium. Es gibt bisher nur wenige Anbieter, die echte Out-of-the-box-Lösungen liefern, die ein breites Spektrum an Anwendungsfällen abdecken.
6. **Perfektionismus als Innovationsbremse**
   Ein kultureller Faktor, der speziell im deutschen Kontext ins Gewicht fällt, ist der Perfektionismus. Die Fokussierung auf Fehler statt auf funktionierende Elemente führt dazu, dass Projekte ins Stocken geraten. Beharrlichkeit wird so zur Bremse, anstatt als Stärke genutzt zu werden. Hyperautomation verlangt jedoch iteratives Vorgehen: kleine, schnelle Schritte, in denen auch Unvollkommenes erlaubt ist.

> **Fazit** Die Lessons Learned machen deutlich: Hyperautomation ist weniger eine rein technische Disziplin, sondern ein Zusammenspiel von Technologie, Organisation

und Kultur. Wer erfolgreich sein will, muss die geschlossenen Ökosysteme der Hersteller kritisch hinterfragen, interne Machtgefüge aktiv managen, Verantwortung klar verankern, Edge-Cases realistisch einschätzen und sich von Perfektionismus lösen. Nur mit einem offenen Mindset und Mut zu unvollkommenen Lösungen lassen sich die Potenziale von Hyperautomation wirklich heben.

12.6 Mangel an Fachkräften und organisatorischer Akzeptanz

Die erfolgreiche Umsetzung von KI-Initiativen erfordert **interdisziplinäre Teams,** die unterschiedliche Kompetenzfelder abdecken. Neben **Data Scientists** zur Modellierung und Analyse, werden **Domänenexperten** für die Kontextualisierung der Ergebnisse, **Softwareentwickler** für die Integration in bestehende Systeme sowie **Change-Manager** für die organisatorische Transformation benötigt. Studien belegen, dass viele Unternehmen den personellen und organisatorischen Aufwand systematisch unterschätzen. Häufig fehlen qualifizierte Fachkräfte oder die bestehenden Ressourcen sind überlastet, was zu Projektverzögerungen, ineffizienter Mittelverwendung und letztlich zum Scheitern führen kann.

Fachkräftemangel als strukturelles Hindernis
Der globale Arbeitsmarkt für KI-Kompetenzen ist stark umkämpft. Während Großunternehmen oftmals attraktive Konditionen bieten können, geraten kleine und mittelständische Unternehmen in Wettbewerbsnachteile. Darüber hinaus zeigt sich ein Defizit nicht nur bei hochspezialisierten Rollen (z. B. Machine Learning Engineers), sondern auch in der **breiten Befähigung von Mitarbeitenden,** die im Alltag mit KI-Systemen arbeiten sollen. Fehlende Weiterbildungsangebote oder unzureichende interne Karrierepfade für Daten- und KI-Expertise verschärfen dieses Defizit.

Organisatorische Akzeptanz als Erfolgsfaktor
Selbst technisch exzellente Lösungen entfalten keinen Nutzen, wenn sie nicht in der Organisation akzeptiert und angewendet werden. Hierbei spielen sowohl **individuelle Einstellungen** der Mitarbeitenden als auch **strukturelle Faktoren** eine Rolle. Studien verweisen auf typische Hindernisse:

- **Not-Invented-Here-Syndrom:** Lösungen aus zentralen Innovationsabteilungen stoßen auf Ablehnung in den Fachbereichen.
- **Verlustängste:** Befürchtungen, KI könnte Arbeitsplätze ersetzen, führen zu passivem Widerstand.
- **Fehlende Einbindung:** Mitarbeitende werden zu spät in den Entwicklungsprozess involviert, sodass die Lösung als praxisfern wahrgenommen wird.

Eine erfolgreiche Implementierung setzt daher eine **aktive Change-Management-Strategie** voraus, die Kommunikation, Qualifizierung und Partizipation umfasst.

Rolle von „AI Literacy“
Unter dem Begriff **AI Literacy** wird die Fähigkeit verstanden, grundlegende Konzepte, Chancen und Grenzen von KI zu verstehen. Eine frühzeitige Qualifizierung der Mitarbeitenden ist essenziell, um Ängste zu reduzieren und Akzeptanz zu fördern. Unternehmen, die in Trainingsprogramme investieren und **„AI Champions“** in Fachbereichen etablieren, berichten von signifikant höheren Erfolgsquoten bei der Einführung neuer Systeme.

Handlungsempfehlungen

- **Kompetenzaufbau planen:** Frühzeitige Investitionen in Recruiting, Weiterbildung und Partnerschaften mit Hochschulen oder spezialisierten Anbietern.
- **Interdisziplinarität sicherstellen:** Projektteams bewusst breit aufstellen und Business- sowie IT-Perspektiven verbinden.
- **Akzeptanz fördern:** Mitarbeitende früh einbeziehen, transparent kommunizieren und durch Schulungsmaßnahmen befähigen.
- **Change-Management verankern:** Kulturelle und organisatorische Transformation als integralen Bestandteil jedes KI-Projekts betrachten.

> **Fazit** Fachkräftemangel und mangelnde Akzeptanz zählen zu den **zentralen Ursachen für das Scheitern von KI-Projekten**. Technologie allein garantiert keinen Erfolg. Erst wenn Unternehmen die notwendige Expertise aufbauen, interdisziplinäre Zusammenarbeit organisieren und eine Kultur der Akzeptanz schaffen, lassen sich die Potenziale von KI nachhaltig realisieren.

12.7 Viele KI-Projekte scheitern noch

KI-Initiativen in Unternehmen bleiben oft hinter den Erwartungen zurück. Eine aktuelle Studie des MIT zeigt, dass etwa **95 % aller KI-Pilotprojekte keinen messbaren Geschäftsnutzen erzielen** – lediglich rund 5 % führen zu spürbaren Erfolgen, etwa in Form von Umsatzsteigerungen oder Effizienzgewinnen.

Bemerkenswerterweise liegt das Problem **weniger in der Technologie selbst,** sondern vor allem in der Art und Weise, wie KI im Unternehmen implementiert und integriert wird. Die größten Hürden sind strategischer, organisatorischer und datenbezogener Natur.

Die alarmierende Quote von neun gescheiterten Projekten auf zehn ist **kein Schicksal, sondern ein Weckruf**. Erfolg hängt nicht primär von Algorithmen ab, sondern von strategischer Klarheit, Datenfundament, Integration, Mensch und Kultur. Wer diese Faktoren konsequent berücksichtigt, kann die 95 %-Quote überwinden und sein KI-Projekt vom risikobehafteten Experiment zum nachhaltigen Erfolg führen.

Lektionskern: Nicht die KI scheitert, sondern **der fehlende prozessuale Rahmen**. Projekte, die **kanalübergreifende, plattformfreie Workflows** (E-Mail, PDF, Chat) als Zielgröße definieren und diese mit Validierung, Governance und klaren **Fallback-Mechanismen** absichern, durchbrechen die 95-%-Quote – weil sie **Skalierung am Prozess,** nicht am Tool aufhängen.

12.8 Bewertung, Monitoring, kontinuierliche Optimierung

Um den Erfolg von Automatisierungsinitiativen nachhaltig sicherzustellen, ist eine systematische Bewertung, ein kontinuierliches Monitoring sowie eine iterative Optimierung der Prozesse unverzichtbar. Dabei spielen verschiedene Messgrößen eine zentrale Rolle, um die Leistungsfähigkeit der Automatisierung objektiv zu erfassen und Verbesserungspotenziale zu identifizieren.

Messgrößen der Automatisierung
Ein wesentlicher Indikator ist der **Automatisierungsgrad,** der angibt, wie oft ein Mensch noch in die Bearbeitung eines Vorgangs oder Belegs eingreifen musste. Ergänzend dazu werden mehrere Qualitäten der Datenverarbeitung betrachtet:

- **Erkennungsgüte:** Misst, wie zuverlässig die Automatisierung die relevanten Daten erkennt.
- **Extraktionsgüte:** Bewertet, ob alle benötigten Daten vollständig erfasst wurden.
- **Semantikgüte:** Prüft, ob die Daten inhaltlich korrekt interpretiert und zugeordnet wurden.
- **Verwertungsgüte:** Gibt an, welcher Anteil der erfassten Daten tatsächlich an das Zielsystem übergeben wurde.
- **Transformationsgüte:** Untersucht, ob die Daten korrekt im Zielsystem integriert und richtig zugeordnet wurden.
- **Aufwertungs- und Anreicherungsgüte:** Bewertet, wie häufig und präzise Daten angereichert oder verbessert wurden.
- **Plattformfrei-Quote/Kanalbreite:** Anteil der Vorgänge, die **ohne Plattformbindung** (E-Mail, PDF, Chat, Portal, EDI) **No-Touch** verarbeitet werden; zusätzlich **Anzahl produktiver Eingangskanäle**. *Ziel:* Kanalskalierung statt Kanalsperrung.

Edge-Case- versus Mainstream-Fokus
Ein weiteres Kriterium ist das Verhältnis zwischen sogenannten **Edge-Cases** und den typischen Anwendungsfällen. Hier gilt es, das Paretoprinzip zu beachten: Automatisierungsbemühungen sollten primär auf die Mainstream-Fälle ausgerichtet sein, während Exoten-Fälle gezielt bewertet werden, um den Aufwand und Nutzen optimal auszubalancieren.

Ergebnisgüte in Abhängigkeit des Wissens
Die Qualität der Ergebnisse steht in direkter Abhängigkeit vom bereitgestellten Wissen. In der Praxis lässt sich dies graphisch darstellen, wobei die X-Achse das verfügbare Wissen und die Y-Achse die Steigerung der Ergebnisgüte abbildet. Solche Analysen helfen, den Mehrwert zusätzlichen Wissens quantitativ zu verstehen und die Effektivität der Automatisierung zu erhöhen.

Häufige Herausforderungen
Bei der Implementierung von Automatisierungen treten typische Stolpersteine auf:

- **Zu trainingslastig:** Der initiale Aufwand für Trainingsdaten kann die Effektivität hemmen.
- **Flakeiness:** Instabile Informationen führen zu unzuverlässigen Ergebnissen.
- **Zu starr:** Eine unflexible Umsetzung oder ein aufgesetztes UI begrenzen die Nutzbarkeit und Anpassungsfähigkeit der Lösung.

Ziel ist es, die definierten Ansprüche zu erreichen und gleichzeitig die Freiheitsgrade der Systeme optimal zu nutzen, um flexibel auf Veränderungen reagieren zu können.

Kap. 13: Resilienz

13

Zusammenfassung

Stellen Sie sich vor, ein vermeintlich perfekter Automatisierungsprozess gerät ins Straucheln: Ein Kunde wartet auf Ware in Spanien, doch die Lieferung landet an der Rechnungsadresse in England. Ursache ist keine klassische Systemstörung, sondern eine Verkettung aus Unsicherheit in der KI, falscher menschlicher Bestätigung und einem daraus abgeleiteten „falschen Muster". Ein Prozess, der entlasten sollte, erzeugt so zusätzlichen Aufwand. Dieses Beispiel zeigt: Resilienz in der Automatisierung **bedeutet mehr als störungsfreie Abläufe**. Es geht darum, Unsicherheiten zu erkennen, Fehler zu überstehen und sich flexibel anzupassen, sodass Prozesse nicht ins Stocken geraten. In einer Welt vernetzter Wertschöpfungsketten ist das kein „nice-to-have", sondern ein Wettbewerbsvorteil. Während klassische Ansätze wie EDI oder einfache RPA-Bots Stabilität nur durch starre Regeln sichern, setzt Hyperautomatisierung auf **Adaptivität, Monitoring und Feedback-Loops**. Prozesse werden dadurch nicht nur robuster, sondern auch lernfähig. Resilienz wird so zum **unsichtbaren Garant operativer Exzellenz** und zur Basis für Zukunftsfähigkeit. In diesem Kapitel erfahren Sie, wie sich Automatisierungsarten zwischen **Störanfälligkeit und Flexibilität** einordnen, welche Stufen Unternehmen auf dem Weg zur **resilienten Automatisierung** durchlaufen, wie ein **Radardiagramm zentrale Resilienzfaktoren** sichtbar macht, und wie **technische, organisatorische und menschliche Ursachen** des Resilienzverlusts systematisch adressiert werden können. Resilienz ist keine Ergänzung zu Effizienz oder Kostenersparnis – sie ist deren Fundament.

P. Futterknecht, *Hyperautomation – Der letzte Schritt vor der intelligenten Organisation*, https://doi.org/10.1007/978-3-658-50441-0_13

13.1 Resilienzfähigkeit: Der unsichtbare Garant operativer Exzellenz

Resilienzfähigkeit
Ein zentraler Erfolgsfaktor moderner Hyperautomation ist die Resilienz der Automatisierung. Sie entscheidet darüber, ob operative Exzellenz nicht nur unter Idealbedingungen, sondern vor allem auch in dynamischen, unvorhersehbaren Situationen aufrechterhalten werden kann. Resiliente Prozesse und Funktionen liefern robuste, konsistente Ergebnisse – und das nicht durch starre Perfektion, sondern durch **intelligente Anpassungsfähigkeit**. Sie stärken damit nicht nur die Effizienz, sondern die Widerstandskraft der gesamten Organisation.

Wenn die Automatisierung stolpert: Ein Beispiel aus der Praxis
Stellen Sie sich folgende Situation vor: Ein Anruf aus dem Vertrieb erreicht die IT-Abteilung. Der Kunde ist verärgert: „Die bestellte Ware wurde gerade an die Rechnungsadresse in England geliefert – statt zur Warenadresse nach Spanien!" Die erste Vermutung liegt nahe: Die KI-Lösung hat die semantischen Feinheiten der Adressangaben vertauscht. Doch die Analyse des Softwareherstellers bringt eine überraschende Erkenntnis: Die KI war sich tatsächlich unsicher. Sie hatte die korrekte Auswahl zwar vorgeschlagen, aber wegen minimaler Unterschiede den Sachbearbeiter um Bestätigung gebeten. Dieser – trotz korrekter Vorprognose – traf die falsche Entscheidung. Das System lernte somit eine falsche Wahrheit und reproduzierte den Fehler.

Dieses Szenario zeigt: Resilienz in der Automatisierung bedeutet mehr als bloße Störungsfreiheit. Es geht um die Fähigkeit, Unsicherheiten zu erkennen, proaktiv zu handhaben und aus Fehlern zu lernen – ohne dass der Prozess ins Stocken gerät.

Resilienz als dynamische Kraft
Resilienz beschreibt nicht nur die Widerstandsfähigkeit gegenüber Störungen, sondern vor allem die adaptive Intelligenz, mit der diese erkannt, bewältigt und gelöst werden. Für Prozessautomatisierungen gibt es kaum etwas Schädlicheres als einen Ausfall der Automation. Denn in der Hyperautomation ist die Fähigkeit, Störungen in Echtzeit zu identifizieren und zu beheben, ein entscheidender Wettbewerbsvorteil und Anforderung.

Genau dort, wo klassische Lösungen wie EDI an ihre Grenzen stoßen, muss Hyperautomation ansetzen: Sie sollte Störungen nicht nur erkennen, sondern adaptiv lösen – und das in einem Umfeld, in dem Prozesse oft in Echtzeit ablaufen und Ausfälle nur minimal toleriert werden.

Warum Resilienz kein Luxus, sondern Notwendigkeit ist
In der Automatisierung geht es meist um prozesskritische Abläufe, bei denen jede Verzögerung oder jeder Fehler direkte Auswirkungen auf Kunden, Lieferketten oder die Wertschöpfung hat. Hohe Volumina und komplexe Abhängigkeiten erfordern Systeme, die nicht nur stabil, sondern auch lernfähig und anpassungsfähig sind. Resilienz ist daher kein

„Nice-to-have", sondern ein zentraler Baustein für den Erfolg von Hyperautomation – und damit für die Zukunftsfähigkeit Ihres Unternehmens.

Resilienz ≠ Plattformzwang
Plattformen erzielen Robustheit durch harte Standards. Hyperautomation erzielt Robustheit durch **adaptive Semantik, Validierung, Monitoring und Feedback-Loops** – und hält damit **kanaloffen**. Diese Architektur trägt die Kanalskalierung auch dann, wenn sich Formate, Inhalte oder Partner ändern.

13.1.1 Einordnung von Automationsarten: Störanfälligkeit vs. Adaptivität

Nicht jede Automatisierung ist gleich. Manche Lösungen sind stabil, aber starr; andere flexibel, aber anfällig für Störungen. Das folgende **Positionierungsmodell** (vgl. Abb. 13.1) und Tabelle (vgl. Tab. 13.1) hilft Ihnen, gängige Automatisierungsansätze nach zwei zentralen Kriterien einzuordnen: **Störanfälligkeit** und **Adaptivität/Flexibilität**.

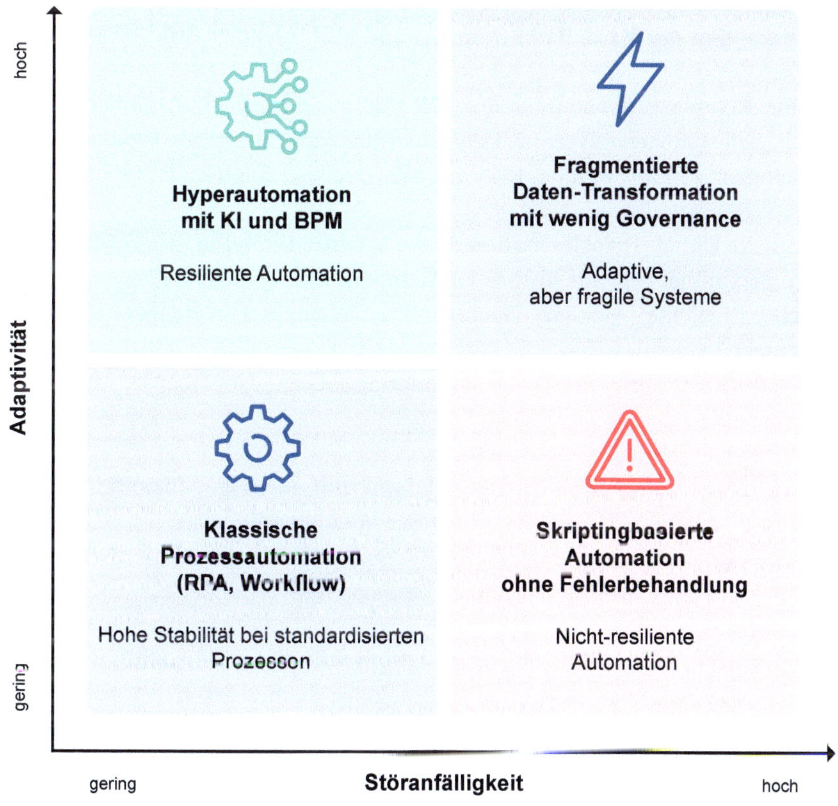

Abb. 13.1 Resilienz von Automation

Tab. 13.1 Das 4-Quadranten-Modell der Automatisierung

Adaptivität/ Flexibilität	Niedrige Störanfälligkeit	Hohe Störanfälligkeit
Hoch	**Hyperautomation mit KI & BPM** Workflows erkennen automatisch Optimierungspotenzial und passen sich selbst an **Beispiel:** End-to-End-BPM mit Feedback-Loop, Process Mining + RPA + ML	**Fragmentierte Daten-Transformation** *Heterogene Datenquellen, ML-Modelle ohne Monitoring* **Beispiel:** Unkontrollierte ETL-Skripte in Data-Lake-Umgebungen
Niedrig	**Klassische Prozessautomation** *Hohe Stabilität bei standardisierten Prozessen* **Beispiel:** Rechnungsprüfung mit RPA	**Skripting-basierte Automation** *Starre Makros, manuell gepflegte Datenpipelines* **Beispiel:** Excel-Makros, Shell-Skripte ohne Logging

So erkennen Sie auf einen Blick, welche Technologie für welche Anforderungen geeignet ist – und wo Resilienz-Risiken lauern.

Was die Quadranten bedeuten
Hyperautomation mit KI & BPM (hohe Adaptivität, niedrige Störanfälligkeit)

- Ideal für: Komplexe, dynamische Prozesse mit hohen Resilienz-Anforderungen.
- Stärken: Selbstlernende Systeme, Echtzeit-Anpassung, integrierte Feedback-Loops.
- Technologien: Process Mining, RPA mit ML, Decision Engines, BPMN-Plattformen.

Fragmentierte Daten-Transformation (hohe Adaptivität, hohe Störanfälligkeit)
- Risiko: Flexibilität geht auf Kosten der Stabilität.
- Typische Probleme: Unklare Datenqualität, fehlende Governance, schwer nachvollziehbare Fehler.
- Lösungsansatz: Einführung von Monitoring, Data Governance, standardisierte Pipelines.

Klassische Prozessautomation (niedrige Adaptivität, niedrige Störanfälligkeit)
- Ideal für: Standardisierte, repetitive Prozesse mit klaren Regeln.
- Stärken: Hohe Stabilität, einfache Wartung, geringe Fehlerquote.
- Technologien: RPA, Workflow-Engines, einfache BPMN-Prozesse.

Skripting-basierte Automation (niedrige Adaptivität, hohe Störanfälligkeit)
- Risiko: Hohe Ausfallrate, schwer zu warten, keine Skalierbarkeit.
- Typische Probleme: Keine Fehlerbehandlung, manuelle Pflege, keine Protokollierung.
- Empfehlung: Migration zu robusteren Lösungen (z. B. RPA, Low-Code-Plattformen).

Praktische Anwendung: Wo steht Ihre Automatisierung?

- **Bestandsaufnahme:** Ordnen Sie Ihre aktuellen Automatisierungslösungen in das Modell ein.
- **Risikobewertung:** Identifizieren Sie Lösungen im „Quadrant Fragile Systeme"- oder „nicht resiliente Automation"-Quadranten – hier drohen Resilienz-Probleme.
- **Zieldefinition:** Streben Sie für kritische Prozesse den „hohe Stabilität"-Quadranten an.
- **Migrationspfad:** Planen Sie schrittweise Verbesserungen (z. B. von Skripten zu RPA, von ETL zu ELT,[1] von RPA zu Hyperautomation).

Beispiel aus der Praxis

Ein Unternehmen nutzt für die Rechnungsprüfung klassische RPA-Bots („hohe Stabilität"-Quadrant). Für die Datenintegration in der Logistik setzt es jedoch auf manuelle ETL-Skripte („fragile-Systeme"-Quadrant). Durch die Einführung einer Hyperautomation-Plattform mit Process Mining und ML („Resiliente Automation"-Quadrant) konnte die Fehlerquote in der Logistik um 40 % gesenkt und die Anpassungsfähigkeit an neue Datenquellen deutlich verbessert werden. ◄

Warum dieses Modell hilft:

- **Schnelle Orientierung:** Klare Einordnung von Technologien und Ansätzen.
- **Risikomanagement:** Identifikation von Schwachstellen in der Automatisierungslandschaft.
- **Strategische Planung:** Fundierte Entscheidungen für Investitionen und Modernisierung.

Tipp für Ihr Projekt: Nutzen Sie das Modell im Workshop mit Ihrem Team, um bestehende Lösungen einzuordnen und Prioritäten für die Weiterentwicklung zu setzen.

13.1.2 Reifegradmodell Resilienz

Resilienz in der Prozessautomatisierung ist kein binärer Zustand, sondern ein Entwicklungsprozess. Das folgende Reifegradmodell zeigt, wie Unternehmen schrittweise von reaktiven Notfallmaßnahmen zu einer proaktiv lernenden, selbstoptimierenden Automatisierung gelangen. Jede Stufe (vgl. Abb. 13.2) erhöht nicht nur die Stabilität, sondern auch die strategische Agilität der Organisation.

[1] ETL (Extract, Transform, Load) und ELT (Extract, Load, Transform) sind zwei etablierte Datenintegrationsstrategien, die in der Verarbeitung und Analyse großer Datenmengen verwendet werden

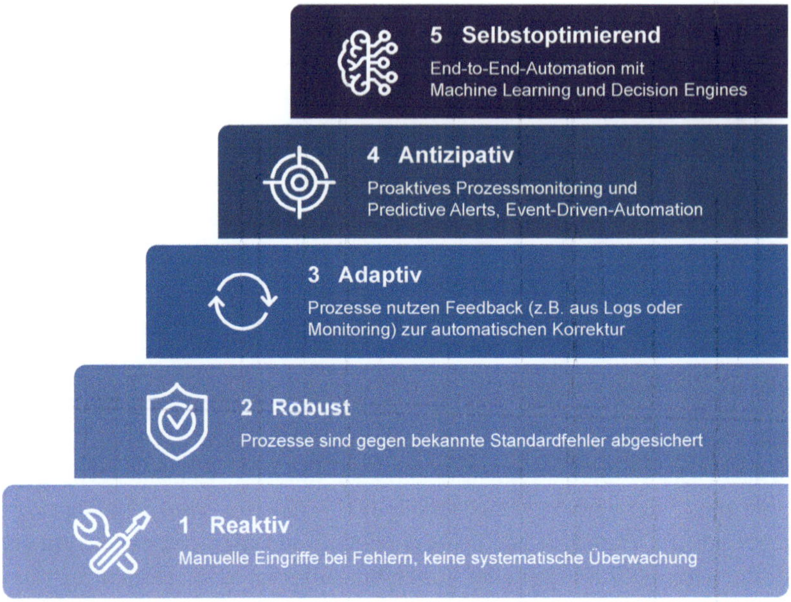

Abb. 13.2 Reifegradmodell: Resilienz in der Hyper-Automation (Stufenmodell)

Der Weg zur Resilienz: Was jede Stufe bedeutet (vgl. Tab. 13.2)

- **Reaktiv (Stufe 1):** Hier dominieren manuelle Eingriffe. Automatisierungen sind starr und brechen bei Abweichungen ab. Das Risiko: Hohe Betriebskosten durch ständige Nacharbeit und geringe Skalierbarkeit.
- **Robust (Stufe 2):** Prozesse werden gegen Standardfehler abgesichert. Durch Exception Handling und Retry-Logik sinkt die Ausfallrate, aber neue oder komplexe Störungen erfordern weiterhin menschliches Eingreifen.
- **Adaptiv (Stufe 3):** Die Automatisierung wird lernfähig. Feedback aus Logs oder Monitoring-Systemen ermöglicht es, Fehler nicht nur zu erkennen, sondern auch automatisch zu klassifizieren und zu beheben. Die Effizienz steigt, da Routineprobleme ohne manuelle Eingriffe gelöst werden.
- **Antizipativ (Stufe 4):** Prozesse werden proaktiv überwacht. Predictive Alerts und Event-Driven-Automation ermöglichen es, Störungen zu erkennen, bevor sie eskalieren. Process Mining und Anomalieerkennung spielen hier eine zentrale Rolle.
- **Selbstoptimierend (Stufe 5):** Die Automatisierung wird zur lernenden Einheit. Machine Learning und Decision Engines analysieren kontinuierlich Prozessdaten, identifizieren Optimierungspotenziale und passen Abläufe automatisch an. Das Ergebnis: Eine sich ständig verbessernde, resilientere Prozesslandschaft.

Tab. 13.2 Reifegradmodell (Tabelle) zu Resilienz

Reifegrad	Charakteristika	Typische Umsetzung	Beispiel aus der Praxis
1. Reaktiv	Manuelle Eingriffe bei Fehlern, keine systematische Überwachung	Einfache RPA-Lösungen ohne Fehlerbehandlung, Skripte brechen bei Abweichungen ab	Ein Bot stoppt bei einer unerwarteten Bildschirmänderung; der Prozess muss manuell neu gestartet werden
2. Robust	Prozesse sind gegen bekannte Standardfehler abgesichert	Exception Handling, Retry-Logik, einfache Logging-Mechanismen	Ein RPA-Bot erkennt fehlende Eingabefelder, versucht die Aktion dreimal und protokolliert den Fehler
3. Adaptiv	Prozesse nutzen Feedback (z. B. aus Logs oder Monitoring) zur automatischen Korrektur	Automatisierte Fehlerklassifikation, dynamisches Routing, erste KI-gestützte Entscheidungen	Ein System klassifiziert Fehlerarten und leitet Tickets automatisch an die zuständige Abteilung weiter
4. Antizipativ	Proaktives Prozessmonitoring, Predictive Alerts, Event-Driven-Automation	Process Mining, Echtzeit-Analysen, Anomalieerkennung, voraussagende Wartung	Eine Process-Mining-Lösung erkennt ungewöhnliche Verzögerungen in der Lieferkette und löst Warnmeldungen aus, bevor es zu Lieferverzögerungen kommt
5. Selbstoptimierend	End-to-End-Automation mit Machine Learning und Decision Engines	Kontinuierliche Verbesserung durch KI, selbstlernende Algorithmen, Decision Management	Eine Hyperautomation-Plattform analysiert historische Fehlerdaten, passt Prozessparameter automatisch an und reduziert so die Fehlerquote um 30 %

Warum der Aufstieg lohnt

Jede Stufe reduziert nicht nur das Störungsrisiko, sondern auch den manuellen Aufwand und die Betriebskosten. Während reaktive Systeme oft nur „funktionieren", schaffen selbstoptimierende Automatisierungen echten Wettbewerbsvorteil – durch höhere Geschwindigkeit, geringere Fehlerquoten und die Fähigkeit, sich an neue Anforderungen anzupassen.

Praxistipp: Beginnen Sie mit der Analyse Ihrer aktuellen Prozesse: Wo entstehen die meisten Störungen? Welche Fehler sind wiederkehrend? Oft lassen sich bereits mit robusten Exception-Handling-Mechanismen (Stufe 2) schnelle Erfolge erzielen, die die Basis für die nächsten Stufen bilden.

13.1.3 Resilienz im Vergleich – Das Radardiagramm der Automatisierungsansätze

Nicht jede Automatisierung ist gleich resilient. Das folgende Radardiagramm „Resilienzfaktoren in der Daten- und Prozessautomatisierung“ vergleicht verschiedene Automatisierungsansätze anhand von acht zentralen Resilienzfaktoren. Es zeigt auf einen Blick, wo Stärken und Schwächen liegen – und hilft Ihnen, den passenden Ansatz für Ihre Anforderungen zu wählen.

Die acht Resilienzfaktoren im Detail

Die folgende Tabelle (vgl. Tab. 13.3) konkretisiert die acht Resilienzfaktoren, indem sie jeweils eine Leitfrage zur Bewertung sowie ein praktisches Beispiel aufführt – und macht so die abstrakten Kriterien greifbar.

Automatisierungsansätze im Vergleich

- **Klassisches RPA:** Stärken in Transparenz und Recovery-Fähigkeit, aber **Schwächen bei Redundanz, Fehlertoleranz und Adaptivität**. RPA-Bots sind oft starr und brechen bei unerwarteten Änderungen ab.

Tab. 13.3 Tabelle zu Resilienzfaktoren mit Beispielen

Faktor	Frage zur Bewertung	Beispiel
Redundanz	Gibt es alternative Wege oder Fallback-Mechanismen bei Systemausfällen?	Ein Data-Pipeline-Prozess nutzt mehrere Cloud-Knoten, um Ausfälle abzufangen
Modularität	Können Komponenten (z. B. RPA-Bots, Microservices) isoliert arbeiten oder ausgetauscht werden?	Ein Low-Code-BPMN-Prozess besteht aus unabhängigen, wiederverwendbaren Modulen
Fehlertoleranz	Was passiert bei Teilausfällen? Werden Prozesse fortgesetzt oder sicher beendet?	Ein RPA-Bot setzt nach einem Fehler an der letzten erfolgreichen Aktion fort
Transparenz	Sind Prozessschritte, Entscheidungen und Datenflüsse nachvollziehbar?	Eine Hyperautomation-Plattform protokolliert jede Entscheidung und bietet Echtzeit-Monitoring
Adaptivität	Können sich Prozesse und Datenflüsse automatisch an neue Bedingungen anpassen?	Ein ML-gestützter Prozess erkennt neue Datenformate und passt die Verarbeitung an
Recovery-Fähigkeit	Wie schnell und zuverlässig wird ein System nach einer Störung wiederhergestellt?	Ein ELT-Prozess startet nach einem Abbruch automatisch neu und synchronisiert nur die fehlenden Daten
Governance & Compliance	Gibt es zentrale Kontrolle, Auditierbarkeit und Einhaltung von Richtlinien?	Eine BPMN-Plattform bietet integrierte Compliance-Checks und Rollenmanagement
Datenqualität & Integration	Wie verlässlich, konsistent und integriert sind die Quelldaten?	Ein Data-Lake mit automatischer Datenbereinigung und Metadaten-Management

- **Hyperautomation mit Machine Learning:** Zeigt ein **sehr ausgewogenes und starkes Profil** – besonders in Adaptivität, Transparenz und Recovery-Fähigkeit. ML-Modelle erkennen Muster, passen sich an und ermöglichen proaktive Fehlerbehebung.
- **ETL vs. ELT in Data-Pipelines:** ETL (Extract-Transform-Load) ist oft weniger resilient als **ELT (Extract-Load-Transform),** da ELT durch späte Transformation und parallele Verarbeitung **höhere Redundanz und Adaptivität** bietet.
- **Low-Code BPMN-Plattformen:** Überzeugen durch **hohe Modularität und Transparenz**. Prozesse sind leicht anpassbar, nachvollziehbar und oft mit integrierten Governance-Tools ausgestattet.

Anwendung des Radardiagramms
Das Radardiagramm (vgl. Abb. 13.3) eignet sich ideal für:

- **Technologieauswahl:** Welcher Ansatz passt zu Ihren Resilienz-Anforderungen?
- **Schwachstellenanalyse:** Wo liegen die größten Risiken in Ihrer aktuellen Automatisierungslandschaft?

Zieldefinition: Wie kann Ihr System schrittweise resilienter werden?

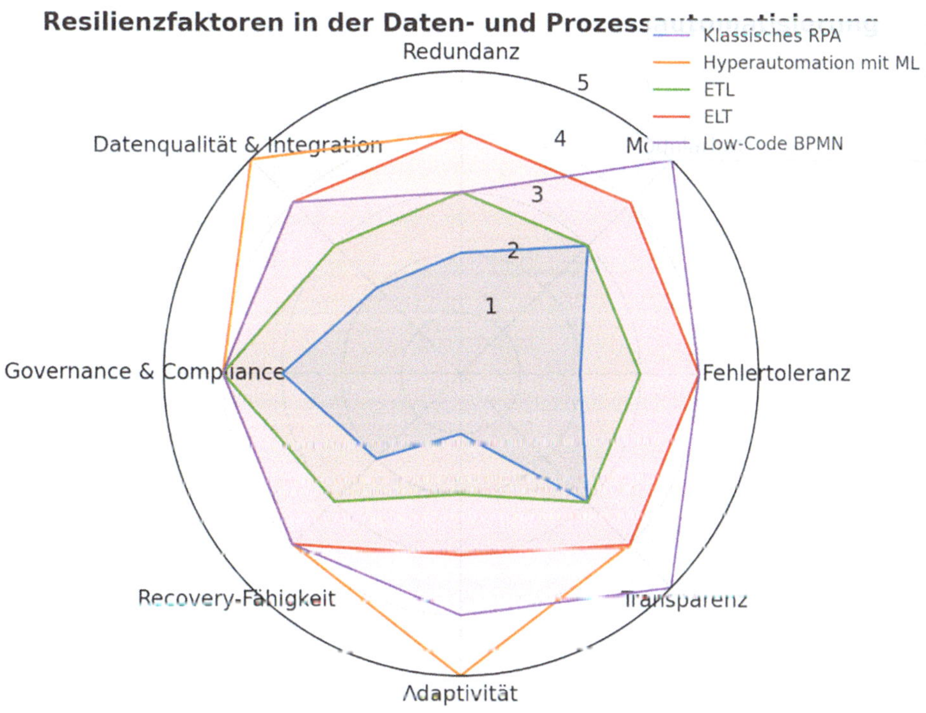

Abb. 13.3 Automatisierungsansätze im Vergleich (Beispiel)

Praxistipp: Nutzen Sie das Radardiagramm im Team, um verschiedene Automatisierungslösungen zu bewerten. Identifizieren Sie die Faktoren, die für Ihre Prozesse am kritischsten sind – und wählen Sie die Technologie, die dort die besten Werte liefert.

13.1.4 Ursachenanalyse: Warum automatisierte Prozesse an Resilienz verlieren

Mangelnde Resilienz in automatisierten Daten- und Geschäftsprozessen ist selten auf eine einzelne Schwachstelle zurückzuführen. Vielmehr wirkt meist ein ganzes Bündel von Faktoren (vgl. Abb. 13.4) zusammen – von technischen Defiziten über organisatorische Lücken bis hin zu menschlichen Herausforderungen. Wer diese Ursachen nicht systematisch aufdeckt, riskiert nicht nur häufige Störungen, sondern auch sinkende Akzeptanz und steigende Betriebskosten.

Technologie: Wenn die Basis bröckelt
Am Anfang steht oft die Technologie. **Fehlende Wiederanlaufstrategien** sind ein klassisches Problem: Fällt ein Prozess aus, gibt es keinen automatischen Mechanismus, um ihn sicher und konsistent neu zu starten. Die Folge: Manuelle Eingriffe, Datenverluste oder inkonsistente Ergebnisse. Besonders kritisch wird es, wenn **Legacy-Systeme ohne APIs** in

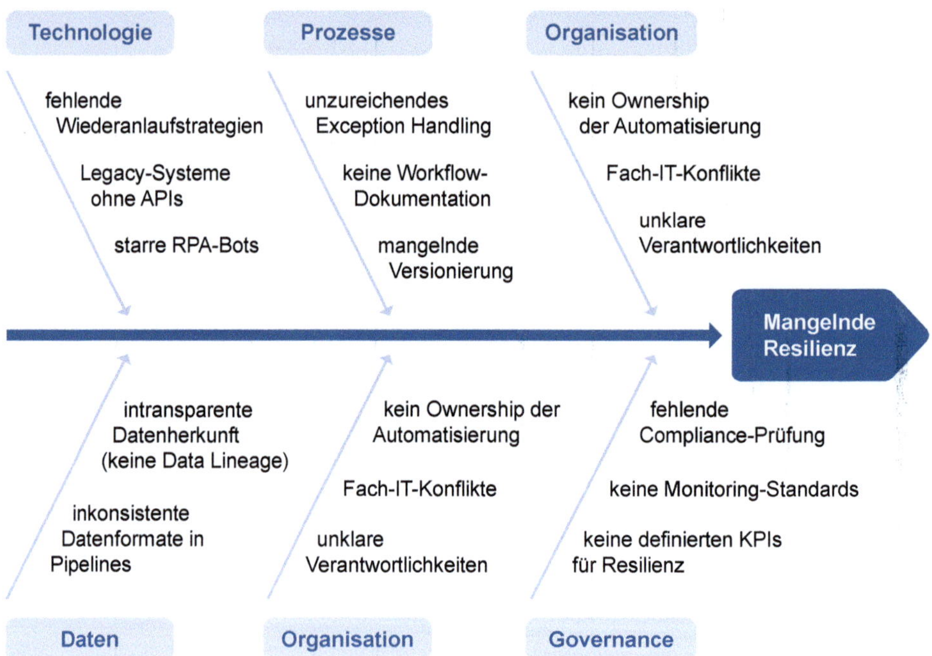

Abb. 13.4 Ursachenanalyse Resilienz (Fischgrätendiagramm)

die Automatisierung eingebunden werden. Ohne standardisierte Schnittstellen sind Datenübergaben fehleranfällig und schwer zu überwachen. Ein weiteres Risiko stellen **starre RPA-Bots** dar, die bei der kleinsten Abweichung – etwa einem geänderten Bildschirmlayout – abbrechen. Ohne flexible Anpassungsmechanismen wird aus einer vermeintlichen Effizienzlösung schnell eine Fehlerquelle.

Daten: Der unsichtbare Stolperstein

Daten sind das Lebenselixier der Automatisierung – und gleichzeitig eine der häufigsten Ursachen für mangelnde Resilienz. **Intransparente Datenherkunft** macht es nahezu unmöglich, Fehlerquellen zu identifizieren oder Datenqualität zu gewährleisten. Ohne klare Data Lineage[2] wissen Teams nicht, woher die Daten kommen, wie sie transformiert wurden und wer für ihre Richtigkeit verantwortlich ist. **Inkonsistente Datenformate** in Pipelines führen zu Abbrüchen oder falschen Ergebnissen, besonders wenn neue Quellen hinzukommen. Noch problematischer sind **fehlschlagende Transformationen,** die oft erst spät erkannt werden – etwa wenn ein ETL-Prozess stillschweigend falsche Werte in ein Data Warehouse schreibt, ohne dies zu protokollieren.

Prozesse: Wenn das Fundament fehlt

Selbst die beste Technologie scheitert an schlecht gestalteten Prozessen. **Unzureichendes Exception Handling (Ausnahmebehandlung)** ist ein zentrales Problem: Viele Automatisierungen brechen bei Fehlern einfach ab, statt sie zu protokollieren oder alternative Pfade zu nutzen. Ohne **dokumentierte Workflows** wird die Fehleranalyse zum Ratespiel – besonders wenn Prozesse über Jahre gewachsen und nie systematisch beschrieben wurden. Ein weiterer Risikofaktor ist die **mangelnde Versionierung** von Automatisierungsartefakten. Wer nicht nachvollziehen kann, welche Änderungen wann und warum vorgenommen wurden, verliert schnell den Überblick und riskiert Regressionen.

Organisation: Verantwortung im Niemandsland

Resilienz leidet oft unter organisatorischen Defiziten. Ein typisches Symptom: **Kein klares Ownership** für die Automatisierung. Wenn niemand verantwortlich ist, werden Fehler ignoriert, Dokumentation vernachlässigt und Verbesserungen verschoben. **Fach-IT-Konflikte** verschärfen das Problem: Während die Fachabteilung schnelle Lösungen fordert, besteht die IT auf Stabilität und Standards – eine Spannung, die oft zu Kompromissen auf Kosten der Resilienz führt. Noch schwieriger wird es, wenn **Verantwortlichkeiten unklar** sind: Wer reagiert bei einem Ausfall? Wer entscheidet über Änderungen? Ohne klare Rollen und Eskalationspfade entstehen Reibungsverluste und Verzögerungen.

---

[2] Data Lineage: als Datenabstammung oder Datenstammbaum bezeichnet, beschreibt die lückenlose Nachverfolgung von Daten von ihrer Erstellung bis zu ihrem endgültigen Ziel. Es dokumentiert den gesamten Lebenszyklus von Daten, einschließlich ihrer Quelle, aller Transformationen und Bewegungen durch verschiedene Systeme, und ist entscheidend für die Sicherstellung der Datenqualität, die Fehlersuche, die Einhaltung von Vorschriften und eine fundierte Entscheidungsfindung.

Governance: Wenn Regeln fehlen

Ohne klare Governance wird Resilienz zum Zufallsprodukt. **Fehlende Compliance-Prüfungen** können nicht nur rechtliche Risiken bergen, sondern auch technische: Wenn Automatisierungen nicht regelmäßig auf Einhaltung interner und externer Vorgaben geprüft werden, schleichen sich unsichere oder instabile Lösungen ein. **Keine Monitoring-Standards** bedeuten, dass Störungen oft erst spät erkannt werden – wenn der Schaden bereits entstanden ist. Besonders kritisch ist das **Fehlen definierter KPIs für Resilienz**. Was nicht gemessen wird, kann nicht verbessert werden: Ohne klare Metriken (z. B. für Ausfallzeiten, Recovery-Zeiten oder Datenqualität) bleibt unklar, wo Handlungsbedarf besteht.

Mensch: Der vergessene Faktor

Am Ende steht der Mensch – oft als schwächstes Glied in der Kette. **Überlastung durch manuelle Nacharbeit** ist ein häufiges Problem: Wenn Automatisierungen nicht zuverlässig funktionieren, müssen Mitarbeiter ständig eingreifen, Fehler korrigieren oder Daten nachpflegen. Das führt nicht nur zu Frustration, sondern auch zu neuen Fehlerquellen. Ein weiterer Risikofaktor ist die **geringe Schulung im Umgang mit automatisierten Tools**. Viele Teams wissen nicht, wie sie Automatisierungen richtig bedienen, überwachen oder anpassen – und scheuen sich, neue Lösungen einzuführen.

Handlungsempfehlungen: Von der Analyse zur Lösung

Die gute Nachricht: Jede dieser Ursachen lässt sich gezielt angehen. **Technologische Lücken** schließen Sie durch den Einsatz robuster Plattformen (z. B. Hyperautomation mit integriertem Monitoring), die Wiederanlaufstrategien und flexible Fehlerbehandlung bieten. **Datenprobleme** lassen sich durch klare Data-Governance-Standards, automatisierte Qualitätssicherung und transparente Data Lineage reduzieren. **Prozessdefizite** beheben Sie durch systematische Dokumentation, Versionierung und den Aufbau eines zentralen Exception-Managements.

Auf **organisatorischer Ebene** hilft die klare Definition von Ownership und Verantwortlichkeiten – idealerweise in Form eines cross-funktionalen Automatisierungsteams. **Governance-Lücken** schließen Sie durch die Einführung von Compliance-Checks, Monitoring-Standards und Resilienz-KPIs. Und nicht zuletzt: **Investieren Sie in Schulungen** und entlasten Sie Ihre Teams durch zuverlässige, selbstheilende Automatisierungen.

Praxistipp: Führen Sie eine systematische Ursachenanalyse durch, indem Sie für jeden der sechs Bereiche (Technologie, Daten, Prozesse, Organisation, Governance, Mensch) die größten Risiken identifizieren und priorisieren. Nutzen Sie dazu Workshops mit allen Beteiligten – von der IT über die Fachabteilungen bis hin zum Management.

Teil V

Experten- und Praxiseinblicke

Experteninterviews

14

Zusammenfassung

Kap. 14 bringtTheorie und Praxis zusammen, indem es Einblicke aus Experteninterviews undFallstudien bündelt. Automatisierungsleiter, CIOs und Prozessmanager berichten überErfahrungen aus Fertigung, Logistik, Finanzwesen und Gesundheitswesen. ZentraleThemen sind **Erfolgsfaktoren,Stolpersteine und der Reifegrad verschiedener Technologien** – von RPA über Low-Code/No-Code und ProcessMining bis hin zu LLMs, KI-Agenten und Predictive Analytics. Jan Veira siehtHyperautomatisierung als **Schlüssel zu einer datengetriebenen, vernetzten Unternehmenswelt**. Entscheidend seien konsistente Daten, eineklare Nutzenorientierung und eine ganzheitliche Datenstrategie. Technologie istfür ihn nur Mittel zum Zweck – Erfolg entsteht durch kulturellen Wandel,Kommunikation, Lernbereitschaft und neue Kompetenzen im Umgang mit Daten undKI. Matthias Lachmann (Innovation Lab, Software Architect Lead) beschreibtHyperautomatisierung als **Paradigmenwechsel:** weg von isolierten-Tools hin zu End-to-End-Prozessen, in denen „Human-in-the-Loop" und semantisch-eModelle entscheidend sind. Er betont den kulturellen Wandel, die Befähigung derMitarbeitenden und die Bedeutung von Data Governance. Erfolgsfaktoren sindklare Architekturprinzipien, passende Werkzeuge und Vertrauen durchTransparenz. Dr. Martin Böhn (BARC Research) versteht Hyperautomatisierung als **strategische Kombination** geeigneter Technologien mit Prozessverbesserungund Change Management. Effizienz entsteht durch Reduktion von Medienbrüchen undIntegration von Datenflüssen. Entscheidend seien saubere Daten, durchgängigeArchitekturen und Akzeptanz bei den Mitarbeitenden. Hans-Jörg Roser (CPO)betont die Rolle von **Schnittstellenskalierung, Dokumentenflüssen und KI-Komponenten**. Er warnt vor Perfektionismus und empfiehlt eine **Pareto-orientierte Vorgehensweise**. Für ihn ist Hyperautomatisierung der einzige technologieoffeneAnsatz mit realem Erfolgspotenzial, dessen Dynamik sich

P. Futterknecht, *Hyperautomation – Der letzte Schritt vor der intelligenten Organisation*, https://doi.org/10.1007/978-3-658-50441-0_14

exponentiellbeschleunigen wird. Die Fallbeispiele zeigen: Hyperautomatisierung ist keinIT-Projekt, sondern ein **Organisations- und Kulturprojekt,** das Mut, Disziplin und klare Vision erfordert. Entscheidend sind Mensch,Technologie und Organisation im Zusammenspiel.

14.1 Einleitung

Hyperautomatisierung ist mehr als ein technologischer Fortschritt – sie ist ein organisationaler Lernprozess.

Nach der theoretischen und architektonischen Fundierung in den vorangegangenen Kapiteln richtet sich Teil V dieses Buches auf die **praktische Umsetzung:** Wie erleben Führungskräfte, Prozessverantwortliche und Technologieentwickler den Wandel hin zu einer zunehmend autonomen Organisation der Abläufe? Welche Erfolgsfaktoren, Grenzen und Erfahrungen prägen die Realität jenseits der Modelle?

Zielsetzung und Relevanz
Ziel dieses Kapitels ist es, die Theorie durch die **Perspektiven erfahrener Praktiker** zu ergänzen. Ihre Einschätzungen eröffnen Einblicke in Chancen und Risiken, die in wissenschaftlichen Modellen häufig abstrahiert werden.

Praxisberichte von Automatisierungsleitern, CIOs und Prozessmanagern zeigen, wie stark die Umsetzung von Kultur, Führung und Architektur abhängt – und dass Technologie allein selten ausschlaggebend ist. Die Stimmen aus der Praxis machen deutlich: **Hyperautomatisierung ist kein IT-Projekt, sondern ein Organisationsprojekt.**

Die gewonnenen Erkenntnisse dienen nicht nur als Validierung der theoretischen Ansätze, sondern auch als kritischer Spiegel: Wo stoßen Konzepte auf reale Grenzen? Wo entstehen neue Lösungsansätze, die theoretische Modelle weiterentwickeln?

Methodik der Erhebung
Die Ergebnisse basieren auf einer Reihe **qualitativer Experteninterviews,** die mit Verantwortlichen aus unterschiedlichen Branchen durchgeführt wurden – darunter Beratungs-, Research- und Softwareunternehmen.

Gefragt wurde nach Strategien, Hürden und Best Practices in der Einführung und Skalierung von Hyperautomatisierung, nach den wahrgenommenen technologischen Grenzen sowie nach der Rolle von Führung, Datenqualität und Mitarbeiterakzeptanz.

Perspektiven und Themenfelder
Die Befragten repräsentieren unterschiedliche Blickwinkel innerhalb der Organisation:

- **CIOs** betrachten Hyperautomatisierung als strategisches Steuerungsinstrument und hinterfragen Architektur, Compliance und Skalierbarkeit.

- **Automatisierungsleiter** fokussieren operative Machbarkeit, Technologie-Mix und Integration in bestehende ERP-Landschaften.
- **Prozessmanager** bewerten Reifegrade, Prozessstabilität und organisatorische Resilienz.

Gemeinsam ergeben diese Perspektiven ein facettenreiches Bild: Hyperautomatisierung ist kein linearer Fortschritt, sondern ein **permanenter Aushandlungsprozess** zwischen Innovation, Governance und Alltagspraxis.

Erfolgsfaktoren und Stolpersteine
In nahezu allen Interviews zeigen sich wiederkehrende Muster:

Transparenz, iterative Vorgehensweisen und klare Ownership gelten als Schlüsselfaktoren für Erfolg.

Fehlende Datenqualität, fragmentierte Verantwortung und kulturelle Widerstände hingegen bremsen Projekte oft stärker als technische Limitierungen.

„Tool-First-Denken" – also die Einführung einzelner Technologien ohne klaren Business Case – führt häufig zu Enttäuschungen.

Als erfolgskritisch erweist sich vielmehr die Fähigkeit, Architektur, Prozesse und Menschen synchron zu entwickeln.

Bewertung der Technologien
Die Experten bewerten die gängigen Technologien differenziert:

- **RPA** bleibt wichtig für strukturierte, repetitive Aufgaben, gilt aber als Brückentechnologie mit begrenzter Skalierbarkeit.
- **Künstliche Intelligenz (KI) und Large Language Models (LLMs)** eröffnen neue Freiheitsgrade durch kontextuelles Verständnis und semantische Verarbeitung.
- **KI-Agenten** werden als künftige Orchestratoren gesehen – sie verbinden Automatisierungsinseln zu autonomen Prozessketten.
- **Predictive Analytics** entwickelt sich vom reaktiven Reporting zum präventiven Steuerungsinstrument, das Abweichungen erkennt, bevor sie entstehen.

Gemeinsam bilden diese Technologien die operative Basis einer hyperautomatisierten Organisation – mit unterschiedlichen Reifegraden je nach Branche und Datenlage.

Erfahrungen, Grenzen und Risiken
Die Interviewten beschreiben die Einführung von Hyperautomatisierung als **Spannungsfeld zwischen Geschwindigkeit und Stabilität**.

Zu frühe Skalierung kann Instabilitäten verstärken; zu lange Pilotphasen hemmen den Lerneffekt.

Risiken bestehen vor allem in Abhängigkeiten von Cloud-Anbietern, in unzureichender Daten-Governance sowie in überhöhten Erwartungen an KI-Modelle.

Zudem warnen mehrere Experten vor einem neuen „Shadow AI"-Phänomen: unkoordinierter Einsatz von LLM-Tools ohne zentrale Governance.

Gleichzeitig zeigt sich, dass Unternehmen, die **früh experimentieren und klare Verantwortlichkeiten etablieren,** überdurchschnittlich erfolgreich sind.

Hyperautomatisierung erweist sich dabei nicht als Selbstzweck, sondern als **strategische Disziplin,** die Technologie, Kultur und Führung zu einem lernenden System verbindet.

14.2 Jan Veira, Gründer von University4Industry, Podcast Digital4Leaders

Jan Veira, Gründer und Geschäftsführer von University4Industry sowie Host des Podcasts „Digital4Leaders", betrachtet Hyperautomatisierung als entscheidenden Schritt hin zu einer durchgängig vernetzten, datengetriebenen Unternehmenswelt. Seine Perspektive verbindet strategisches Denken mit praktischer Erfahrung aus Digitalisierungsprojekten in Großkonzernen – und zeigt, warum Technologie nur die halbe Wahrheit ist.

Hyperautomatisierung als Voraussetzung für datengetriebene Entscheidungen
„Gezielter Technologieeinsatz sorgt dafür, dass Daten zur richtigen Zeit am richtigen Ort im passenden Format verfügbar sind", beschreibt Veira den Kern von Hyperautomatisierung. Erst wenn Daten konsistent und kontextualisiert vorliegen, entfalte sich das volle Potenzial von Digitalisierung und Künstlicher Intelligenz.

Oft fehle in Unternehmen genau diese Basis – die saubere, durchgängige Datenverfügbarkeit. Doch sie ist unverzichtbar, um die Versprechen der Digitalisierung tatsächlich einzulösen.

Künstliche Intelligenz, RPA und Low-Code-/No-Code-Ansätze bilden für ihn das Fundament der neuen Automatisierungswelle. Dabei warnt Veira vor einem blinden Technologie-Optimismus: „Nicht jedes Problem braucht KI. Viele Herausforderungen lassen sich mit klassischen Ansätzen lösen."

Der Schlüssel liege darin, Probleme technologieoffen zu analysieren und erst danach zu entscheiden, welche Lösung passt. Low-Code-Plattformen können seiner Meinung nach ein Türöffner sein, weil sie Einstiegshürden senken und Mitarbeitende befähigen, selbst erste Automatisierungsschritte zu gehen.

Vom Business Case rückwärts denken
Bei der Identifikation geeigneter End-to-End-Prozesse empfiehlt Veira, vom Nutzen her zu denken – nicht von der Technologie. Automatisierung sei kein Selbstzweck, sondern müsse immer aus einem konkreten Mehrwert heraus motiviert sein.

Er unterscheidet zwei Ansätze: einen pragmatischen, schnellen Zugang über Interviews und Workshops, um „Quick Wins" zu realisieren, und eine langfristige, strukturierte Herangehensweise, die die gesamte Prozesslandschaft abbildet und priorisiert.

In der Praxis sei die Kombination beider Wege am wirksamsten – schnelle Ergebnisse, verbunden mit einem strategischen Aufbau von Wissen und Strukturen.

Datenstrategie als Schlüsselfaktor

Für Veira ist eine durchgängige Datenstrategie der Dreh- und Angelpunkt jeder Hyperautomatisierung. „Unternehmen müssen zunächst erkennen, welchen Wert ihre Daten wirklich haben", betont er. Erst wenn eine gemeinsame Sprache über Daten, Nutzen und Qualität gefunden ist, entsteht die Grundlage für nachhaltige Digitalisierung.

Besonders kritisch sieht er die Heterogenität auf Führungsebene: Unterschiedliche Kenntnisse und Erfahrungen in Bezug auf Daten und KI erschweren oft eine einheitliche Linie. Daraus resultiert eine der größten Hürden – der Mangel an Verständnis und Priorisierung.

Cloud- und SaaS-Lösungen als unausweichlicher Weg

Deutlich positioniert sich Veira in der Debatte um Cloud und Software-as-a-Service. Viele deutsche Unternehmen zögerten hier aus kulturellen oder organisatorischen Gründen. „Es gibt keine sinnvolle Alternative zur Cloud", sagt er klar. Sicherheits- und Kostenbedenken seien heute weitgehend widerlegt. Häufig dienten sie eher als Vorwand, um Veränderung zu vermeiden oder fehlendes Wissen zu kaschieren.

Gerade die Skalierbarkeit moderner Cloud-Umgebungen mache sie zum idealen Fundament für KI- und Automatisierungslösungen, da sie Flexibilität, Updates und Integration vereinfachen.

Veränderung beginnt mit Kommunikation

Hyperautomatisierung ist für Veira nicht nur eine technologische, sondern vor allem eine kulturelle Transformation. Erfolgreiches Change Management basiere auf drei Säulen:

1. **Klarheit über Ziel und Vision.** Mitarbeitende müssen verstehen, warum Veränderungen stattfinden und welchen Nutzen sie bringen.
2. **Kontinuierliche Kommunikation.** Viele Projekte scheitern, weil nach dem Startschuss Funkstille herrscht. Kommunikation müsse geplant und aktiv gepflegt werden.
3. **Begleitung und Qualifizierung.** Veränderung erfordert neue Fähigkeiten – Schulung und Training seien daher keine Kür, sondern Pflicht.

„Nur wer versteht, was die Technologie kann, kann sie auch akzeptieren", so Veira. Das gilt insbesondere für Künstliche Intelligenz, die in vielen Köpfen noch mit Unsicherheit oder Bedrohung verbunden ist. Bildung und Transparenz seien die wirksamsten Mittel, um Vertrauen aufzubauen.

Neue Kompetenzen für die Ära der Automatisierung

Drei Kompetenzen hebt Veira als besonders zukunftsrelevant hervor:

- **Technologisches Grundverständnis:** Ohne Verständnis für digitale Werkzeuge bleibt der Wandel abstrakt.
- **Kontinuierliches Lernen:** Wissen veraltet heute schneller als je zuvor – Lernen wird zur Daueraufgabe.
- **Datenkompetenz:** Daten sind das Kapital der Zukunft. Grundkenntnisse in Datenlogik und Interpretation gehören deshalb zur allgemeinen Bildung jedes Mitarbeiters.

Ein Trainer aus seinem Umfeld bringt es laut Veira treffend auf den Punkt: „Die KI nimmt Ihnen nicht den Job weg – aber jemand, der sie nutzt, könnte es tun."

Diese Haltung beschreibt für ihn den notwendigen Mindset-Shift – weg von Angst, hin zu aktiver Gestaltung.

Sprache als neue Schnittstelle

Besonders fasziniert zeigt sich Veira von den Möglichkeiten generativer KI im Bereich der semantischen Kommunikation. Systeme beginnen, über Sprache direkt miteinander zu interagieren.

Er schildert ein Beispiel aus der Logistik: Ein Dienstleister, der früher über komplexe Schnittstellen LKW-Slots koordinieren musste, nutzt heute agentische Workflows, die in natürlicher Sprache verhandeln.

„Die Schnittstelle ist unsere Sprache – und LLMs machen das möglich."

Damit verschiebt sich die Grenze zwischen technischer Integration und menschlicher Kommunikation grundlegend.

Gesellschaftliche und ethische Dimension

Hyperautomatisierung wirft für Veira auch gesellschaftliche Fragen auf. Wenn Maschinen Routinearbeit übernehmen, müsse sich die Gesellschaft neu über Arbeit, Einkommen und Sinn definieren.

Er hält Szenarien für denkbar, in denen Menschen deutlich weniger arbeiten, während ein bedingungsloses Grundeinkommen die Existenz absichert. „Das könnte unseren Gesellschaftsvertrag grundlegend verändern", sagt er.

Parallel dazu entstehe eine neue Auseinandersetzung um **Datensouveränität:** Wer Daten kontrolliert, verfügt über Macht – und trägt Verantwortung, Missbrauch zu verhindern.

> **Fazit** Jan Veira zeichnet das Bild einer Hyperautomatisierung, die weit über Technik hinausgeht. Sie verlangt von Unternehmen, Technologiekompetenz mit kultureller Reife zu verbinden. Daten, Kommunikation und Lernfähigkeit werden zu den strategischen Ressourcen der Zukunft.
>
> Veiras Perspektive ist dabei wohltuend pragmatisch: Er sucht keine großen Visionen, sondern machbare Wege. Und er erinnert daran, dass die entscheidende Schnittstelle nicht zwischen Systemen, sondern zwischen Mensch und Technologie verläuft – in unserer Sprache, unserem Verständnis und unserem Willen, Wandel aktiv zu gestalten.

14.3 Matthias Lachmann, Innovation Lab, Software Architect Lead

Einblicke in Hyperautomatisierung – Perspektive von Matthias Lachmann

Ein Blick in die Praxis der Hyperautomatisierung zeigt, wie stark die aktuellen Diskussionen über ERP-Systeme und Prozessdigitalisierung von einem neuen Mindset geprägt sind. Nicht mehr einzelne Automatisierungen, sondern die End-to-End-Betrachtung ganzer Prozessketten steht im Zentrum. Matthias Lachmann, Innovation Lab Software Architect Lead bei einer weltweit agierenden Unternehmensberatung, beschreibt diesen Wandel mit einer Klarheit, die sowohl technologische als auch organisatorische Dimensionen umfasst. Seine Sichtweise macht deutlich: Hyperautomatisierung ist kein isoliertes IT-Projekt, sondern ein Paradigmenwechsel, der Menschen, Systeme und Daten gleichermaßen betrifft.

Hyperautomatisierung als erweitertes Automatisierungsverständnis

Noch nie, so Lachmann, sei das Potenzial für Automatisierung so hoch gewesen wie heute. Der Begriff Hyperautomatisierung überschreite die reine Aneinanderreihung einzelner Schritte. Vielmehr gehe es um die durchgängige Automatisierung über Anwendungsgrenzen hinweg. Systeme seien inzwischen in der Lage, kleine bis mittelkomplexe Abweichungen selbst zu korrigieren. Bei komplexeren Fällen stelle die Technik alle relevanten Informationen bereit, sodass Menschen fundiert entscheiden können. Anschließend könne die Automatisierung den Prozess wieder aufnehmen und zu Ende führen – das klassische Prinzip des „Human in the loop".

Zentrale Werkzeuge wie Künstliche Intelligenz, RPA oder Low-Code/No-Code-Lösungen seien Treiber dieser Entwicklung. Lachmann verweist insbesondere auf die Renaissance semantischer Wissensdarstellung – etwa mittels RDF (Ressource Description Framework) oder OWL (Web Ontology Framework) und deren Umsetzung in Knowledge Graphs. Erst durch Generative AI entfalte dieses Wissen die notwendige Skalierbarkeit. Solche Systeme könnten nicht nur Einblicke in Prozesse geben, sondern auch Schwachstellen identifizieren und konkrete Verbesserungsvorschläge unterbreiten.

Effizienzsteigerung durch befähigte Mitarbeitende

Den größten Hebel sieht Lachmann nicht allein in Technologie, sondern im „Enablen" der Mitarbeitenden. Häufig würden hochwertige Systeme eingeführt, ohne dass die Beschäftigten ausreichend vorbereitet oder geschult seien. Dies mindere Vertrauen und Adaption. Umgekehrt könne durch Transparenz, kontinuierliches Feedback und spürbare Anpassungen ein Kreislauf entstehen, der Motivation und Akzeptanz steigere – sowohl auf der Nutzer- als auch auf der Entwicklerseite. Mitarbeitende müssten sich zu „Agent-Bossen" entwickeln, die GenAI als Partner begreifen.

End-to-End-Prozesse und Datenflüsse

Ein Startpunkt für Hyperautomatisierung sei immer die Prozessdokumentation – idealerweise bereits digitalisiert. Daraus ließen sich Simulationen und Planungsszenarien entwickeln, anhand derer Muster erkennbar würden. Mit diesen „low hanging fruits" solle man beginnen, um in Iterationen weitere Prozesse zu erweitern oder neue Muster zu automatisieren.

Gleichzeitig weist Lachmann auf zentrale Hürden hin: Datensilos, unklare Zuständigkeiten („Fürstentümer") und sensible personenbezogene Daten. Eine tragfähige Datenstrategie sei unerlässlich. Nur mit sauberer Architektur und klarer Einbettung in Organisation und Prozesse lasse sich eine nachhaltige Grundlage schaffen.

Technologische Bausteine und Architektur

Für Lachmann gilt: „Das Werkzeug muss zur Herausforderung passen". Besonders wirkungsvoll sei der Einstieg über den besseren Zugang zu Wissen. GenAI-Anwendungen wie Enterprise-ChatGPT oder MS365 Copilot böten einen niederschwelligen Einstieg – Mails schreiben, Gedanken reflektieren, Dokumente strukturieren. Solche „Hello World"-Beispiele würden Vorbehalte abbauen und seien für die Mitarbeitenden von morgen selbstverständlich.

Gleichzeitig befindet sich der Einsatz generativer Werkzeuge für komplexere Prozessautomatisierungen noch im Anfangsstadium. Early Adopter könnten sich hier jedoch einen entscheidenden Wettbewerbsvorsprung erarbeiten. Cloud- und SaaS-Plattformen seien dafür notwendig, wenngleich sie in puncto Innovation hinterherhinkten. Unumgänglich bleibe die Nutzung großer Foundation Models – von Anbietern wie OpenAI, Anthropic, Google, Meta oder Microsoft.

Die ideale Architektur beschreibt Lachmann als Entwicklung von klassischer Robotic-Process-Automation hin zu Agentic-Process-Automation. Zentral sei die „Context Identification" – nur mit präziser Kontexterfassung könnten Agenten qualitativ hochwertige Ergebnisse liefern. Unvollständige oder nur analog vorliegende Daten stünden diesem Idealbild im Weg.

Change Management und Mitarbeiterakzeptanz

Die größte Veränderung sei ein „Mindset Shift". GenAI müsse als Werkzeug wahrgenommen werden, nicht als Konkurrenz. Richtig eingeführt, werde es von den meisten Mitarbeitenden als persönliches „Upskilling" verstanden.

Zukünftig besonders wichtig seien drei Kompetenzfelder:

- **Kritisches Denken,** um KI-generierte Inhalte zu verifizieren und Bias zu erkennen.
- **Emotionale Intelligenz und Kommunikation,** also Empathie, aktives Zuhören und die Fähigkeit, komplexe menschliche Beziehungen zu gestalten.
- **Kontinuierliches Lernen,** um flexibel auf technologische Veränderungen zu reagieren.

Ängste vor Jobverlusten könnten Unternehmen nur durch gezielte Investitionen in ihre Mitarbeitenden abbauen. Wertschätzung, Experimentiermöglichkeiten und eine klare Vision von oben seien entscheidend. Ein Disconnect zwischen Führungsebene und Frontdesk müsse über Feedback frühzeitig erkannt und aktiv adressiert werden – verlorenes Vertrauen sei nur schwer wieder aufzubauen.

Erfolgsfaktoren und Stolpersteine

Den Umgang mit technologischer Komplexität beschreibt Lachmann als Balance aus Neugier, kontinuierlichem Lernen und persönlichem Fokus. Ohne Spezialisierung könne man die Dynamik der Entwicklung nicht bewältigen.

Typische Hindernisse sieht Lachmann in fehlendem Vertrauen, unklarer Führung, falscher Werkzeugwahl und überzogenen Ambitionen. Sicherheit und Compliance müssten dabei als „non-negotiable“ behandelt werden: Security by Design, Zero-Trust-Architekturen und Explainable AI seien Grundpfeiler. Ergänzt würden sie durch Audit Trails und klare Governance-Strukturen, etwa dedizierte Verantwortlichkeiten für DSGVO und Branchenstandards.

Besonders prägnant lassen sich die zentralen Ursachen für das Scheitern von Automatisierungs- und KI-Initiativen in den **„Fatal Four“** bündeln:

- **Tool-First-Denken:** Technologien werden eingeführt, ohne das zugrunde liegende Problem sauber zu definieren („Wir brauchen ChatGPT“ statt „Welches Problem lösen wir?“).
- **Daten-Naivität:** Die Mehrzahl der Projekte scheitert nicht an fehlendem Datenzugriff, sondern an mangelnder Datenqualität. Fehler werden häufig erst in der Analyse der Produktivsysteme sichtbar, wenn Relevanz, Konsistenz und Interpretierbarkeit fehlen.
- **Shadow AI:** Unkontrollierte Tool-Proliferation ohne Governance führt zu Parallelwelten (z. B. heutiger Vergleich „Schatten-ERP in Excel“), die langfristig mehr Chaos als Fortschritt bringen.
- **ROI-Myopie:** Ein zu starker Fokus auf kurzfristige Quick Wins verstellt den Blick auf die strategische Transformation. Erfolg lässt sich nicht garantieren, und der ROI ist oft eine schwierige, wenn auch notwendige, Messgröße.

Dem gegenüber steht eine **Erfolgsformel,** die erfolgreiche Projekte eint:

- **Start mit Process Mining:** Erst verstehen, dann automatisieren – nur wer seine Prozesse kennt, kann sie sinnvoll transformieren.
- **Hybrid Intelligence Design:** Eine klare Mensch-Maschine-Arbeitsteilung definiert Grenzen und Chancen. Maschinen können heute vieles übernehmen, morgen schon mehr – aber die Rolle des Menschen muss bewusst gestaltet werden.
- **Fail-Fast-Kultur:** Kurze, wöchentliche Sprints ersetzen jahrelange Konzeptarbeit. Agilität, schnelle Feedbackschleifen und Fokussierung verhindern das Zurückfallen ins Tagesgeschäft. Eigendynamik entsteht durch aktive Befürworter und Widersprecher – nicht durch starre Pläne.
- **Metriken-Obsession:** Fortschritt braucht harte Fakten. Latenz, Accuracy, User Satisfaction, Trust und Cost per Transaction werden konsequent gemessen, um Transparenz und objektive Steuerung sicherzustellen.

Über allem steht der Grundsatz, dass **Security nicht verhandelbar** ist: Zero-Trust-Architekturen, Homomorphic Encryption für sensible Daten und Differential Privacy für Trainingsdaten sind Pflicht. Ergänzend werden **AI Red Teams** etabliert, die systematisch Schwachstellen suchen. Gerade bei personenbezogenen Daten (z. B. Religion oder Gesundheit) gilt: Fehltritte zerstören Vertrauen irreparabel – und Vertrauen ist die wichtigste Währung jeder KI-Transformation.

Zukunftsperspektiven

Für die kommenden Jahre erwartet Lachmann eine Revolution durch **Agentic Process Automation** und **Agent-to-Agent-Protokolle**. Damit würden Systemgrenzen überwunden, B2B- wie B2C-Prozesse könnten künftig durch autonome Agenten abgewickelt werden – von Vertragsverhandlungen bis hin zu Reklamationen.

- **2025–2027: The Agent Economy**
  In dieser Phase werden vollautonome Agenten massenhaft Realität. Im Privatbereich übernehmen sie Aufgaben wie Versicherungsanfragen, Angebotsvergleiche oder Reklamationen – der Kunde delegiert, der Agent erledigt. Auf Unternehmensebene werden **B2B-Verhandlungen zwischen autonomen Agenten** zum Standard. Möglich wird dies durch neue **Agent Protocols,** die ähnlich wie SMTP bei E-Mails einen interoperablen Austausch erlauben. Parallel dazu entstehen die ersten **Lights-Out Operations** in Service-Centern, die vollständig ohne menschliches Zutun arbeiten. Diese Entwicklung hat das Potenzial, mindestens so groß zu werden wie die Webshop-Revolution um das Jahr 2000 – wenn nicht noch größer.
- **2028: The Semantic Revolution**
  Ein weiterer Umbruch kündigt sich an: Klassische ERP-Systeme degenerieren zu reinen „dumb databases". Die prozessuale Intelligenz wandert in die Agent-Schicht, Customizing wird damit überflüssig. Parallel dazu verschmelzen **Knowledge Graphs** über Unternehmensgrenzen hinweg zu „Industry Brains". Das ermöglicht nie dagewesene Transparenz in Wertschöpfungsketten: Ein Endkunde könnte mit einem simplen QR-Code vom Kleidungslabel ermitteln, wo die Wolle für ein T-Shirt herstammt oder in welcher Fabrik es gefertigt wurde.
- **Das unterschätzte Risiko**
  Nicht die Technologie ist die Grenze, sondern unsere Vorstellungskraft. Unternehmen, die heute nicht zu experimentieren beginnen, werden in drei Jahren kaum mehr aufholen können. Die Lernkurve ist exponentiell – **Early Adopter definieren die Standards, alle anderen werden später Lizenzgebühren zahlen.**

Praktische Umsetzung und Branchenfokus

Unternehmen, die mit Hyperautomatisierung starten wollen, sollten Experimente fördern und externe Impulse nutzen. Im Fokus sieht Lachmann Branchen mit digitalem Kern, etwa Finanzdienstleister. Zugleich warnt er: In frühen ROI-Betrachtungen werde aktuell viel Geld verbrannt, bis sich Erfahrungen und Standards etabliert hätten.

Gesellschaftliche Dimension – Eine ehrliche Einschätzung

Auch ethische, nachhaltige und gesellschaftliche Fragen spielen eine Rolle. Automatisierung hat immer Auswirkungen auf Arbeitswelt und Gesellschaft. Entscheidend sei, diese Transformation bewusst zu gestalten – nicht nur technologisch, sondern auch kulturell und organisatorisch.

Die unbequeme Wahrheit:

Der Wandel wird radikal asymmetrisch verlaufen. Lachmann spricht von der **20–60-20-Regel** für die kommenden zehn Jahre:

- **20 % Gewinner** – High Performer, die mit KI verschmelzen und ihre Produktivität exponentiell steigern.
- **60 % Struggle-Zone** – der Mittelbau der Wissensarbeiter, gefangen zwischen Upskilling-Druck und Automatisierungswelle.
- **20 % Verdrängung** – Tätigkeiten, die schlicht verschwinden, ohne romantische Beschönigung.

Besonders überraschend zeigt sich das **„Kreativitäts-Paradoxon“:** Entgegen aller Prognosen trifft KI zuerst die Kreativen – Grafikdesigner, Copywriter, Junior-Entwickler. Der Irrglaube, kreative Berufe seien sicher, hat sich als Illusion erwiesen. Heute ist ein Klempner sicherer vor Automatisierung als ein Webdesigner. Diese Verschiebung stellt die gesamte Bildungspyramide auf den Kopf – und wirft eine drängende Frage auf: *Wie bilden wir künftig „Senioren“ aus, wenn es kaum noch Juniors gibt?*

Die neue Klassengesellschaft

Es entstehen drei neue gesellschaftliche Klassen:

1. **Die „AI-Aristocracy“** – jene, die KI-Systeme besitzen, trainieren und kontrollieren. Sie definieren Spielregeln und Wertschöpfung.
2. **Die „Prompt-Proletarier“** – hochqualifizierte Fachkräfte, die zu KI-Bedienern degradiert werden und in der „good enough“-Falle der Mittelmäßigkeit gefangen sind.
3. **Die „Digitally Displaced“** – Menschen ohne Zugang oder Kompetenz, zunehmend ausgeschlossen von wirtschaftlicher Teilhabe und abhängig von Umverteilungsmechanismen.

Der Zusammenbruch traditioneller Institutionen

Das Bildungssystem steht vor einer Relevanzkrise: Wenn personalisierte KI-Tutoren besser unterrichten als 90 % der Professoren, verliert ein sechssemestriges BWL-Studium seinen Sinn. Selbst renommierte Universitäten könnten ihre Vormachtstellung verlieren.

Auch demokratische Prozesse geraten unter Druck: Wenn KI-Agenten komplexe politische Entscheidungen auf Faktenbasis besser treffen als gewählte Vertreter – wer regiert dann? Denkbar ist sogar eine KI-gestützte Justiz, bei der Agenten Gerichtsverfahren oder Bürgeranfragen abwickeln. Gleichzeitig zerfällt der gesellschaftliche Konsens: In einer Welt personalisierter Realitäten und synthetischer Wahrheiten wird „Wahrheit“ zur individuellen Konstruktion.

Die psychologische Krise

Die technologische Disruption hat tiefgreifende Auswirkungen auf die menschliche Psyche:

- **Kompetenz-Kollaps:** Menschen verlernen Fähigkeiten rapide (z. B. Navigationskompetenz durch GPS).
- **Entscheidungs-Paralyse:** Wenn KI stets die „optimale" Option kennt, verkümmert unsere Entscheidungsfähigkeit.
- **Identitäts-Krise:** „Was macht mich noch besonders?" wird zur existenziellen Frage.

Hinzu kommt eine **Dopamin-Ökonomie,** in der KI-generierte Inhalte auf maximales Engagement optimiert sind. Plattformen wie TikTok waren nur der Anfang – künftig interagieren wir mit personalisierten KI-Companions, die perfekt auf unsere psychologischen Bedürfnisse abgestimmt sind.

Die geopolitische Verschiebung

Eine neue Form des **KI-Kolonialismus** zeichnet sich ab: Staaten ohne eigene KI-Infrastruktur werden zu digitalen Kolonien derjenigen, die sie kontrollieren. Wer die großen Modelle betreibt – etwa OpenAI, Anthropic oder Google – kontrolliert künftig die globale Wissensproduktion. Europa ist bereits auf dem Weg, ein „KI-Konsumenten-Kontinent" zu werden.

Lösungsansätze – radikal gedacht

- **Universal Basic Compute (UBC):** Wie Grundeinkommen braucht es Grundrechenleistung. Jeder Bürger erhält KI-Credits für Agentenzugang – sonst entsteht eine digitale Klassengesellschaft.
- **Mensch-Maschine-Föderationen:** Neue rechtliche Rahmenbedingungen für Mensch-KI-Hybride. Wer haftet, wenn ein Agent einen Fehler macht? Brauchen wir „KI-Führerscheine"?
- **Deliberate Inefficiency:** Bewusste Entschleunigung in kritischen Bereichen, etwa „Human-Only-Zones" in Städten.
- **Die 10 %-Regel:** Unternehmen investieren verpflichtend 10 % ihrer KI-Produktivitätsgewinne in Umschulung.

Lachmanns persönlicher Ausblick

- **Die nächsten fünf Jahre:** Goldene Zeit für Early Adopters mit massiven Wohlstandsgewinnen – gleichzeitig wachsende Spannungen zwischen Gewinnern und Abgehängten.
- **Die nächsten zehn Jahre:** Gesellschaftliche Verwerfungen sind unvermeidlich. Ohne neue Verteilungsmechanismen drohen tiefe soziale Brüche.

Ein Schlusswort
„Als Technologe bin ich Optimist – die Möglichkeiten sind atemberaubend. Als Bürger bin ich besorgt – unsere gesellschaftlichen Strukturen sind nicht vorbereitet. Als Mensch bin ich überzeugt: Wir müssen *jetzt* die richtigen Fragen stellen:

- Wollen wir maximale Effizienz oder menschliche Werte?
- Wie verteilen wir die Gewinne der Hyperautomatisierung?
- Was bleibt exklusiv menschlich – *by design,* nicht *by accident?*

Die Hyperautomatisierung wird kommen. Ob sie uns befreit oder versklavt, entscheiden wir in den nächsten 1000 Tagen. Unternehmen, die das verstehen, automatisieren nicht nur Prozesse – sie gestalten aktiv die Zukunft der Arbeit."

▶ **Fazit** Matthias Lachmann zeichnet das Bild einer Hyperautomatisierung, die weit über technische Innovation hinausgeht. Sie verlangt einen kulturellen Wandel, eine neue Rolle der Mitarbeitenden und den Mut, mit Unsicherheit konstruktiv umzugehen. Seine Ausführungen zeigen, wie sich das Zusammenspiel von Technologie, Organisation und Mensch in den kommenden Jahren neu ordnen wird – und dass gerade darin der eigentliche Mehrwert liegt.

14.4 Dr. Martin Böhn, Senior Analyst, BARC Research

Einblicke in Hyperautomatisierung – Perspektive von Dr. Martin Böhn

Hyperautomatisierung als strategisches Automatisierungsverständnis
Dr. Martin Böhn, Senior Analyst und Vice President Digital Workplace bei BARC research, beschreibt Hyperautomatisierung als Zusammenspiel von Vision, Strategie, Technologie und Prozessgestaltung. Ziel sei es, Teilaufgabenketten so weit wie möglich zu optimieren und zu automatisieren – mit dem Ergebnis von Zeitersparnis, Mitarbeiterentlastung, höherer Qualität sowie einer konsistenten Umsetzung von Compliance-Vorgaben und Best Practices.

Hyperautomatisierung sei dabei technologieneutral. Entscheidend sei eine Kombination der jeweils geeignetsten Werkzeuge, flankiert durch organisatorische Rahmenbedingungen wie Prozessverbesserung und Change-Management. Künstliche Intelligenz übernehme vielfältige Rollen: von Mustererkennung über Teilautomation durch Agentennetze bis hin zu Chatbots, intelligentem Informationszugriff oder Informationsverdichtung. RPA ermögliche die einfache Automatisierung repetitiver Tätigkeiten, etwa beim Datenzugriff oder bei Formatumwandlungen. Low-Code- und No-Code-Ansätze beschleunigten die Entwicklung von Automatisierungslösungen und machten auch Fachbereiche ohne tiefe IT-Kompetenz zu aktiven Gestaltern. Klassische Workflows, Business Rules Management und Programmierung blieben unverzichtbar, wo klare Regeln präzise umgesetzt werden müssten.

Den größten Hebel für Effizienzsteigerungen sieht Böhn in der Reduktion manueller Übertragungen und Medienbrüche. Automatisiertes Übertragen und Transformieren von Daten, Auslesen unstrukturierter Informationen, Abgleiche und Validierungen – etwa bei Rechnungen und Auftragsbestätigungen – sowie automatisierte Datenanreicherungen eröffneten erhebliches Potenzial. Digitale Assistenten könnten Mitarbeitende bei komplexen oder seltenen Aufgaben unterstützen, während komplette Dunkelprozesse wie die automatische Kostenstellenzuordnung Realität werden könnten, wenn alle relevanten Vorprozesse validiert seien. Auch Analysen – bis hin zur Betrugserkennung – ließen sich automatisieren und böten zusätzliche Wertschöpfung.

End-to-End-Prozesse und Datenflüsse

Für die Identifikation geeigneter End-to-End-Prozesse empfiehlt Böhn eine Kombination aus Top-Down- und Bottom-Up-Ansätzen. Top-Down müsse der Unternehmenszweck und der Kundennutzen im Fokus stehen, wobei oft sichtbar werde, dass bisherige Prozesse zu eng gefasst seien. Bottom-Up gehe es um die alltäglichen Herausforderungen in Teams: fehlende Daten, Doppelarbeiten oder ineffiziente Abläufe. Ergänzend böten Datenanalysen und Process Mining Transparenz über Fehler, Varianten und Flaschenhälse – und damit wertvolle Ansatzpunkte für Automatisierung.

Die Integration verschiedener Systeme und Datenquellen sei häufig eine Hürde. Gründe seien unzureichende Schnittstellen, lange Antwortzeiten, divergierende Datenformate sowie unklare Daten- und Prozesshoheiten. Auch Datenschutz und Datensicherheit stellten Herausforderungen dar, insbesondere bei Cloud-Services. Deshalb sei eine durchgängige Datenstrategie zwingend notwendig. Ohne saubere Datenbasis funktioniere keine Automatisierung. Dazu brauche es klare Datenmodelle, Metadatenmanagement, definierte Datenverantwortlichkeiten und ein hohes Maß an Data Literacy in den Fachbereichen.

Als Best Practice nennt Böhn das Bestellwesen: Vom Unterschreiten eines Bestands über Bedarfsmeldung, Bestellung, Auftragsbestätigung, Rechnung bis hin zur Einlagerung könne der Prozess nahezu durchgängig automatisiert werden. Ein weiteres Beispiel sei Predictive Maintenance, bei dem Gerätedaten und Analysen zu rechtzeitigen Serviceeinsätzen verbunden würden.

Technologische Bausteine und Architektur

Für Böhn zählen KI, Process Mining, RPA, klassische Workflows und Business Rules Management zu den zentralen Technologien der Hyperautomatisierung. Deren Reifegrad sei in der Praxis hoch – weniger die Werkzeuge seien das Problem, sondern vielmehr fehlende Strategien und eine inkonsequente Umsetzung.

Cloud-Plattformen und SaaS-Lösungen würden immer wichtiger. ERP-Systeme gebe es zunehmend nur noch als Cloud-Varianten, während KI-Services in der Cloud bessere Ergebnisse liefern könnten, da anonymisierte Kundendaten als Trainingsmenge zusammenflössen. SaaS-Plattformen erleichterten zudem Best-of-Breed-Ansätze, in denen verschiedene Bausteine kombiniert würden.

Die ideale Architektur für eine hyperautomatisierte ERP-Landschaft beschreibt Böhn mit klaren Eckpunkten: sicheres Hosting, ein zentrales ERP-System (on-premises oder cloudbasiert), eine Datenaustauschplattform für die Steuerung von Kommunikationsflüssen, offene Fachanwendungen mit starker Integration sowie übergreifende Workflow-Systeme, die Mitarbeitende einbinden und weitere Automatisierung ermöglichen.

Change Management und Mitarbeiterakzeptanz

Erfolgreiche Hyperautomatisierung hängt entscheidend von den Menschen ab. Unternehmen müssten zunächst zuhören, die persönlichen Vorteile verdeutlichen und Befürchtungen früh adressieren. Hyperautomatisierung sei nicht auf Personalabbau ausgelegt, sondern auf Entlastung von „Zeitfressern". Gleichzeitig gelte es, Compliance-Risiken, Kundenerwartungen und regulatorische Vorgaben transparent zu machen.

Böhn betont, dass es nicht um ein technisches IT-Projekt gehe, sondern um ein strategisches Vorhaben zur Verbesserung des Arbeitsalltags. Zentrale Zukunftskompetenzen seien Kommunikationsfähigkeit, fachliche Entscheidungskompetenz, ganzheitliches Denken in End-to-End-Prozessen sowie ein tiefes Datenverständnis. Nur so könnten Mitarbeitende die verbleibenden wertschöpfenden Aufgaben souverän übernehmen.

Ängste vor Jobverlusten ließen sich nur abbauen, indem die Vorteile der neuen Prozesse für den Einzelnen klar herausgestellt und Mitarbeitende aktiv eingebunden würden. Wer frühzeitig beteiligt werde, könne vom Getriebenen zum Treiber der Transformation werden.

Herausforderungen und Erfolgsfaktoren

Typische Stolpersteine sind Insellösungen ohne Wiederverwendbarkeit, Projekte am Bedarf vorbei, unklare Use-Cases oder fehlende Weiterentwicklung nach Pilotprojekten. Auch das „Zerreden" von Vorhaben sei ein Risiko.

Datensicherheit, Compliance und Governance müssten je nach Ansatz unterschiedlich gesichert werden: klassische Workflows erlaubten klare Steuerung und Protokolle, Best-of-Breed-Szenarien bräuchten definierte Übergabepunkte, während KI-Agentensysteme oft noch an fehlender Orchestrierung litten. Hier seien übergeordnete Plattformen notwendig, die Regelwerke einhalten. Ein Vorteil der Automatisierung sei zudem die konsequente Umsetzung von Regeln ohne „Pseudo-Entscheidungsfreiheit".

Für den Erfolg empfiehlt Böhn KPIs wie Durchlaufzeiten, Suchzeiten, Datenqualität, Anzahl automatisierter Durchläufe oder Mitarbeitermotivation. Gleichzeitig mahnt er, qualitative Verbesserungen wie Serviceerweiterungen oder Skaleneffekte nicht zu übersehen. Den technologischen Wandel sieht er als stetige Herausforderung, die ständige Neubewertung von Lösungsansätzen erfordere.

Zukunftsperspektiven und Trends

Hyperautomatisierung werde in den nächsten fünf bis zehn Jahren weiter an Bedeutung gewinnen. Treiber seien der Wettbewerb um Kunden, Mitarbeiter und Compliance. Die Herausforderung werde darin liegen, die Vielzahl an Technologien besser zu orchestrieren.

Neue Impulse erwartet Böhn von Generativer KI und autonomen Agenten. Sie könnten Kommunikationsprozesse automatisieren, Informationen beschaffen und Prozessketten eigenständig abarbeiten. Middleware und spezialisierte Systeme für Datenaustausch würden Automatisierung über ERP-Grenzen hinaus erleichtern.

ERP-Systeme blieben Grundpfeiler der Automatisierung, da sie Stammdaten und operative Informationen beherbergen. Allerdings verschiebe sich die Grenze zwischen manuellen und automatisierten Prozessen zunehmend. Hyperautomatisierung sei nicht auf bestimmte Branchen beschränkt – vom Mittelstand bis zum Großunternehmen könnten alle profitieren, sofern Regeln und Muster erkennbar seien.

Praktische Umsetzung und Lessons Learned

Ein Startpunkt sei die Evaluierung bestehender Systeme und die Definition einer klaren Vision. Konkrete Anwendungsfälle müssten identifiziert und hinsichtlich Potenzial, Aufwand und Hindernissen bewertet werden. Wichtig sei ein iteratives Vorgehen: MVPs planen, Erfahrungen sammeln, Prototypen entwickeln und sukzessive ausweiten.

Der typische Projektablauf beginne mit der Definition des Use-Cases und der Stakeholder, gefolgt von Prozessanalyse, Soll-Konzeption, Systembewertung, Lösungskonzept, Prototyping, Tests, Einführung und Evaluation. Lessons Learned sollten dokumentiert und für weitere Skalierungen genutzt werden.

Scheitern entstehe häufig durch Automatisierung irrelevanter Teilprozesse oder durch fehlende Marktanalysen, wenn spezialisierte Systeme ignoriert würden. Entscheidend sei die Zusammenarbeit mit erfahrenen Partnern und Anbietern, die Standards nutzen, Prozesse hinterfragen und Wissen einbringen. Schlechte Projektführung könne dagegen Motivation und Ergebnisse gefährden.

Use Cases und Branchenfokus

Konkrete Potenziale sieht Böhn in Dunkelverbuchung, durchgängigen Service-Prozessen, Predictive Maintenance, der Verbindung von Kundenanbahnungs- und Finanzprozessen sowie bei automatisierter Bedarfsmeldung. Branchenübergreifend sei Hyperautomatisierung einsetzbar, wobei er bewusst keine spezifische Branche hervorheben möchte.

Die ROI-Betrachtung erfolge meist in Form einfacher Kalkulationen: Prozessvolumina, Durchlaufzeiten, Fehlerquoten, Automatisierungsgrade sowie qualitative Faktoren wie Servicequalität und Mitarbeiterzufriedenheit.

Ethik, Nachhaltigkeit und Gesellschaft

Böhn verweist auf zentrale ethische Fragen: Welche Entscheidungen dürfen Maschinen treffen? Wie wird mit Bias in Daten und Modellen umgegangen? Wie kann Missbrauch oder Manipulation verhindert werden, und welche Abhängigkeiten entstehen von großen Konzernen und ihren Services? Auch die Frage nach Datenhoheit und Transparenz sei entscheidend.

Im Hinblick auf Nachhaltigkeit ermögliche Hyperautomatisierung Ressourcenschonung durch digitale Prozesse, Fehlerreduktion und Prozessverbesserung. Ziel sei nicht die blinde Automatisierung, sondern die intelligente Optimierung.

Gesellschaftlich werde Hyperautomatisierung einfache, repetitive Tätigkeiten zunehmend verdrängen – auch bei Wissensarbeitern. Gleichzeitig eröffne sie neue Unterstützungsmöglichkeiten und senke die Hürden für Teilhabe. Entscheidend sei eine bewusste Gestaltung der Transformation.

> **Fazit** Dr. Martin Böhn zeichnet das Bild einer Hyperautomatisierung, die nur mit klarer Strategie, soliden Daten, moderner Technologie und aktiver Einbindung der Mitarbeitenden erfolgreich sein kann. Seine Perspektive macht deutlich: Hyperautomatisierung ist ein Organisations- und Kulturprojekt genauso wie ein Technologievorhaben. Sie verlangt Mut, Disziplin und eine klare Vision, um Effizienz, Qualität und Wettbewerbsfähigkeit nachhaltig zu sichern.

14.5 Hans-Jörg Roser, Chief Product Officer, Product-Preacher (Blog)

Einblicke in die nächste Evolutionsstufe der Prozessautomatisierung
Hans-Jörg Roser, Product Leader und CPO der H&F Solutions GmbH, zählt zu den prägnantesten Stimmen im Umfeld intelligenter Dokumentenverarbeitung und ERP-zentrierter Automatisierung. Mit seiner Rolle als Vordenker beleuchtet er die Hyperautomatisierung nicht nur aus technologischer, sondern auch aus architektonischer und menschlicher Perspektive. Für ihn bedeutet Hyperautomatisierung eine Zäsur: Sie markiert den Übergang von der „prozessgesteuerten Digitalisierung" zur „autonomen Organisation der Abläufe" — eine Transformation, in der ERP-Systeme ihre Rolle neu definieren müssen.

Vom Workflow zur autonomen Prozessierung
Roser definiert Hyperautomatisierung als „weitgehend autonome Prozessierung in den Kernbereichen von Order-to-Cash, Purchase-to-Order und vergleichbaren ERP-Prozessketten". Der Mensch sei nicht mehr primär Ausführender, sondern Begleiter — ein Trainer, Korrektiv und Überwacher in Ausnahmesituationen. Das Vergleichsbild vom „Robotaxi" trifft seine Haltung präzise: „Wie bei autonomen Fahrzeugen greift der Mensch nur noch bei grenzwertigen Situationen ein, um die KI anzulernen, nicht um selbst zu steuern."

Technologien wie KI, RPA oder Low-Code/No-Code seien in diesem Kontext keine Ziele, sondern „Lösungskomponenten". Er warnt vor dem Irrglauben, dass eine bloße Aneinanderreihung von Tools zur Hyperautomatisierung führe. Vielmehr brauche es eine architekturelle Gesamtidee — eine integrierte Konstruktion aus Technologie, Prozessverständnis und menschlicher Kognition.

Die größten Effizienzhebel sieht Roser im Dokumentenaustausch und der Skalierung von Schnittstellen. Hier liege das Potenzial, komplexe Systemgrenzen aufzubrechen und „die unsichtbare Reibung zwischen ERP-Welten zu eliminieren". Vorbereitung und Analyse der Datenflüsse würden zur zentralen Wertschöpfung führen.

End-to-End denken – und Scheitern als Indikator verstehen

Unternehmen sollten nach Roser jene Prozesse priorisieren, in denen menschliche Arbeit repetitiv ist und große Sachbearbeitungsteams existieren. „Gescheiterte Automatisierungsprojekte ohne KI-Komponenten sind oft der beste Indikator, wo Potenzial liegt – man hat es erkannt, aber nicht gehoben."

Ein zentrales Hindernis bleibe die Illusion strukturierter Daten. „In vielen ERP-Systemen sind Daten formal strukturiert, faktisch aber nur semi-strukturiert oder beliebig belegt." Attributfelder würden zweckentfremdet, Substrukturen fehlten, Vendor-Lock-ins verhinderten freie Nutzung der Informationen.

Eine Datenstrategie sei daher zwar notwendig, aber nicht hinreichend. „Strategie überzeugt das C-Level – entscheidend ist die taktische Ebene, die festlegt, welche Tools wo und wie eingesetzt werden und wie Abhängigkeiten reduziert werden können." Er plädiert für pragmatische Konzepte, nicht für dogmatische Rahmenwerke.

Technologische Bausteine und die Architektur der Zukunft

Für Roser ist Künstliche Intelligenz die entscheidende Technologie – nicht wegen ihrer Komplexität, sondern wegen ihrer Flexibilität. Sie ermögliche robuste Systeme in volatilen Umgebungen. Er betont aber ebenso die Bedeutung eines kontinuierlichen Monitorings: „Process Mining mag helfen, aber entscheidend ist, dass man Prozesse bewertet, nicht nur aufzeichnet."

Cloud-Plattformen und SaaS-Lösungen seien zwar nicht entscheidend für den Erfolg, aber sie beschleunigten die Wissensakkumulation und den Zugang zu aktueller Software. Die ideale Architektur einer hyperautomatisierten ERP-Landschaft müsse laut Roser kundenindividuell sein – aber immer aus vier Kernschichten bestehen:

- **LLM & AI**-Schicht für Kontextverständnis und semantische Verknüpfung,
- **Zentralisiertes Knowledge** zur Synchronisierung über Systemgrenzen,
- **Spezialisiertes Knowledge** für Domänenlogiken,
- **Input/Output-Layer** mit Human-in-the-Loop-Mechanismen für Fehlerbehandlung und Training.

Low-Code-Tools könnten in diesem Modell ein Beschleuniger sein, nicht aber das Fundament.

Change Management – von Berührungsangst zu Beteiligung

„Hyperautomatisierung funktioniert nicht ohne kulturelle Transformation", betont Roser. Unternehmen müssten Raum für Experimente schaffen – Testfelder, in denen Mitarbeitende Ängste abbauen und Erfolgserlebnisse machen können.

Die Veränderung der Arbeitswelt erfordere neue Kompetenzen: Abstraktionsvermögen, kreative Lösungsfindung und vor allem Prompting als neue Meta-Fähigkeit. „Prompting ist nicht das Stellen von Fragen – es ist das Führen von Dialogen mit Systemen."

Er spricht offen über die soziale Spannung dieser Entwicklung: „Nicht alle werden diesen Weg mitgehen können. Es braucht klare Entwicklungspläne und Fokus auf diejenigen, die den Wandel tragen. Wer die späte Mehrheit zum Taktgeber macht, verliert Tempo."

Erfolgsfaktoren – Präzision statt Perfektion

Die größten Stolpersteine sind nach Roser menschlich, nicht technisch: mangelnde Akzeptanz und die Delegation an Externe. „Wer Hyperautomatisierung outsourct, gibt den Kern seiner Organisation ab."

Er plädiert für Iterationen statt Idealismus: „Das Pareto-Prinzip gilt auch hier. Besser 80 % in drei Monaten als 100 % in drei Jahren."

Sicherheit und Compliance sieht er als integralen Projektbestandteil. Frühzeitige Einbindung, Sandboxes für schnelle Tests und transparente Prozesse bilden die Grundlage für Governance ohne Bürokratie. KPIs wie Prozesslaufzeit, operative Kosten und Umsatz pro Mitarbeiter seien wichtige Messgrößen – entscheidend sei aber der Blick auf zukünftige Einsparpotenziale.

Zukunft – Exponentiell und unvermeidlich

Roser gilt als einer der klarsten Analytiker im Feld der ERP-Automatisierung. Seine Prognose ist zugleich nüchtern und radikal: „Hyperautomatisierung ist der einzige technologieoffene Ansatz, der skalierbar funktionieren kann." Die Entwicklung werde exponentiell verlaufen – anfangs langsamer als erwartet, dann mit rapider Beschleunigung.

Generative KI wird zum entscheidenden Schlüssel der nächsten Transformationsstufe. Die aktuell noch hohen Kosten für Inference stellen dabei lediglich ein temporäres Limit dar. ERP-Systeme werden auch in dieser neuen Welt ihre Funktion als „System of Record" bewahren, verlieren jedoch zunehmend ihre Rolle als Träger von Prozessintelligenz – diese wandert zu integrierten Agenten oder zu internen AI-Layern innerhalb der Unternehmensarchitektur.

Unternehmen, die ihre Schnittstellen öffnen und aktive Ökosysteme zulassen, werden von dieser Entwicklung profitieren. Wer hingegen an geschlossenen Strukturen festhält, riskiert, an Relevanz zu verlieren. Roser prognostiziert eine Spaltung der Anbieterlandschaft: Auf der einen Seite diejenigen, die Prozessintelligenz in den Unternehmen belassen und Offenheit als strategischen Vorteil begreifen; auf der anderen Seite jene, die weiterhin auf Vendor-Lock-in-Modelle setzen – und damit langfristig scheitern werden.

Praktische Umsetzung und Lessons Learned

Hyperautomatisierung beginnt nicht mit Software, sondern mit Offenheit. Roser empfiehlt, Verantwortung zu verteilen und Mitarbeitende aktiv einzubinden. Workshops zur Prozessanalyse, Pilotprojekte mit messbaren Zielen und iterative Rollouts sind Grundmuster erfolgreicher Programme.

Als negatives Beispiel führt er ein Projekt eines Telekommunikationsunternehmens an, bei dem ein ITSM-Tool aufgrund politischer Interessen statt fachlicher Relevanz implementiert wurde. „Das Projekt war zum Scheitern verurteilt – nicht wegen der Technik, sondern wegen fehlender Transparenz und Führung."

Partnerschaften mit Technologieanbietern und Beratern hält Roser für essenziell – aber nur, wenn die Hoheit über Kernprozesse im Unternehmen bleibt.

Branchenfokus und Use Cases

Besonders großes Potenzial sieht Roser in HR, Einkauf, Vertrieb und Logistik – sowie in produzierenden Unternehmen mit hohem Fulfillment-Anteil. Ein klassisches Beispiel sei das automatisierte Scannen und Vorfiltern von Lebensläufen: „Der Sinn liegt nicht darin, Entscheidungen zu delegieren, sondern Fähigkeiten sichtbar zu machen und Vorauswahl zu ermöglichen."

ROI-Betrachtungen sollten dabei nicht kurzfristig auf Effizienz zielen, sondern strategisch auf Wettbewerbsfähigkeit. „Hyperautomatisierung ist kein Kostensparprogramm, sondern eine Investition in Zukunftsfähigkeit."

Ethik und gesellschaftliche Verantwortung

Für Roser liegt die ethische Dimension nicht in der Technologie, sondern in ihrem Einsatz. „Daten sind nicht gefährlicher geworden – wir sind nur ehrlicher mit ihrem Potenzial." Er sieht die größten Herausforderungen im sozialen Umgang mit Mitarbeitenden, die den Wandel nicht mitgehen können. „Unternehmen haben eine Verpflichtung gegenüber den Lernenden, nicht den Verweigernden."

Hyperautomatisierung kann laut Roser auch ein nachhaltiger Treiber sein: durch Reduktion von Fehlprozessen, Papierverbrauch und Überproduktion, sowie durch bessere Ressourcennutzung in Industrie und Verwaltung. Langfristig steige auch das Bildungsniveau, weil kreative und analytische Arbeit in den Vordergrund rücke.

„Automatisierung nimmt uns Arbeit ab, aber sie gibt uns Verantwortung zurück – die, unsere Zeit sinnvoll zu nutzen."

> **Fazit** Hans-Jörg Roser zeichnet das Bild einer Hyperautomatisierung, die weit über Technik hinausgeht. Sie verlangt eine klare architekturelle Vision, mutige Führung und eine ehrliche Auseinandersetzung mit den Grenzen des Machbaren. Sein Appell ist pragmatisch und provokant zugleich: „Wir brauchen keine perfekten Systeme, sondern lernende Organisationen."
>
> Damit liefert er nicht nur eine technologische, sondern auch eine philosophische Rahmung für die Hyperautomatisierung — als Balance zwischen menschlicher Urteilsfähigkeit und maschineller Effizienz.

14.6 Zusammenfassung und Schlussfolgerungen

Quintessenz der Experteneinschätzungen

Die befragten Expertinnen und Experten – von Strategieberatern über Technologiearchitekten bis zu Produktexperten – zeigen ein bemerkenswert konsistentes Bild:

Hyperautomatisierung ist kein einzelnes Tool, sondern ein neues Paradigma der Unternehmensorganisation.

Sie verbindet Architektur, Daten und Mensch zu einem adaptiven, lernenden System.

Über alle Interviews hinweg kristallisieren sich folgende Leitgedanken:

- **Architektur schlägt Toolset.** Der Erfolg hängt weniger von der Wahl einzelner Technologien ab, sondern von ihrer Integration in eine kohärente, interoperable Systemlandschaft.
- **Der Mensch bleibt im Zentrum.** Ob als „Agent-Boss" (Lachmann) oder „Human in the Loop" (Roser) – Mitarbeitende prägen Akzeptanz, Lernfähigkeit und Verantwortungsbewusstsein der Organisation.
- **Strategie ist taktisch.** Datenstrategien, Plattformarchitekturen und Governance-Strukturen sind nicht Selbstzweck, sondern Werkzeuge zur operativen Befähigung.
- **Iteratives Lernen statt perfekter Planung.** Erfolgreiche Projekte starten klein, skalieren gezielt und messen konsequent.
- **Technologie ist reif – Organisationen sind es oft nicht.** Die größte Hürde liegt im Change-Management, nicht in der technischen Machbarkeit.
- **Datenstrategie als Fundament.** Jan Veira betont, dass Hyperautomatisierung erst dann ihr Potenzial entfaltet, wenn Daten konsistent, kontextualisiert und unternehmensweit verfügbar sind. Eine gemeinsame Sprache über Daten und Qualität bildet das Rückgrat nachhaltiger Digitalisierung.
- **Cloud- und SaaS-Lösungen als logische Infrastruktur.** Veira positioniert sich klar: Es gibt keine sinnvolle Alternative zur Cloud – Skalierbarkeit, Integration und KI-Fähigkeit hängen unmittelbar davon ab.

Damit wird Hyperautomatisierung als Synthese aus drei Dimensionen sichtbar: **technologische Reife, organisatorische Lernfähigkeit und kulturelle Offenheit.**

Ergänzend wird deutlich, dass sie auch kommunikative und infrastrukturelle Voraussetzungen verlangt – Datenstrategie, Cloud-Architektur und kontinuierliche Kommunikation sind dabei die tragenden Säulen.

Abgleich mit den theoretischen Kapiteln

Die theoretischen Grundlagen in den vorherigen Kapiteln beschrieben Hyperautomatisierung als Schnittpunkt aus KI, Prozessintegration und organisationaler Resilienz.

Die Experteneinschätzungen bestätigen diese Kernthemen in der Praxis, erweitern sie aber um entscheidende Perspektiven:

- **Von der Theorie zur Praxis der End-to-End-Automatisierung:**
  Die zuvor entwickelten Modelle (z. B. Reifegradstufen, Architektur-Layer) finden ihre Entsprechung in realen Projekten. Sowohl Lachmann als auch Roser betonen, dass die Zukunft in der Kombination aus semantischem Verständnis (Knowledge Graphs, LLMs) und prozessualer Kontextverarbeitung liegt.

  Veira ergänzt diese Sicht durch den Hinweis, dass Sprache selbst zur neuen Schnittstelle wird – generative KI ermöglicht eine semantische Interaktion zwischen Systemen und Menschen.

- **Kulturelle Dimension der Resilienz:**
  Während die theoretischen Kapitel Resilienz primär als Stabilitätskriterium definierten, zeigen die Interviews Resilienz als Lernfähigkeit – die Fähigkeit, schnell zu experimentieren, Fehler zu tolerieren und Wissen zu verankern.
  Veira betont hier insbesondere die Rolle kontinuierlicher Kommunikation und Qualifizierung als Treiber kultureller Resilienz. Veränderung beginnt mit Dialog – nicht mit Technologie.
- **Theorie der Integration (Kap. 5, 6 und 7) trifft Realität der Fragmentierung:**
  In der Praxis stoßen selbst ausgefeilte Prozessmodelle auf Datensilos, proprietäre Schnittstellen und inkonsistente Metadaten. Die Experten belegen, dass erfolgreiche Unternehmen nicht auf Perfektion warten, sondern pragmatische Brücken schlagen – etwa über IDI-Ansätze oder hybride Plattformarchitekturen.
- **Human-Tech-Symbiose als konvergentes Motiv:**
  Die theoretische Forderung nach „Mensch-Maschine-Kooperation" wird durch die Interviews konkretisiert: Hyperautomatisierung ist nicht der Ersatz, sondern die Neustrukturierung menschlicher Arbeit.
  Veira erweitert dieses Motiv um neue Kompetenzprofile: technologisches Grundverständnis, Datenkompetenz und kontinuierliches Lernen werden zu Kernfähigkeiten der Arbeitswelt.

In Summe ergänzen die empirischen Einblicke die theoretischen Modelle um Realismus und operative Präzision. Sie zeigen, dass Hyperautomatisierung kein linearer Reifeprozess, sondern ein dynamisches Ökosystem ist, das sich permanent selbst neu kalibriert.

Gleichzeitig öffnet Veira eine gesellschaftliche Perspektive: Wenn Maschinen Routinearbeit übernehmen, müssen sich Arbeit, Sinn und soziale Teilhabe neu definieren – Hyperautomatisierung verändert damit nicht nur Organisationen, sondern auch den gesellschaftlichen Vertrag von Wertschöpfung und Verantwortung.

Handlungsempfehlungen für Entscheider

Aus den Interviews lassen sich für Entscheidungsträger in Unternehmen, Verwaltung und Technologieentwicklung klare Handlungsfelder ableiten:

1. **Architekturen ganzheitlich denken.**
   Hyperautomatisierung verlangt modulare, API-getriebene Plattformen, die Daten, Prozesse und KI-Modelle nahtlos verbinden. Entscheider sollten frühzeitig auf offene Schnittstellen, semantische Standards und interoperable Wissensmodelle setzen.
2. **Strategische Ownership sichern.**
   Die Verantwortung darf nicht an externe Anbieter delegiert werden. Hyperautomatisierung betrifft den Kern der Wertschöpfung – sie muss intern verstanden, gesteuert und überwacht werden.

3. **Pilotieren statt postulieren.**
   Kleine, messbare Use-Cases sind erfolgreicher als große Masterpläne. Entscheider sollten Experimente zulassen, Feedbackzyklen verkürzen und Fehlertoleranz institutionalisieren.
4. **Mitarbeitende systematisch einbinden.**
   Akzeptanz entsteht durch Beteiligung. Qualifizierung, „Prompting Literacy" und klare Entwicklungspfade verhindern Ängste und fördern Innovationsfreude. Veira betont hier ergänzend: Kommunikation darf kein Nebenprodukt sein. Erfolgreicher Wandel entsteht durch kontinuierlichen Dialog und befähigende Lernprozesse.
5. **Governance und Vertrauen als Leitplanken.**
   Datensicherheit, Compliance und Erklärbarkeit müssen integraler Bestandteil der Projektarchitektur sein – nicht nachträgliche Kontrollen. Vertrauen ist die Währung erfolgreicher KI-Transformation.
6. **Von Effizienz zu Wirkung denken.**
   Hyperautomatisierung ist kein Kostensparinstrument, sondern ein Hebel für Wachstum, Qualität und Zukunftsfähigkeit. Entscheider sollten ROI-Metriken um qualitative Erfolgsindikatoren wie Lernkurve, Mitarbeiterzufriedenheit und Innovationsgeschwindigkeit ergänzen. Darüber hinaus sollte die Wirkung auch gesellschaftlich gedacht werden – etwa im Umgang mit Arbeit, Datenhoheit und Bildung.

> **Fazit** Kap. 14 zeigt: Die befragten Expertinnen und Experten eint eine gemeinsame Haltung – **Hyperautomatisierung ist weniger eine Technologie-Revolution als eine Denk- und Organisationsrevolution.**
>
> Sie fordert von Unternehmen, Architekten und Führungskräften gleichermaßen Mut, Architekturkompetenz und kulturelle Offenheit.
>
> Veira erinnert daran, dass die entscheidende Schnittstelle nicht zwischen Systemen, sondern zwischen Mensch und Technologie verläuft – in Sprache, Verständnis und Kommunikationsfähigkeit.
>
> Damit wird das theoretische Fundament dieses Buches in der Praxis bestätigt: Automatisierung endet nicht bei der Prozessdigitalisierung, sondern beginnt dort, wo Systeme, Menschen und Daten in lernender Kooperation wirken.
>
> Die Schlussfolgerung lautet daher: **Wer Hyperautomatisierung versteht, automatisiert nicht nur Prozesse – er gestaltet die nächste Stufe unternehmerischer Intelligenz.**

Teil VI

Schlusskapitel

Kap. 15: Schlusskapitel

15

Zusammenfassung

Das Buch bietet einen praxisnahen Überblick zu Automatisierung, Hyperautomatisierung und organisationaler Resilienz. Es zeigt Erfolgsfaktoren, Stolpersteine und Methoden zur kontinuierlichen Optimierung. Als lebendiges Werk lädt es zur Weiterentwicklung ein und schafft ein dynamisches Fundament für operative Exzellenz in Unternehmen.

15.1 Ausblick, Diskussion und Weiterentwicklung

Dieses Buch fasst aktuelle Erkenntnisse und bewährte Methoden rund um Automatisierung, Hyperautomation und die Stärkung der organisatorischen Resilienz zusammen. Es zeigt zentrale Erfolgsfaktoren auf, benennt Stolpersteine und liefert praxisnahe Ansätze, um operative Exzellenz nachhaltig zu sichern. Dabei stehen die kontinuierliche Bewertung, das Monitoring und die iterative Optimierung von Prozessen im Fokus – essentielle Elemente, um den Mehrwert von Automatisierungslösungen messbar zu steigern.

Gleichzeitig ist dieses Werk als **lebendiges Buch** konzipiert. Die behandelten Modelle, Methoden und Kennzahlen spiegeln den aktuellen Stand der Praxis wider, sollen jedoch weiterentwickelt werden. Ich laden Sie daher herzlich ein, Ihre eigenen Erfahrungen, Beobachtungen und Anregungen einzubringen. Sei es durch praxisnahe Beispiele, Vorschläge zur Erweiterung der Modelle oder kritische Reflexionen – jede Rückmeldung trägt dazu bei, die Inhalte noch praxisnäher und belastbarer zu gestalten.

Um eine aktive Beteiligung zu ermöglichen, biete ich verschiedene Kanäle für den Austausch an: Diskussionsplattformen, Foren oder direkte Rückmeldungen per E-Mail

P. Futterknecht, *Hyperautomation – Der letzte Schritt vor der intelligenten Organisation*, https://doi.org/10.1007/978-3-658-50441-0_15

oder Social-Media. Dabei können Sie gezielt praxisrelevante Fälle, alternative Kennzahlen oder neue Ideen einbringen, die das Buch weiter bereichern.

Die Themen Automatisierung, Datenverarbeitung und Resilienz entwickeln sich kontinuierlich weiter. Neue Technologien, geänderte Rahmenbedingungen und gewonnene Erfahrungen führen dazu, dass Modelle und Prozesse regelmäßig angepasst werden müssen. Dieses Buch versteht sich deshalb als dynamisches Fundament, das Sie in Ihrer Praxis unterstützt, gleichzeitig aber offen bleibt für Verbesserungen und Weiterentwicklungen.

Ich danke Ihnen für Ihre Aufmerksamkeit und Ihre Bereitschaft, Teil dieses Entwicklungsprozesses zu sein. Indem Sie die Erkenntnisse aus diesem Buch aktiv anwenden, kritisch hinterfragen und mit eigenen Erfahrungen ergänzen, tragen Sie dazu bei, die Praxis der Automatisierung und der organisationalen Resilienz nachhaltig zu stärken. Gemeinsam können wir die Standards für operative Exzellenz kontinuierlich weiterentwickeln und die Umsetzung von Automatisierungslösungen noch effektiver gestalten.

Anhang 16

Zusammenfassung

Kap. 16 bietet praxisorientierte Checklisten zur Selbsteinschätzung des Automatisierungsreifegrads, zur Ableitung konkreter Handlungsempfehlungen und zur Klärung zentraler Stakeholder-Fragen vor Projektstart. Damit erhalten Organisationen ein Werkzeug, um ihren aktuellen Stand einzuordnen, nächste Schritte zu planen und Projekte erfolgreich zu verankern.

16.1 Checkliste 1 – Modell zur Selbsteinschätzung (Tab. 16.1)

Tab. 16.1 Tabelle – Reifegradstufen und deren Merkmale

Reifegrad	Bezeichnung	Merkmale	Fragen zur Selbsteinschätzung
Stufe 1	**Manuell**	Dokumente in Papier, E-Mail, Fax Kein durchgängiger Prozess Excel-basiert	• Erfassen Sie Belegdaten manuell? • Gibt es keinen standardisierten Workflow? • Wird viel gedruckt, gescannt, weitergeleitet?
Stufe 2	**Teilautomatisiert**	Punktuelle Tools wie RPA oder OCR im Einsatz Vereinzelte Workflows im ERP	• Nutzen Sie Automatisierung nur in Teilbereichen? • Müssen Sie regelmäßig manuell eingreifen, weil Systeme nicht vollständig verbunden sind?

(Fortsetzung)

P. Futterknecht, *Hyperautomation – Der letzte Schritt vor der intelligenten Organisation*, https://doi.org/10.1007/978-3-658-50441-0_16

Tab. 16.1 (Fortsetzung)

Reifegrad	Bezeichnung	Merkmale	Fragen zur Selbsteinschätzung
Stufe 3	**Systemgestützt**	Integration von strukturierten Formaten (z. B. EDI, XML) Automatisierung innerhalb einzelner Systeme	• Haben Sie EDI- oder andere digitale Formate im Einsatz? • Funktioniert der Datenfluss innerhalb einzelner Systeme automatisiert, aber nicht über Systemgrenzen hinweg?
Stufe 4	**Plattformbasiert**	Einsatz einer übergreifenden Automatisierungsplattform (z. B. IDI, Workflow Engine) Prozesse werden über Abteilungen hinweg gesteuert	• Verwenden Sie eine zentrale Plattform für Belegverarbeitung und Workflows? • Ist die Automatisierung nicht nur technisch, sondern auch prozessorientiert gedacht?
Stufe 5	**End-to-End-automatisiert**	Durchgängige Automatisierung von Eingang bis Ausgang Automatische Ausnahmebehandlung, KI & Kontextverarbeitung	• Können Sie Belege unabhängig von Format und Quelle automatisiert verarbeiten? • Greift das System eigenständig auf Stammdaten, Regeln und Kontext zurück? • Wird KI eingesetzt?

16.2 Checkliste 2 – Modell zur Selbsteinschätzung und Handlungsbedarf (Tab. 16.2)

Tab. 16.2 Tabelle – Reifegrad Empfehlung und Handlungsbedarf

Reifegrad	Empfehlung
Stufe 1–2 (reaktiv)	Hoher manuelle Aufwand, geringe Skalierbarkeit – Ziel: Standardisierung und Tool-Einführung
Stufe 3 (stabil)	Gute Basis, aber begrenzte Agilität – Ziel: Prozessintegration und Plattform-Strategie
Stufe 4 (adaptiv)	Solide Plattform, gute Skalierung – Ziel: Automatisierte Entscheidungslogik und Kontextverarbeitung
Stufe 5 (intelligent)	Optimiert für Wachstum, Resilienz und Effizienz – Ziel: kontinuierliche Weiterentwicklung

16.3 Checkliste 3 – Checkliste: 5 Fragen an Stakeholder vor Projektstart

- **Welches Ziel verfolgen Sie konkret mit der Automatisierung?**
  (Wettbewerbsvorteil, Effizienzsteigerung, Kostensenkung, Risikoreduktion, bessere Kundenerfahrung?)
- **Welche Erfolgskennzahlen (KPIs) würden für Sie zeigen, dass das Projekt gelungen ist?**
  (z. B. Zeitersparnis, Qualitätsverbesserung, ROI, geringere Fehlerquote)
- **Welche Rahmenbedingungen müssen wir berücksichtigen?**
  (Budget, Zeitrahmen, vorhandene Ressourcen, rechtliche oder Compliance-Vorgaben)
- **Wo sehen Sie die größten Risiken oder Widerstände?**
  (z. B. Akzeptanz im Team, technische Limitierungen, Schnittstellen zu Legacy-Systemen)
- **Welche Voraussetzungen müssen erfüllt sein, damit Sie persönlich das Projekt unterstützen und aktiv fördern?**
  (z. B. Transparenz, regelmäßige Status-Updates, schnelle Pilot-Ergebnisse)

Glossar wichtiger Begriffe

API (Application Programming Interface) Programmierschnittstelle, die den Austausch von Daten und Funktionen zwischen verschiedenen Systemen ermöglicht. Zentral für Hyperautomatisierung und Integration.

Citizen Developer Fachanwender, die mithilfe von Low-Code- oder No-Code-Tools eigene Automatisierungen erstellen können, ohne tiefe IT-Kenntnisse zu besitzen.

Compliance Einhaltung gesetzlicher und regulatorischer Vorgaben (z. B. GoBD, ESG-Reporting, Lieferkettengesetz). Automatisierungssysteme müssen Prozesse revisionssicher abbilden.

ERP (Enterprise Resource Planning) Zentrales Steuerungssystem für betriebliche Prozesse wie Einkauf, Produktion, Logistik, Finanzen und Controlling. Rückgrat operativer Abläufe.

Human-in-the-Loop Ansatz, bei dem Menschen gezielt in automatisierte Prozesse eingebunden bleiben – für Kontrolle, Ausnahmebehandlung oder Training von KI-Modellen.

Hyperautomatisierung Ganzheitlicher Ansatz, der Technologien wie KI, ML, Process Mining, IDP und APIs kombiniert, um End-to-End-Prozesse adaptiv, lernend und weitgehend autonom zu gestalten.

IDI (Intelligent Data Interchange) Neue technologische Kategorie: KI-gestützter, semantisch korrekter Austausch von Dokumenten, unabhängig von Format, Sprache oder Struktur. Ermöglicht passive Anbindung und echte End-to-End-Hyperautomatisierung (→ siehe Abschn. 1.7)

IDP (Intelligent Document Processing) Verarbeitung unstrukturierter Dokumente (z. B. PDF, E-Mail, Scans) mit KI. Ermöglicht Klassifikation, Extraktion und Validierung, geht aber oft nicht über Dokumentgrenzen hinaus.

iPaaS (Integration Platform as a Service) Cloudbasierte Plattform, die verschiedene Systeme, Anwendungen und Datenflüsse integriert. Unterstützt APIs, Event-getriebene Prozesse und Middleware-Funktionalitäten.

P. Futterknecht, *Hyperautomation – Der letzte Schritt vor der intelligenten Organisation*, https://doi.org/10.1007/978-3-658-50441-0

Klassische Automatisierung Umfasst Technologien wie EDI, OCR und RPA. Sie adressieren Teilprobleme (Datenformate, Digitalisierung, Benutzeroberflächen), sind jedoch fragil oder unflexibel bei komplexen Prozessen.

LLM (Large Language Model) KI-Modelle, die auf Basis großer Textmengen trainiert wurden und Sprachverständnis ermöglichen. Einsatz in Hyperautomation für Klassifikation, Extraktion oder Assistenz.

OCR (Optical Character Recognition) Technologie zur Erkennung von Text in gescannten oder gedruckten Dokumenten. Schafft digitale Texte, aber ohne semantisches Verständnis und mit Nachbearbeitungsbedarf.

Passive Anbindung Prinzip, Geschäftspartner ohne eigene Anpassungen in digitale Netzwerke zu integrieren. Dokumente (z. B. PDFs) können KI-basiert automatisch eingelesen und verarbeitet werden.

Process Mining Analyse realer Prozessdaten („Event Logs"), um Schwachstellen, Engpässe oder Automatisierungspotenziale sichtbar zu machen.

RPA (Robotic Process Automation) Software-Roboter, die menschliche Klicks und Eingaben an Benutzeroberflächen nachahmen. Gut für repetitive Tätigkeiten, aber fehleranfällig bei Prozessänderungen.

Resilienz (in Prozessen) Fähigkeit von Organisationen und Automatisierungssystemen, trotz Störungen stabil, adaptiv und nachhaltig zu arbeiten. Bewertet anhand von Reifegradmodellen im Buch.

Workflow-Automatisierung Regelbasierte Prozesssteuerung durch Workflow-Engines. Funktioniert gut bei klar definierten Rollen und Abläufen, stößt jedoch an Grenzen bei dynamischen, variantenreichen Prozessen.

Quellverzeichnis

1. **OpenAI (2025):** Großraum-Büro mit Sachbearbeitern [KI-generiertes Bild]. DALL·E 3, 09.09.2025. https://openai.com/, zugegriffen: 09.09.2025
2. **Hans-Jörg Roser (2025)** ERP und Hyper-Automation. https://substack.com/@hansjoergroser, zugegriffen: 09.09.2025
3. **IBM (2025):** Was ist Hyperautomatisierung? https://www.ibm.com/de-de/think/topics/hyper-automation, zugegriffen: 09.09.2025
4. **Rogers (1962):** Diffusion of innovations. https://en.wikipedia.org/wiki/Diffusion_of_innovations, zugegriffen: 09.09.2025
5. **Vulder (2025):** Prozesslandkarte. https://vulder.net/prozesslandkarte/, zugegriffen: 09.09.2025
6. **H&F (2025):** Analyse zur Beleganzahl weltweit, IDI-Whitepaper. https://idi-whitepaper-de.hf-solutions.co/, zugegriffen: 09.09.2025
7. **deepset.ai (2025):** Knowledge graph QA. https://www.deepset.ai/blog/semantic-search-with-milvus-knowledge-graph-qa-web-crawlers-and-more, zugegriffen: 09.09.2025
8. **Edmondson (1999):** Psychological safety and learning behavior in teams. https://www.researchgate.net/publication/313250589_Psychological_safety_and_learning_behavior_in_teams zugegriffen: 22.09.2025

P. Futterknecht, *Hyperautomation – Der letzte Schritt vor der intelligenten Organisation*, https://doi.org/10.1007/978-3-658-50441-0

MIX
Papier aus verantwortungsvollen Quellen
Paper from responsible sources
FSC® C105338

If you have any concerns about our products,
you can contact us on
ProductSafety@springernature.com

In case Publisher is established outside the EU,
the EU authorized representative is:
Springer Nature Customer Service Center GmbH
Europaplatz 3, 69115 Heidelberg, Germany

Printed by Libri Plureos GmbH
in Hamburg, Germany